〈MY GRAMMAR COACH 표준편〉에는 이런 의도를 담았습니다

❶ 개념을 튼튼히 세운다

영문법을 어려워하는 학생들이 가장 많이 호소하는 것은 개념을 모르겠다는 것입니다. 이 학생들은 영문법이 모호한 용어, 까다로운 규칙의 끝없는 연속처럼 느껴진다고 불평합니다. 의미, 배경, 용도를 모른 채 수백 개의 용어와 규칙을 암기하는 것은 어려운 일입니다.

〈MY GRAMMAR COACH〉는 까다로운 문법 용어를 일상적인 말로 쉽게 풀어 줍니다. 규칙에는 배경 설명을 두어, 왜 그런 규칙이 필요한지, 그 규칙을 어디에 사용하는지를 알게 합니다. 또, 규칙들을 개별적으로 다루지 않고 큰 원리로 묶어 설명함으로써, 바탕이 되는 근본 개념을 이해하게 합니다.

특히 우리말과 영어를 비교 설명하는 것이 커다란 특징입니다. 현장 테스트 결과, 우리말과 영어의 유사점, 차이점을 바탕으로 영문법을 설명할 때, 학생들이 느끼는 영문법에 대한 생소함, 거부감이 크게 줄고, 배운 영문법을 이용해 써 보려고 하는 호기심은 크게 늘었습니다. 이미 잘 알고 있는 것을 바탕으로 새로운 것을 받아들일 때 학습이 가장 효과적으로 일어난다는 일반적 이론과도 일치하는 결과입니다.

❷ 문장을 써야 문법을 안다

문장을 써야 문법을 알 수 있습니다. 문법을 알아야 문장을 쓸 수 있는 것이 아니라, 쓰면서 문법을 배운다는 말입니다. 쓰는 과정에서 크고 작은 실수를 하고, 쓰기를 반복하면서 이를 교정하는 것이 문법을 배우는 과정입니다. 이러한 대전제하에 〈MY GRAMMAR COACH〉는 부분 쓰기, 어순 배열, 전체 문장 쓰기 등 다양한 쓰기 활동 중심으로 구성되어 있습니다.

스스로 하면서 체득하는 문법은 뇌에 강하고 오래 유지되는 문법 회로를 만듭니다. 들어서 아는 지식으로의 문법이 아니라, 실제로 쓸 수 있을 만큼 체득된 문법은 쓰기 문제의 비중이 점점 높아지고 있는 학교 시험에 대비하는 데 필수입니다. 뿐만 아니라 수준이 높아지는 대입 영어에서도, 대학생이나 사회인이 돼서 영어를 사용할 때도 기본이 되는, 평생 가는 문법입니다.

MY GRAMMAR COACH 표준편

| 교재 내용 문의 | 교재 내용 문의는 EBS 중학사이트 (mid.ebs.co.kr)의 교재 Q&A 서비스를 활용하시기 바랍니다. | 교 재 정오표 공 지 | 발행 이후 발견된 정오 사항을 EBS 중학사이트 정오표 코너에서 알려 드립니다. **교재학습자료 → 교재 → 교재 정오표** | 교재 정정 신청 | 공지된 정오 내용 외에 발견된 정오 사항이 있다면 EBS 중학사이트를 통해 알려 주세요. **교재학습자료 → 교재 → 교재 선택 → 교재 Q&A** |

중학 내신 영어 해결사
MY COACH 시리즈

MY GRAMMAR COACH	기초편, 표준편
MY GRAMMAR COACH 내신기출 N제	중1, 중2, 중3
MY READING COACH	LEVEL 1, LEVEL 2, LEVEL 3
MY WRITING COACH 내신서술형	중1, 중2, 중3
MY VOCA COACH	중학 입문, 중학 기본, 중학 실력

❸ 기본 문법, 추가 문법 구분

영문법을 공부하다 보면 학습자의 사기를 떨어뜨리는 지뢰가 곳곳에 있습니다.
- 부분적인 암기 사항이 많아 혼동되는 것
- 기본 구조가 확장 응용되어 구조가 복잡한 것
- 우리말에는 없는 까다로운 개념

이러한 문법을 대하면, 잘 하던 학생들도 자신감과 하고자 하는 동기가 급격히 떨어지는 경우가 많습니다. 일시에 학습 부담이 몰리는 것이 이해 부족과 사기 저하의 큰 원인이므로 꼭 필요한 것이 아니면 부담을 적절히 분산시킬 필요가 있습니다.

〈MY GRAMMAR COACH 표준편〉에서는 번거롭거나 까다로운 문법 중 사용 빈도가 상대적으로 떨어지는 것을 따로 [추가 문법]으로 분류하여 뒤쪽에 배치하였습니다. 자주 쓰이는 기본적인 것을 먼저 하면서 재미와 자신감을 붙이고, 이를 바탕으로 까다로운 것을 나중에 따로 하자는 취지입니다. [추가 문법]에 나오는 항목들은 당장 하지 않더라도 문법 정리에 지장이 없는 것들입니다. [기본 문법 → 추가 문법] 순으로 학습하기를 권장합니다.

❹ 두 권이면서 한 권

사실상 두 권의 책을 한 권으로 묶은 것은 사용상의 편의를 고려한 것입니다. 필요할 때마다 언제나 찾아볼 수 있는 '단 한 권의 문법책'으로 만들려는 의도입니다. 문법책은 한 번 공부하고 버리는 책이 아닙니다. 학년이 올라가면서, 고등학교에 가서도 같은 문법이 계속 반복되므로 내 공부 흔적이 남아 있는 나만의 익숙한 문법책을 반복해서 보는 것이 효과적입니다. 필요한 문법 설명이 여러 책에 나누어져 있으면 찾을 때 이책 저책을 봐야 하는 불편함 때문에 보지 않게 되고, 결국은 자신의 공부 기록을 다 잃어버릴 수 있기 때문입니다.

이 책의 구성과 특징

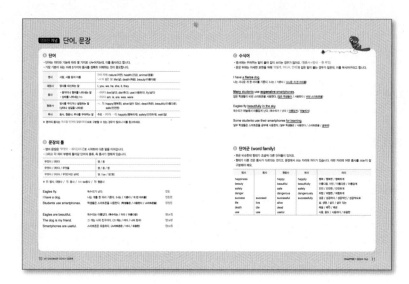

명쾌한 개념

우리말만 알면 영어를 더 쉽게 알 수 있어요. 어려운 용어와 개념을 우리말과 비교해서 쉽게 풀어요.

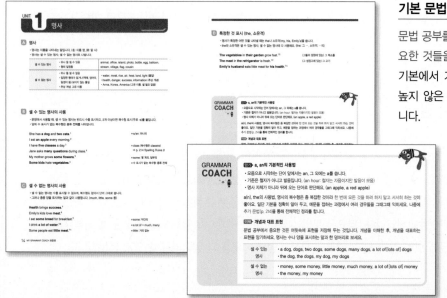

기본 문법

문법 공부를 단순화해요. 줄기를 이루는 중요한 것들을 먼저 해요. 자잘한 암기 사항, 기본에서 가지 친 잔가지들, 사용 빈도가 높지 않은 것은 추가 문법에서 나중에 합니다.

GRAMMAR COACH

책 안에 있는 자상한 선생님이에요. 공부 방법, 용어 설명을 사이다처럼 시원하게 설명해 줘요.

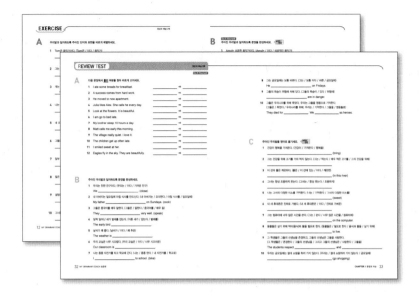

연습문제

스스로 써야 문법을 알 수 있어요. 쓰기를 중심으로 앞에서 배운 문법 연습을 해요.

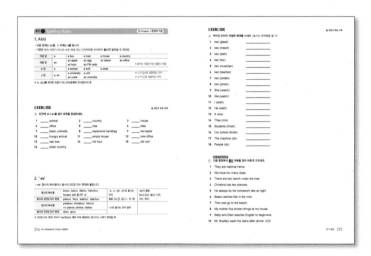

추가 문법

한 번에 모든 것을 다 하려 하면 문법이 복잡하고 까다롭게 느껴져요. 당장 중요하지 않은 번거로운 암기 사항, 곁가지 문법, 사용 빈도가 높지 않은 것은 나중에 합니다.

Q 어떤 교재인가요?

중학 영문법을 총정리하는 문법 종합서예요. 영문법을 제대로 알도록 철저하게 개념을 이해시킵니다. 그리고 많은 문장 쓰기 연습을 통해 문법을 완전하게 습득하게 해요.

Q 누구를 위한 교재인가요?

영문법이 필요한 모든 중학생들을 위한 교재입니다. 특히, 영문법 공부에 질리고 자신감을 잃은 학생들에게 좋아요. 영문법이 쉽고 재미있다는 것을 체험할 수 있습니다.

Q 이 교재로 공부하면 어떤 점이 좋을까요?

단순 암기가 아니라 철저히 이해시키는 교재라 알게 되는 재미가 있어요. 내 손으로 직접 써 보면서 공부하므로 문법을 더 확실하게 알 수 있어요. 쓰기가 많아지는 내신에 도움이 되는 것은 당연하겠죠.

이 책의 목차

기본 문법

GRAMMAR

문법에는
기본적이고 이해가 쉬운 것,
좀 더 복잡하거나 까다로운 것이 있어요.

문법 학습에는
쉽게 하면서 재미와 자신감을 붙이는 단계가 필요합니다.
기본적인 것이 더 많이 쓰이고, 더 중요한 거예요.
기본적인 것을 먼저 하고, 번거롭거나 까다로운 것은 나중에 하세요.

복잡하고 까다로운 것을 너무 일찍 대하면,
문법이 힘든 것이라고 느껴질 수 있습니다.
기본적인 것을 하면서 개념을 얻고, 자신감을 붙이세요.
일단 개념과 자신감이 생기면 어려운 것도 쉽게 할 수 있습니다.

GRAMMAR COACH

CHAPTER

1

문장과 어순

명쾌한 개념 단어, 문장

Ⓐ 단어

- 단어는 의미와 기능에 따라 몇 가지로 나누어지는데, 이를 품사라고 합니다.
- 가장 기본이 되는 아래 5가지의 품사를 정확히 이해하는 것이 중요합니다.

명사	사람, 사물 등의 이름	단어 자체: nature(자연), health(건강), animal(동물) '-ㅁ'이 붙은 말: life(삶), death(죽음), beauty(아름다움)
대명사	명사를 대신하는 말	I, you, we, he, she, it, they
동사	• 동작이나 행위를 나타내는 말 • 상태를 나타내는 be	…(하)다: live(살다), die(죽다), use(사용하다), fly(날다) …(이)다: am, is, are, was, were
형용사	명사를 꾸미거나 설명하는 말 (상태나 성질을 나타냄)	-ㄴ, 한: happy(행복한), alive(살아 있는), dead(죽은), beautiful(아름다운), safe(안전한)
부사	동사, 형용사, 부사를 꾸며주는 말	주로 …(하)게, …히: happily(행복하게), safely(안전하게), well(잘)

※ 영어의 품사는 우리말 단어의 말끝(어미)으로 구분할 수 있는 경우가 많으니 이를 참고하세요.

Ⓑ 문장의 틀

- 영어 문장은 '무엇이 …하다[이다]'로 시작하여 다른 말을 이어갑니다.
- 그리고 각 의미 부분에 들어갈 단어의 종류, 즉 품사가 정해져 있습니다.

무엇이 / (하)다	명 / 동
무엇이 / (하)다 / 무엇을	명 / 동 / 명
무엇이 / (이)다 / 무엇[어떤 상태]	명 / be / 명[형]

※ 명: 명사, 대명사 / 동: 동사 / be: be동사 / 형: 형용사

Eagles fly.	독수리가 난다.	명동
I have a dog.	나는 개를 한 마리 기른다. (나는 / 기른다 / 개 한 마리를)	명동명
Students use smartphones.	학생들은 스마트폰을 사용한다. (학생들은 / 사용한다 / 스마트폰을)	명동명
Eagles are beautiful.	독수리는 아름답다. (독수리는 / 이다 / 아름다운)	명be형
The dog is my friend.	그 개는 나의 친구이다. (그 개는 / 이다 / 나의 친구)	명be명
Smartphones are useful.	스마트폰은 유용하다. (스마트폰은 / 이다 / 유용한)	명be형

ⓒ 수식어

- 명사에는 꾸며주는 말이 붙어 같이 쓰이는 경우가 많아요. (형용사+명사: …한 무엇)
- 문장 뒤에는 자세한 표현을 위해 '어떻게, 어디서, 언제'와 같은 말이 붙는 경우가 많은데, 이를 부사어구라고 합니다.

I have a **fierce** dog.
나는 사나운 개 한 마리를 기른다. (나는 / 기른다 / 사나운 개 한 마리를)

Many students use **expensive** smartphones.
많은 학생들이 비싼 스마트폰을 사용한다. (많은 학생들이 / 사용한다 / 비싼 스마트폰을)

Eagles fly beautifully in the sky.
독수리가 하늘에서 아름답게 난다. (독수리가 / 난다 / 아름답게 / 하늘에서)

Some students use their smartphones for learning.
일부 학생들은 스마트폰을 공부에 사용한다. (일부 학생들은 / 사용한다 / 스마트폰을 / 공부에)

ⓓ 단어군 (word family)

- 뜻은 비슷한데 형태가 조금씩 다른 단어들이 있어요.
- 형태가 다른 것은 품사가 다르다는 것이고, 문장에서 쓰는 자리에 차이가 있습니다. 어떤 자리에 어떤 품사를 쓰는지 잘 구분해야 해요.

명사	동사	형용사	부사	의미
happiness		happy	happily	행복 / 행복한 / 행복하게
beauty		beautiful	beautifully	아름다움, 미인 / 아름다운 / 아름답게
safety		safe	safely	안전 / 안전한 / 안전하게
danger		dangerous	dangerously	위험 / 위험한 / 위험하게
success	succeed	successful	successfully	성공 / 성공하다 / 성공적인 / 성공적으로
life	live	alive		삶, 생명 / 살다 / 살아 있는
death	die	dead		죽음 / 죽다 / 죽은
use	use	useful		사용, 용도 / 사용하다 / 유용한

A 우리말과 일치하도록 주어진 단어와 표현을 바르게 배열하세요.

1 Tom은 음악가이다. (Tom은 / 이다 / 음악가)

_____ (a musician / Tom / is)

2 그는 기타를 매우 잘 연주한다. (그는 / 연주한다 / 기타를 / 매우 잘)

_____ (he / the guitar / very well / plays)

3 개는 좋은 애완동물이다. (개는 / 이다 / 좋은 애완동물)

_____ (dogs / pets / good / are)

4 나는 내 개를 매일 산책시킨다. (나는 / 산책시킨다 / 내 개를 / 매일)

_____ (walk / I / my dog / every day)

5 내 조부모님은 시골에 사신다. (내 조부모님은 / 사신다 / 시골에)

_____ (in the country / live / my grandparents)

6 그들은 자연의 아름다움을 즐긴다. (그들은 / 즐긴다 / 아름다움을 / 자연의)

_____ (they / of nature / the beauty / enjoy)

7 일부 사람들은 위험하게 운전한다. (일부 사람들은 / 운전한다 / 위험하게)

_____ (drive / some people / dangerously)

8 많은 사람들이 교통사고로 죽는다. (많은 사람들이 / 죽는다 / 교통사고에서)

_____ (many people / in car accidents / die)

9 설탕은 너의 건강에 나쁘다. (설탕은 / 이다 / 나쁜 / 너의 건강에)

_____ (for your health / sugar / bad / is)

10 그녀는 요리에 설탕을 거의 사용하지 않는다. (그녀는 / 사용한다 / 매우 적은 설탕을 / 그녀의 요리에)

_____ (she / little sugar / in her cooking / uses)

B

주어진 우리말과 일치하도록 문장을 완성하세요.

1 Amy는 성공한 음악가이다. (Amy는 / 이다 / 성공적인 음악가)

Amy _____ a _____.

2 너는 피아노를 아름답게 연주한다. (너는 / 연주한다 / 피아노를 / 아름답게)

You _____. (the piano)

3 나는 내 고양이를 날마다 목욕시킨다. (나는 / 목욕시킨다 / 내 고양이를 / 날마다)

I _____ every day. (bathe)

4 내 부모님은 안전하게 운전하신다. (내 부모님은 / 운전하신다 / 안전하게)

My parents _____.

5 호랑이는 위험한 동물이다. (호랑이는 / 이다 / 위험한 동물)

Tigers _____.

6 컴퓨터는 여러모로 유용하다. (컴퓨터는 / 이다 / 유용한 / 여러모로)

Computers _____ in many ways.

7 나는 내 컴퓨터를 공부하는 데 사용한다. (나는 / 사용한다 / 내 컴퓨터를 / 공부에)

I _____.

8 그 아이들은 너무 많은 설탕을 먹는다. (그 아이들은 / 먹는다 / 너무 많은 설탕을)

The children _____. (too much)

GRAMMAR COACH

이해▶ 어순 연습

영어가 어려운 이유는 문장의 내용을 구성하는 요소(무엇이, 하다, 무엇을 등)의 순서가 우리말과 다르기 때문입니다. 영어의 어순에 맞추어 내용을 구분하고, 배치하는 연습을 의식적으로 하세요. 그리 어렵지 않아요. 조금만 연습하면 우리말을 쉽게 영어식 어순으로 쓸 수 있습니다.

UNIT 1 명사

A 명사

- 명사는 이름을 나타내는 말입니다. (名: 이름 명, 詞: 말 사)
- 명사는 셀 수 있는 명사, 셀 수 없는 명사로 나뉩니다.

셀 수 있는 명사	• 하나 둘 셀 수 있음 • 형태 일정함	animal, office, island, photo, bottle, egg, balloon, stream, village, flag, cousin
셀 수 없는 명사	• 하나 둘 셀 수 없음 • 일정한 형태가 없거나(액체, 덩어리, 알갱이 등) 보이지 않는 물질 • 추상 개념, 고유 이름	• water, meat, rice, air, heat, land, light (물질) • health, danger, success, information (추상 개념) • Anna, Korea, America (고유 이름. 셀 필요 없음)

B 셀 수 있는 명사의 사용

- 문장에서 사용할 때, 셀 수 있는 명사는 반드시 수를 표시하고, 2개 이상이면 복수형 표시(주로 -s)를 붙입니다.
- 앞에 수 표시가 없는 복수형은 종류 전체를 나타냅니다.

She has **a dog** and **two cats**.[1]

I eat **an apple** every morning.[2]

I have **five classes** a day.[3]

Jane asks **many questions** during class.[4]

My mother grows **some flowers**.[5]

Some kids hate **vegetables**.[6]

★a/an: 하나의

★class (복수형은 classes)
➡ p. 214 Spelling Rules 2

★some: 몇 개의, 일부의
★수 표시가 없는 복수형: 종류 전체

C 셀 수 없는 명사의 사용

- 셀 수 없는 명사는 수를 표시할 수 없으며, 복수형도 없어서 단어 그대로 씁니다.
- 그러나 종종 양을 표시하는 말과 같이 사용합니다. (much, little, some 등)

Health brings **success**.[7]

Emily's kids love **meat**.[8]

I eat **some bread** for breakfast.[9]

I drink **a lot of water**.[10]

Some people eat **little meat**.[11]

★some: 약간의
★a lot of = much, many
★little: 거의 없는

D 특정한 것 표시 (the, 소유격)

- 명사가 특정한 어떤 것을 나타낼 때는 the나 소유격(my, his, Emily's)을 씁니다.
- the와 소유격은 셀 수 있는 명사, 셀 수 없는 명사에 다 사용해요. (the: 그 …, 소유격: …의)

The vegetables in **their garden** grow fast.[12] (그들의 정원에 있는) 그 채소들

The meat in **the refrigerator** is fresh.[13] (그 냉장고에 있는) 그 고기

Emily's husband eats little meat for **his health**.[14]

GRAMMAR
COACH

암기▶ a, an의 기본적인 사용법

- 모음으로 시작하는 단어 앞에서는 an, 그 외에는 a를 씁니다.
- 기준은 철자가 아니고 발음입니다. (an hour: 철자는 자음이지만 발음이 모음)
- 명사 자체가 아니라 뒤에 오는 단어로 판단해요. (an apple, a red apple)

a(n), the의 사용법, 명사의 복수형은 좀 복잡한 것이라 한 번에 모든 것을 하려 하지 말고 서서히 하는 것이 좋아요. 일단 기본을 정확히 알아 두고, 예문을 접하는 과정에서 여러 경우들을 그때그때 익히세요. 나중에 추가 문법(p. 214)을 통해 전체적인 정리를 합니다.

이해▶ 개념과 대표 표현

문법 공부에서 중요한 것은 머릿속에 표현을 저장해 두는 것입니다. 개념을 이해한 후, 개념을 대표하는 표현을 암기하세요. 명사는 수나 양을 표시하는 말과 한 덩어리로 보세요.

셀 수 있는 명사	• a dog, dogs, two dogs, some dogs, many dogs, a lot of[lots of] dogs • the dog, the dogs, my dog, my dogs
셀 수 없는 명사	• money, some money, little money, much money, a lot of[lots of] money • the money, my money

---

VOCAB grow 기르다; 자라다 vegetable 채소 bring 가져오다 success 성공 fast 빠르게 refrigerator 냉장고 fresh 신선한
예문역 [1]그녀는 개 한 마리와 고양이 두 마리를 기른다. [2]나는 매일 아침 사과 한 개를 먹는다. [3]나는 하루에 수업이 다섯 개 있다. [4]Jane은 수업 중에 많은 질문을 한다. [5]우리 어머니는 꽃을 기르신다. [6]일부 아이들은 채소를 싫어한다. [7]건강은 성공을 가져온다. [8]Emily의 아이들은 고기를 매우 좋아한다. [9]나는 아침으로 빵을 먹는다. [10]나는 물을 많이 마신다. [11]일부 사람들은 고기를 거의 먹지 않는다. [12]그들의 정원에 있는 그 채소들은 빨리 자란다. [13]냉장고에 있는 그 고기는 신선하다. [14]Emily의 남편은 그의 건강을 위해 고기를 거의 먹지 않는다.

A 주어진 예와 같이 **수 표시를** 하세요. (수 표시를 할 필요가 없는 경우 ×)

1	village	a village	two villages
2	cheese	×	×
3	cousin		
4	animal		
5	information		
6	egg		
7	rice		
8	office		
9	nature		
10	balloon		
11	island		
12	minute		
13	hour		
14	money		
15	coin		

B

Do It Yourself

다음 문장에서 명사를 <u>모두</u> 찾아 밑줄을 치세요. (a(n), the, 소유격, 수량 표시 포함)

1 Stress is bad for your health.

2 Koreans eat rice every day.

3 My uncle makes a lot of money.

4 My office is near your house.

5 A balloon has air in it.

6 Success has many fathers.

7 An hour is sixty minutes, and a minute is sixty seconds.

8 My parents are my heroes. ★hero (복수형 heroes)

9 Doctors save lives. ★life (복수형 lives)

10 Daniel travels to many countries. ★country (복수형 countries)

➡ p. 214 Spelling Rules

VOCAB **A** village 마을 cousin 사촌 office 사무실 nature 자연 balloon 풍선 island 섬 coin 동전 **B** make money 돈을 벌다 near … 가까이에 second (시간 단위) 초 hero 영웅 travel 여행하다; 이동하다

C

다음 문장에서 <u>틀린</u> 부분을 찾아 바르게 고치세요.

1 Jane has many handbag. _____ ➡ _____

2 Rats like a cheese. _____ ➡ _____

3 Tom collects coin. _____ ➡ _____

4 Water in this river is dirty. _____ ➡ _____

5 A light travels very fast. _____ ➡ _____

6 I have little times to do my homework. _____ ➡ _____

7 He has much cousin on his mother's side. _____ ➡ _____

D

Do It Yourself

주어진 우리말을 영어로 옮기세요. 써야 안다

1 나는 아침으로 계란 하나와 약간의 빵을 먹는다. (나는 / 먹는다 / 계란 하나와 약간의 빵을 / 아침으로)

_____ for breakfast.

2 정보는 힘이다. (정보는 / 이다 / 힘)

_____ (power)

3 그녀는 매우 중요한 사람이다. (그녀는 / 이다 / 매우 중요한 사람)

_____ (person)

4 우리는 돈이 거의 없다. (우리는 / 가지고 있다 / 매우 적은 돈을)

_____

5 많은 사람들이 시골에서 자연을 즐긴다. (많은 사람들이 / 즐긴다 / 자연을 / 시골에서)

_____ (enjoy, in the country)

6 나는 건강을 위해 많은 채소를 먹는다. (나는 / 먹는다 / 많은 채소들을 / (내) 건강을 위해)

_____

7 많은 사람들이 차 사고에서 목숨을 잃는다. (많은 사람들이 / 잃는다 / 그들의 목숨들을 / 차 사고에서)

_____ (lose, in car accidents)

UNIT 2 명사의 자리

A 주어 자리

- 영어 문장은 '무엇이[누가] / …하다[이다]'를 기본으로 만들어집니다.
- '무엇이[누가]'에 해당하는 말을 **주어**라고 하고, 이 자리에 명사를 씁니다.

The <u>sun</u> rises in the east.　　　　　　　　　해가 / 뜬다 / …
<u>Rain</u> comes from clouds.　　　　　　　　　　비는 / 온다 / …
Heavy <u>rain</u> destroys crops.　　　　　　　　많은 비는 / 망가뜨린다 / …
My <u>brother</u> spends too much money on clothes.　내 형은 / 쓴다 / …

<u>Time</u> is money.　　　　　　　　　　　　　　　시간은 / 이다 / …
<u>Money</u> is everything to him.　　　　　　　　　돈은 / 이다 / …

B 목적어 자리

- '…하다'의 뒤에는 '무엇을[누구를]' 대상으로 하는지를 밝혀야 말이 되는 경우가 많아요.
- '무엇을[누구를]'에 해당하는 말을 **목적어**라고 하고, 이 자리에 명사를 씁니다.

Heavy rain destroys <u>crops</u>.　　　　　　　　많은 비는 / 망가뜨린다 / 작물을
My brother spends <u>too much money</u> on clothes.　내 형은 / 쓴다 / 너무 많은 돈을 / 옷에

C 보어 자리

- '…이다(be)'의 뒤에는 주어가 '무엇'인지 밝혀야 말이 되는 경우가 많아요.
- 이를 **보어**라고 하고, 이 자리에 명사를 쓸 수 있습니다.

Time is <u>money</u>.　　　　　　　　　　　　　　시간은 / 이다 / 돈
Money is <u>everything</u> to him.　　　　　　　　돈은 / 이다 / 모든 것 / 그에게

GRAMMAR COACH

암기 명사의 자리

명사는 문장의 주어, 목적어, 보어 자리에 씁니다.

이해 주어, 목적어, 보어

- 주어: 문장은 주어로 시작하고, 이어지는 말은 주어에 대한 설명이에요. 주어는 문장의 주인인 말입니다.
- 목적어: 주어가 하는 행위의 대상이 되는 말이에요. 목적어는 행위가 향하는 목적지입니다.
- 보어: 주어가 무엇인지를 밝혀 의미가 통하도록 보완 설명하는 말입니다.

VOCAB rise (해·달이) 뜨다[솟다]　destroy 망가뜨리다, 파괴하다　crop (농)작물　spend (돈을) 쓰다; (시간을) 보내다

A 다음 문장의 주어, 목적어, 보어를 찾아 밑줄로 표시하세요. (주, 목, 보로 표기할 것)

1 Michael has five credit cards.

2 Clouds bring rain.

3 Horses are powerful animals.

4 Dry weather kills crops.

5 Her child is everything to her.

6 Pine trees are green all year round.

7 Josh feeds his dog once a day.

8 Matt and Abbie are classmates.

9 My parents visit my grandparents every week.

10 You spend too much time on computer games.

★ 'a[an, the, 소유격, 수량 표시, 형용사]+명사'를 하나의 의미 덩어리로 봅니다.

★too much: 쥉 너무 많은 閉 너무 많이

B 주어진 단어와 표현을 바르게 배열하여 완전한 문장을 만드세요.

1 _____ (best friends / Mark and Steve / are)

2 _____ (six legs / have / insects)

3 _____ (hurricanes / crops and houses / destroy)

4 _____ (is / a dark cloud / a sign of rain)

5 _____ (the dam / from floods / our city / protects)

6 _____ (need / plants / sunlight and water)

7 _____ (Bella / too much / her cat / feeds)

8 _____

(to their weddings / invite / stars / many guests)

VOCAB **A** pine tree 소나무   all year round 일 년 내내   feed …를 먹이다, 먹이를 주다   **B** insect 곤충   dark cloud 먹구름   sign 조짐, 징후   flood 홍수   protect 보호하다   plant 식물   sunlight 햇빛   invite 초대하다   guest 손님, 하객

C

주어진 우리말을 영어로 옮기세요.

1 Jim과 Mark는 사촌이다. (Jim과 Mark는 / 이다 / 사촌)

_____

2 빨간 장미는 사랑의 표시이다. (빨간 장미는 / 이다 / 사랑의 표시)

_____ (a red rose, sign)

3 문어는 다리가 8개이다. (문어는 / 가지고 있다 / 8개의 다리를)

_____ (octopuses)

4 우리 몸은 음식과 물을 필요로 한다. (우리 몸은 / 필요로 한다 / 음식과 물을)

_____ ★body (복수형은 bodies)

5 그들은 그들의 모든 돈을 옷에 쓴다. (그들은 / 쓴다 / 그들의 모든 돈을 / 옷에)

_____

6 모자는 햇빛으로부터 우리의 얼굴을 보호한다. (모자는 / 보호한다 / 우리의 얼굴을 / 햇빛으로부터)

_____ (hats)

7 우리는 우리의 생일 파티에 우리의 친한 친구들을 초대한다.
(우리는 / 초대한다 / 우리의 친한 친구들을 / 우리의 생일 파티에)

_____ (close friends)

8 학생들은 그들의 휴대폰에 너무 많은 시간을 쓴다.
(학생들은 / 쓴다 / 너무 많은 시간을 / 그들의 휴대폰에)

_____ (cell phones)

3 대명사

A 대명사

- 앞에 나온 명사를 대신해서 쓰는 말을 대명사라고 해요. 명사의 반복을 피하기 위해서 씁니다. (代: 대신할 대)

Chris and **I** are tall. **We** are basketball players.[1]

You are a hardworking student.[2]

You are hardworking students.[3]

James looks like **Oliver**. **They** are twins.[4]

She has **a pet parrot**. **It** talks well.[5]

I love **beef**. **It** is delicious.[6]

I love **beef** and **pork**. **They** are delicious.[7]

★ we: 나 포함 2인 이상

★ you: 상대방 1인 또는 여럿

★ they: 나와 상대방 빼고 2인 이상

★ it: 사물 1개. 그것

★ it: 셀 수 없는 것

★ they: 사물 2개 이상

B 대명사의 자리와 형태

- 대명사는 자리에 따라 정해진 형태가 있어요. (이를 문법적으로 '격(=자격)'이라 부름)
- 색으로 표시된 것들은 의미와 형태에 주의해야 할 것들이에요. (➡ p. 220 주의할 대명사 형태)

		1인칭 (나, 우리)		2인칭 (너, 너희들)	3인칭 (그, 그녀, 그것, 그들, 그것들)			
주어 자리	…는/이/가	I	we	you	he	she	it	they
목적어 자리	…를/을 …에게	me	us	you	him	her	it	them
형용사 자리	…의	my	our	your	his	her	its	their

We respect **our** teacher, and she loves **us**.[8]

He does **his** best in everything. We respect **him**.[9]

She gave him **her** phone number. He calls **her** every day.[10]

They died for **their** country. People remember **them** as heroes.[11]

Coco is an island. **It** is far away. **Its** beaches are beautiful. Many people visit **it**.[12]

GRAMMAR COACH

이해 ▶ 인칭

- 1인칭: 말하는 사람 자신(I), 혹은 자신을 포함한 다른 사람(we)
- 2인칭: 말을 듣는 사람, 혹은 듣는 사람을 포함한 다른 사람(you)
- 3인칭: 말하는 사람이나 듣는 사람이 아닌 제3자(he, she, it), 혹은 제3자들(they). 사물도 포함됨

예문역 [1]Chris와 나는 키가 크다. 우리는 농구 선수들이다. [2]너는 열심히 공부하는 학생이다. [3]너희들은 열심히 공부하는 학생들이다. [4]James는 Oliver를 닮았다. 그들은 쌍둥이다. [5]그녀는 애완 앵무새를 가지고 있다. 그것은 말을 잘한다. [6]나는 소고기를 매우 좋아한다. 그것은 맛있다. [7]나는 소고기와 돼지고기를 매우 좋아한다. 그것들은 맛있다. [8]우리는 우리의 선생님을 존경하고 그녀는 우리를 사랑한다. [9]그는 모든 일에 그의 최선을 다한다. 우리는 그를 존경한다. [10]그녀는 그에게 그녀의 전화번호를 주었다. 그는 그녀에게 매일 전화한다. [11]그들은 그들의 나라를 위해 죽었다. 사람들은 그들을 영웅으로 기억한다. [12]Coco는 섬이다. 그것은 멀리 있다. 그것의 해변은 아름답다. 많은 사람들이 그곳을 방문한다.

EXERCISE

A

Do It Yourself

주어진 명사에 맞는 대명사를 쓰세요.

1	Your brother	He	2	His sisters	
3	Joe and I		4	The tall woman	
5	My grandparents		6	Fruit and fish	
7	Milk		8	His photos	
9	Ashley and her sister		10	You and Joe	
11	My school uniform		12	Tom's car	

B

주어진 대명사의 알맞은 형태를 쓰세요.

1 invite (he) him
(초대하다 / 그를)

2 drive (they) car
(운전하다 / 그들의 차를)

3 find (they)
(발견하다 / 그것들을)

4 meet (she)
(만나다 / 그녀를)

5 remember (she) smile
(기억하다 / 그녀의 미소를)

6 buy (it)
(사다 / 그것을)

7 (it) price
(그것의 가격)

8 love (we)
(사랑하다 / 우리를)

9 lose (it) life
(잃다 / 그것의 목숨을)

10 save (we) lives
(구하다 / 우리의 목숨을)

C

다음에서 대명사가 **틀리게** 쓰인 문장을 찾아 바르게 고치세요. (틀린 문장 4개)

1 John loves Sarah. **He** calls **she** every morning.

2 Sarah loves **him**, but she dislikes **his** friends.

3 I saw a movie. I really enjoyed **it**.

4 I bought new shoes, but I lost **it**.

★shoes 신발 한 켤레

5 They are popular actors. Everybody knows **their** names.

6 Sarah invited **we** to her birthday party.

7 Look at the flower. **Their** color is beautiful.

D

Do It Yourself

주어진 우리말과 일치하도록 문장을 완성하세요. 써야 안다

1 나는 스테이크를 좋아하지만, 그것은 비싸다.
(나는 / 좋아한다 / 스테이크를 / 그러나 그것은 / 이다 / 비싼)

I like steak, but _____.

2 나는 여동생이 둘 있다. 나는 그들을 사랑한다.
(나는 가지고 있다 / 여동생 둘을. 나는 / 사랑한다 / 그들을)

I have two sisters. _____.

3 나는 남동생이 하나 있다. 나는 그를 매우 사랑한다.
(나는 가지고 있다 / 남동생 하나를. 나는 / 사랑한다 / 그를 / 매우)

I have a brother. _____ very much.

4 우리 개들은 어디를 가나 우리를 따라다닌다.
(우리 개들은 / 따라다닌다 / 우리를 / 어디를 가나)

_____ everywhere. (follow)

5 Ashley와 Sarah는 날씬하고 키가 크다. 그들은 모델이다.
(Ashley와 Sarah는 / 이다 / 날씬하고 키 큰. 그들은 / 이다 / 모델들)

Ashley and Sarah are slim and tall. _____.

6 그 영화는 멋있다. 나는 그것의 결말을 좋아한다.
(그 영화는 / 이다 / 멋진. 나는 / 좋아한다 / 그것의 끝부분을)

The movie is great. _____. (ending)

7 Steve는 그녀를 좋아하지만 그녀의 친구들은 싫어한다.
(Steve는 / 좋아한다 / 그녀를 / 그러나 그는 / 싫어한다 / 그녀의 친구들을)

_____, but _____.

A 동사

- 동사는 주어의 행동이나 상태를 설명하는 말입니다.
- 동사는 주어 뒤에 오며 의미는 '(주어가) …(이)다/(하)다'입니다.

be동사	…(이)다	• 주어가 무엇[누구, 어떤 상태]인지 설명	be (am / is / are / was / were)
일반동사 (be 이외의 동사)	…(하)다	• 주어의 행동 설명 • 추상적인 생각의 움직임을 나타냄	• give, meet, visit, teach … • know, remember, believe …

※ 이해와 암기의 편의상 be동사를 '이다'동사, 그 외의 동사를 '하다'동사로 나눔

I **visit** many places day and night.   나는 / 방문한다 / …
I **meet** many people.   나는 / 만난다 / …
I **interview** them on various topics.   나는 / 인터뷰한다 / …

I **am** a news reporter.   나는 / 이다 / …
I **am** happy with my job.   나는 / 이다 / …

B 목적어, 보어, 부사어구

- 동사 뒤에는 필요에 따라 '(하다) 무엇을', '(이다) 무엇, 어떤 상태'를 나타내는 말이 따라와요.
- 방법, 장소, 시간(어떻게, 어디서, 언제)을 나타내는 부사어구는 주로 문장의 끝에 와요.

I **visit** many places day and night.   나는 / 방문한다 / 많은 곳을 / 밤낮으로
I **meet** many people.   나는 / 만난다 / 많은 사람을
I **interview** them on various topics.   나는 / 인터뷰한다 / 그들을 / 여러 주제에 대해

I **am** a news reporter.   나는 / 이다 / 보도 기자
I **am** happy with my job.   나는 / 이다 / 만족한 / 내 직업에

C 1주어, 1동사

- 하나의 주어에 동사는 하나입니다. 동사가 없어도 안 되고, 두 개를 써도 안 됩니다.
- 특히 be동사와 일반동사를 겹쳐 쓰지 않도록 주의하세요.

I ~~happy~~ with my job.   → am happy
The building ~~really tall~~.   → is really tall
I ~~am visit~~ many places.   → visit
We ~~are have~~ a lot of homework.   → have

D 동사의 기본 형태

- 동사를 문장에 쓸 때는 언제의 일인지, 주어가 무엇인지에 따라 형태가 정해집니다.

	현재	과거
be동사	am, is, are: …(이)다 I am / He[She, It] is We[You, They] are	was, were: …이었다 I[He, She, It] was We[You, They] were

This winter **is** warm.¹

Oil prices **are** low this winter.²

★ am, is, are: …(이)다

Last winter **was** very cold.³

Oil prices **were** high last winter.⁴

★ was, were: …이었다

	현재	과거
일반동사	• 동사원형: …(한)다 • 주어가 3인칭 단수: 주로 동사원형-s 　He[She, It] sleeps, gives, acts, knows	• 동사원형-ed: …했다

I **sleep** five hours a day.⁵

He **sleeps** 10 hours a day.⁶

★ 동사 그대로 (원형)

★ 주어가 3인칭 단수 현재: 주로 동사원형-s

Bill **called** me last night.⁷

My father **answered** the phone.⁸

★ 동사원형-ed: …했다

GRAMMAR COACH

암기▶ 동사의 형태

동사의 형태가 기본 규칙을 벗어나는 경우가 적지 않아서 한 번에 다 익히는 것은 어렵습니다. 일단 기본적인 것을 암기한 후 나머지는 사용하는 과정에서 서서히 익히세요. (➡ p. 214 Spelling Rules)

- 주어가 3인칭 단수(he, she, it, 단수 명사) 현재인 경우 동사에 주로 -s
  (편의상 '3단현 -s'로 암기)
- 자주 쓰이는 불규칙 3인칭 단수 현재형: have/has, do/does, go/goes
- 주요 동사의 불규칙 과거형: do−did, have−had, give−gave, meet−met, see−saw, buy−bought, say−said, tell−told, know−knew, find−found, drive−drove, go−went, wear−wore

예문역 ¹이번 겨울은 따뜻하다. ²이번 겨울엔 기름 가격이 낮다. ³작년 겨울은 매우 추웠다. ⁴작년 겨울엔 기름 가격이 높았다. ⁵나는 하루에 다섯 시간 잔다. ⁶그는 하루에 열 시간 잔다. ⁷Bill은 어젯밤 내게 전화했다. ⁸내 아버지가 전화를 받으셨다.

EXERCISE

A 다음 문장의 동사, 목적어, 보어를 찾아 밑줄로 표시하세요. (동, 목, 보로 표기할 것)

1 Motorcycles are dangerous.

2 David rides his motorcycle dangerously.

3 Ava was my classmate in elementary school.

4 I remember her phone number.

5 I bought the computer five years ago.

6 My computer is old and slow.

7 Most middle school students wear school uniforms.

8 She wore a white dress to the party.

9 My mother grows vegetables on our roof.

10 Our vegetables are really fresh.

11 The early bird catches the worm.   ★ catch / catches

12 Suji studies English for two hours every day.   ★ study / studies

B 다음 문장을 바르게 고쳐 쓰세요.

1 Your shoes very dirty.

2 They are like Korean food a lot.

3 I am have many good friends.

4 Her hat too big is.

5 You and I good friends.

6 They Korean barbecue love.

7 The dog is barks at night.

8 My father lunch cooks on Sundays.

9 Last summer is really hot.

10 I met an old friend on the street. He buys me lunch.

VOCAB **A** ride 타다   elementary school 초등학교   roof 지붕, 옥상   catch 잡다   worm 벌레   **B** bark 짖다

Do It Yourself
주어진 우리말을 영어로 옮기세요.

써야
안다

1 작년 겨울은 진짜 추웠다. (작년 겨울은 / 이었다 / 진짜 추운)

_____

2 나는 새 컴퓨터가 필요하다. (나는 / 필요로 한다 / 새 컴퓨터를)

_____

3 그들은 초등학교 때 가장 친한 친구였다. (그들은 / 이었다 / 가장 친한 친구 / 초등학교에서)

_____ in elementary school.

4 Ava의 할아버지는 10년 전에 돌아가셨다. (Ava의 할아버지는 / 돌아가셨다 / 10년 전에)

_____ 10 years ago. (die)

5 Ava는 할아버지의 얼굴을 기억한다. (Ava는 / 기억한다 / 그녀의 할아버지의 얼굴을)

_____

6 아이들은 이 강에서 물고기를 잡는다. (아이들은 / 잡는다 / 물고기를 / 이 강에서)

_____ in this river.

7 한국 축구 선수들은 붉은 유니폼을 입는다. (한국 축구 선수들은 / 입는다 / 붉은 유니폼을)

_____ (Korean soccer players)

8 John은 어제 빨간 양말을 신었다. (John은 / 신었다 / 빨간 양말을 / 어제)

_____ yesterday. (socks)

5 형용사

A 형용사의 종류

- 형용사는 명사의 성질, 상태 등을 나타내는 말입니다.
- 수나 양을 나타내는 말이나 소유격도 명사를 꾸며주므로 형용사에 속해요.

성질, 상태	easy, hard, quiet, noisy, right, wrong, full, empty, heavy, light, friendly ...
수, 양	• many[a lot of, lots of], few, a few, some ... (수) • much[a lot of, lots of], little, a little, some ... (양)
소유격	my, your, his, her, their, our, its, Nick's, our teacher's ...

B 성질, 상태의 형용사

- 형용사는 명사 앞에서 명사가 어떤 특성을 갖는지를 꾸미는(수식하는) 말로 쓰여요.
- 형용사는 'be동사 뒤'에서 주어의 성질, 상태를 보완 설명하는 보어로 쓰여요.

We live in a **noisy** city.[1]
We need a **quiet** place.[2]

★형용사/명사: …한, ㄴ / 무엇, 누구

The streets in the city are **noisy**.[3]
The countryside is **quiet** and **beautiful**.[4]

★be동사/형용사: 이다 / …한

C 수, 양 형용사

- 셀 수 있는 명사와 셀 수 없는 명사의 수나 양을 나타내는 말이 다릅니다.

The singer has **lots of** fans.[5]
She has **few** close friends.[6]
She has **a few** friends in her new school.[7]

★a lot of, lots of: many, much
★few: (수가) 거의 없는
★a few: 몇 개의, 몇몇의

He drinks **a lot of** water after meals.[8]
He drinks **little** water after meals.[9]
He drinks **a little** water after meals.[10]

★little: (양이) 거의 없는
★a little: 약간의, 약간

VOCAB   countryside 시골   close 친한, 가까운   meal 식사, 한 끼
예문역   [1]우리는 시끄러운 도시에 산다. [2]우리는 조용한 곳이 필요하다. [3]그 도시의 거리는 시끄럽다. [4]시골 지역은 조용하고 아름답다. [5]그 가수는 팬이 많다. [6]그녀는 친한 친구가 거의 없다. [7]그녀는 새 학교에 몇 명의 친구가 있다. [8]그는 식사 후에 많은 물을 마신다. [9]그는 식사 후에 거의 물을 마시지 않는다. [10]그는 식사 후에 물을 조금 마신다.

EXERCISE

A 다음 밑줄 친 부분을 우리말로 옮기세요.

1 Nick is a fast runner. _____

2 The full moon is round. _____

3 His house has a pretty garden. _____

4 The dog is friendly to strangers. _____

5 The singer has few fans. _____

6 I had a late lunch because I was busy. _____

7 She eats little meat but lots of vegetables. _____

8 I need a few eggs and a little milk. _____

B 주어진 우리말 표현을 영어로 옮기세요. (be동사는 모두 'be'로 쓸 것)

1 친절한 선생님들 _____   2 친절하다 _____

3 친근한 사람들 _____   4 건강하다 _____

5 틀린 답들 _____   6 가볍다 _____

7 내 무거운 가방 _____   8 (답이) 맞다 _____

C Do It Yourself
주어진 우리말을 영어로 옮기세요. 써야 안다

1 그는 조용한 마을에 산다. (그는 / 산다 / 조용한 마을에서)

_____ (village)

2 너의 답은 틀렸다. (너의 답은 / 이다 / 틀린)

_____

3 내 휴대폰은 무겁다. (내 휴대폰은 / 이다 / 무거운)

_____

4 나는 이른 저녁을 먹었다. (나는 / 먹었다 / 이른 저녁을)

_____

5 그 도시의 거리들은 깨끗했다. (거리들 / 그 도시에 있는 / 이었다 / 깨끗한)

_____

6 나는 돈이 거의 없다. (나는 / 가지고 있다 / 매우 적은 돈을)

_____

7 나는 몇 개의 사과와 약간의 물이 필요하다. (나는 / 필요로 한다 / 몇 개의 사과와 약간의 물을)

_____ (a few, a little)

UNIT 6 부사

A 부사

- 부사는 동사, 형용사, 부사를 꾸며주는 말입니다.
- 부사는 어떻게(양태), 어디서(장소), 언제(시간), 얼마나(정도) 등의 의미를 덧붙여요.

양태 (모양이나 상태)	어떻게	well, hard, fast, slowly, carefully, quietly ... • '형용사+ly'인 경우가 많음 ('명사+ly'인 friendly, lovely는 형용사)
장소, 방향	어디서[로]	there, here, back ...
시간	언제, 얼마나	soon, now, then, early, late, today, yesterday, long ...
빈도	얼마나 자주	always > usually > often > sometimes > never 항상　　　보통　　　종종　　　가끔　　　전혀 … 않다
정도	얼마나	too > very, really > quite, pretty > a little 너무　　매우　　　상당히, 꽤　　　약간

※ 형용사로도 쓰이는 것: **fast** car / **early** morning / **late** afternoon / **long** hair / **pretty** name

B 부사의 자리

- 부사의 자리는 비교적 자유롭지만, 동사를 수식하는 경우 대체로 문장의 뒤에 옵니다.

I study English **hard**.[1]
Mr. Kwon drives his new car **carefully**.[2]
We got **there late**.[3]

★ 하다 / 어떻게, 어디서, 언제 …

- 단, 빈도부사의 경우에는 일반동사의 앞, be동사의 뒤에 와요.

My father **always** comes home early.[4]
He is **often** late for work.[5]

★ 편의상 '빈동, be빈'으로 암기

- 형용사나 다른 부사를 수식하는 부사는 형용사, 부사의 앞에 와요.

I study English **really hard**.[6]
Mr. Kwon drives his new car **very carefully**.[7]
We got **there a little late**.[8]

★ … 정도로 / …한[하게]

예문역 [1]나는 영어를 열심히 공부한다. [2]권 선생님은 그의 새 차를 조심스럽게 운전한다. [3]우리는 그곳에 늦게 도착했다. [4]내 아버지는 항상 집에 일찍 오신다. [5]그는 종종 직장에 늦는다. [6]나는 영어를 정말 열심히 공부한다. [7]권 선생님은 그의 새 차를 매우 조심스럽게 운전한다. [8]우리는 그곳에 약간 늦게 도착했다.

EXERCISE

정답과 해설 5쪽

A 다음 밑줄 친 부분을 우리말로 옮기세요.

1   She <u>gets up early</u>. _____

2   She <u>speaks English well</u>. _____

3   Dolphins <u>swim very fast</u>. _____

4   Winter in Korea <u>is pretty cold</u>. _____

5   The village <u>was quite quiet</u>. _____

6   Peter <u>often gets up late</u>. _____

7   We <u>are always busy</u> on Fridays. _____

8   They <u>usually go shopping</u> on Saturdays. _____

B 다음 문장을 바르게 고쳐 쓰세요.

1   My mother drives careful.

2   We had a quickly lunch.

3   My teacher always speaks quiet.

4   Emily gave me a sweetly smile.

5   He solves difficult math problems easy.

6   The street always is full of people.

C **Do It Yourself**
주어진 우리말을 영어로 옮기세요. 써야 안다

1   내 노트북은 진짜 가볍다. (내 노트북은 / 이다 / 진짜 가벼운)

 _____ (laptop)

2   너의 계획은 꽤 좋다. (너의 계획은 / 이다 / 꽤 좋은)

 _____ (good)

3   너는 항상 바쁘구나. (너는 / 항상 이다 / 바쁜)

 _____

4   나의 아버지는 보통 운전해서 출근하신다. (나의 아버지는 / 보통 운전한다 / 직장으로)

 _____ to work.

5   그들은 늦게 자고 늦게 일어난다. (그들은 / 잔다 / 늦게 / 그리고 일어난다 / 늦게)

 _____ and _____. (go to bed)

정답과 해설 6쪽

Do It Yourself

A

다음 문장에서 <u>틀린</u> 부분을 찾아 바르게 고치세요.

1 I ate some breads for breakfast. _____ ➡ _____

2 A success comes from hard work. _____ ➡ _____

3 He moved to new apartment. _____ ➡ _____

4 Julia likes Alex. She calls he every day. _____ ➡ _____

5 Look at the flowers. It is beautiful. _____ ➡ _____

6 I am go to bed late. _____ ➡ _____

7 My brother sleep 10 hours a day. _____ ➡ _____

8 Matt calls me early this morning. _____ ➡ _____

9 The village really quiet. I love it. _____ ➡ _____

10 The children get up often late. _____ ➡ _____

11 I smiled sweet at her. _____ ➡ _____

12 Eagles fly in the sky. They are beautifully. _____ ➡ _____

B

주어진 우리말과 일치하도록 문장을 완성하세요.

1 우리는 친한 친구이다. (우리는 / 이다 / 가까운 친구)

   We _____. (close)

2 내 아버지는 일요일에 아침 식사를 만드신다. (내 아버지는 / 요리한다 / 아침 식사를 / 일요일에)

   My father _____ on Sundays. (cook)

3 그들은 중국어를 매우 잘한다. (그들은 / 말한다 / 중국어를 / 매우 잘)

   They _____ very well. (speak)

4 일찍 일어난 새가 벌레를 잡는다. (이른 새가 / 잡는다 / 벌레를)

   The early bird _____.

5 날씨가 꽤 춥다. (날씨가 / 이다 / 꽤 추운)

   The weather is _____.

6 우리 교실은 너무 시끄럽다. (우리 교실은 / 이다 / 너무 시끄러운)

   Our classroom is _____.

7 나는 종종 자전거를 타고 학교에 간다. (나는 / 종종 탄다 / 내 자전거를 / 학교로)

   I _____ to school. (bike)

8 그는 금요일에는 보통 바쁘다. (그는 / 보통 이다 / 바쁜 / 금요일에)

He _____ on Fridays.

9 그들의 목숨이 위험에 처해 있다. (그들의 목숨이 / 있다 / 위험에)

_____ are in danger.

10 그들은 우리나라를 위해 죽었다. 우리는 그들을 영웅으로 기억한다.

(그들은 / 죽었다 / 우리나라를 위해. 우리는 / 기억한다 / 그들을 / 영웅들로)

They died for _____. We _____ as heroes.

C 주어진 우리말을 영어로 옮기세요. 써야 안다

1 건강이 행복을 가져온다. (건강이 / 가져온다 / 행복을)

_____ (bring)

2 그는 건강을 위해 고기를 거의 먹지 않는다. (그는 / 먹는다 / 매우 적은 고기를 / 그의 건강을 위해)

_____

3 이 강의 물은 깨끗하다. (물은 / 이 강에 있는 / 이다 / 깨끗한)

_____ (in this river)

4 그녀는 항상 조용하게 웃는다. (그녀는 / 항상 웃는다 / 조용하게)

_____

5 나는 그녀의 다정한 미소를 기억한다. (나는 / 기억한다 / 그녀의 다정한 미소를)

_____ (sweet)

6 내 새 휴대폰은 진짜로 가볍다. (내 새 휴대폰은 / 이다 / 진짜로 가벼운)

_____

7 그는 컴퓨터에 너무 많은 시간을 쓴다. (그는 / 쓴다 / 너무 많은 시간을 / 컴퓨터에)

_____ on the computer.

8 동물들은 살기 위해 먹이(음식)와 물을 필요로 한다. (동물들은 / 필요로 한다 / 음식과 물을 / 살기 위해)

_____ to live.

9 그 학생들은 그들의 선생님을 존경하고, 그들의 선생님은 그들을 사랑한다.

(그 학생들은 / 존경한다 / 그들의 선생님을 / 그리고 그들의 선생님은 / 사랑한다 / 그들을)

The students respect _____, and _____.

10 우리는 금요일에는 절대 쇼핑을 하러 가지 않는다. (우리는 / 절대 쇼핑하러 가지 않는다 / 금요일에)

_____ (go shopping)

단어의 역할과 의미 파악에 도움이 되는 접미사

자주 쓰이는 접미사

단어의 역할에 따라 특징적인 형태의 꼬리말이 붙는 경우가 많습니다. 이를 접미사라고 해요.
자주 쓰이는 기본적인 것을 알아 두면 단어의 의미와 역할을 판단하는 데 도움이 됩니다.

명사	-tion	action	행동, 활동	act	행동하다
		explanation	설명	explain	설명하다
		invitation	초대	invite	초대하다
	-ness	happiness	행복	happy	행복한
		sadness	슬픔	sad	슬픈
		darkness	어둠	dark	어두운
	-ment	movement	움직임	move	움직이다
		agreement	동의	agree	동의하다
		advertisement	광고	advertise	광고하다
	-ty	safety	안전	safe	안전한
		honesty	정직성	honest	정직한
		beauty	미, 미인	beautiful	아름다운
형용사	-ous	dangerous	위험한	danger	위험
		courageous	용감한	courage	용기
		famous	유명한	fame	명성
	-al	personal	개인적인	person	사람
		cultural	문화적인	culture	문화
		emotional	감정적인	emotion	감정
	-tive	active	활동적인	act	행동하다
		creative	창의적인	create	만들다, 창조하다
		sensitive	예민한	sense	감각; 감지하다
	-ful	useful	쓸모 있는, 유용한	use	사용, 용도; 사용하다
		hopeful	희망 찬	hope	희망; 바라다
		powerful	강력한	power	힘
	-less	useless	쓸모없는	use	사용, 용도; 사용하다
		hopeless	희망 없는, 절망적인	hope	희망
		powerless	무력한, 힘없는	power	힘
부사	-ly	dangerously	위험하게	dangerous	위험한
		safely	안전하게	safe	안전한
		actively	활발히, 활동적으로	active	활동적인

GRAMMAR COACH

CHAPTER 2

문장 패턴

목적어, 보어

A 의미의 완결성

• 말이 되는지를 상식적으로 판단해 보세요. 의미가 통하지 않는다는 것은 문법적으로 결함이 있다는 것입니다.
• 말이 되는지 안 되는지를 생각하면 목적어, 보어의 개념을 확실하게 알 수 있어요.

A1 의미가 통하지 <u>않는</u> 문장을 찾아 × 표시를 하세요.　　　　　　　　　　　　　　　◐ 정답과 해설 6쪽

1 Banks close at 4:00 p.m. ＿＿＿＿＿

2 I visit every weekend. ＿＿＿＿＿

3 He died in a car accident. ＿＿＿＿＿

4 You waste during vacation. ＿＿＿＿＿

5 My parents grow in our garden. ＿＿＿＿＿

6 The old man collects early in the morning. ＿＿＿＿＿

A1´ 주어진 단어, 표현을 사용하여 × 표시한 문장을 완전하게 만드세요.

> bottles　　your time　　vegetables　　my grandparents

A2 의미가 통하지 <u>않는</u> 문장을 찾아 × 표시를 하세요.

1 The weather was in Canada. ＿＿＿＿＿

2 My mom became at age 25. ＿＿＿＿＿

3 They felt sad at the news. ＿＿＿＿＿

4 Your smile makes me. ＿＿＿＿＿

5 She makes her own clothes. ＿＿＿＿＿

6 I found English grammar. ＿＿＿＿＿

7 I found my lost cell phone. ＿＿＿＿＿

A2´ 주어진 단어, 표현을 사용하여 × 표시한 문장을 완전하게 만드세요.

> easy　　happy　　cold　　a nurse

B 목적어

- 주어가 하는 행위(동사)의 대상이 되는 말을 **목적어**라고 해요.
- 목적어 자리에는 명사, 대명사를 씁니다.
- 편의상 주어의 행위가 향하는 '목적지(→)'로 암기합니다(하다 → 무엇을).

1 Banks **close** at 4:00 p.m.   ★목적어 없어도 의미 통함

2 I **visit my grandparents** every weekend.
    →

3 He **died** in a car accident.   ★목적어 없어도 의미 통함

4 You **waste your time** during vacation.
     →

5 My parents **grow vegetables** in our garden.
      →

6 The old man **collects bottles** early in the morning.
       →

C 보어

- 주어, 목적어가 무엇인지, 어떤 상태인지 보완해 주는 말을 **보어**라고 해요.
- 보어 자리에는 명사, 형용사를 씁니다.
- 주어나 목적어 자체, 혹은 주어나 목적어의 성질, 상태를 나타내므로 편의상 '같음(=)'으로 암기합니다.

1 **The weather** was **cold** in Canada.
      =

2 **My mom** became **a nurse** at age 25.
      =

3 **They** felt **sad** at the news.
    =

4 Your smile **makes me happy**.
     → =

5 She **makes her own clothes**.   ★목적격보어 없어도 의미 통함
    →

6 I **found English grammar easy**.
   →   =

7 I **found my lost cell phone**.   ★목적격보어 없어도 의미 통함
  →

GRAMMAR COACH

이해 ▶ 자동사, 타동사, 주격보어, 목적격보어
- 자동사: 스스로 자(自). 스스로 말이 되는 동사. 즉 목적어 없이도 의미가 성립하는 동사
- 타동사: 다를 타(他). 말이 되려면 다른 말이 필요한 동사. 즉 목적어가 있어야 말이 되는 동사
- 주격보어: 주어가 무엇인지, 어떤 상태인지를 설명하는 말
- 목적격보어: 목적어가 무엇인지, 어떤 상태인지를 설명하는 말

EXERCISE

정답과 해설 7쪽

A 다음 문장의 동사, 목적어, 보어를 찾아 밑줄로 표시하세요. (동, 목, 보로 표기할 것)

1 He opened his eyes slowly.

2 The restaurant opens late.

3 I changed some money to dollars.

4 Fashion changes over time.

5 I usually walk to school.

6 I walked my dog this morning.

7 The children played unsafely in the road.

8 We played soccer on our lunch break.

9 She became a mother last night.

10 Her baby is healthy.

11 I have lots of homework.

12 Homework keeps me busy.

13 I bought a new dress for Angela.

14 She looked very beautiful in the new dress.

15 The new dress made Angela happy.

VOCAB **A** walk 걷다; 산책시키다   unsafely 불안전하게, 위험하게   lunch break 점심시간

B

Do It Yourself
주어진 우리말을 영어로 옮기세요.

1 어떤 책들은 우리의 삶을 바꾼다. (어떤 책들은 / 바꾼다 / 우리의 삶을)

_____ (some books)

2 요즘 많은 사람들이 중국어를 배운다. (많은 사람들이 / 배운다 / 중국어를 / 요즘)

_____ nowadays.

3 나는 중국어가 유용하다는 것을 알았다. (나는 / 알았다 / 중국어를 / 유용한)

_____ (find)

4 그 채소들은 신선해 보인다. (그 채소들은 / 보인다 / 신선한)

_____

5 냉장고는 채소들을 신선하게 유지시켜 준다. (냉장고는 / 유지시킨다 / 채소들을 / 신선한)

_____ (refrigerators, keep)

6 그 영화는 지루했다. (그 영화는 / 이었다 / 지루한)

_____ (boring)

7 그 영화는 나를 졸리게 만들었다. (그 영화는 / 만들었다 / 나를 / 졸린)

_____ (sleepy)

목적어와 문형 1 (주어+동사 / 주어+동사+목적어)

A 무엇이 / (하)다

- 동사만으로 주어가 하는 행위를 설명할 수 있는 동사를 자동사라고 합니다(주어, 동사만으로 말이 되는 동사).
- 뒤에 부사어구가 이어지는 경우가 많습니다(어떻게, 어디서, 언제).

The wind **blows**.[1]
The wind **blows** hard.[2]
The wind **blows** hard from the north in winter.[3]

★자동사: 스스로 자 (스스로 말이 되는 동사)
★주어+동사: 문장의 5형식 중 1형식

Tomatoes **grow** fast.[4]
Dry wood **burns** well.[5]
We **moved** to a new apartment last month.[6]

Oil prices **rise** in winter.[7]
The accident **happened** at midnight.[8]
I **stayed** home all day today.[9]

B 무엇이 / (하)다 / 무엇을

- '무엇을, 누구를'이 있어야 말이 되는 경우가 많습니다. 이를 주어가 하는 행위의 대상, 목적어라고 하고 명사, 대명사를 씁니다.
- 편의상 행위가 향하는 '목적지(→)'로 이해하면 쉬워요(하다 → 무엇을).

He **grows tomatoes** in his backyard.[10]
   →

★타동사: 다를 타 (말이 되려면 다른 말이 필요한 동사)
★주어+동사+목적어: 문장의 5형식 중 3형식

The hot sun **burns your skin**.[11]
   →

The company **moved its factories** to Vietnam.[12]
   →

He **raised his hand** to ask a question.[13]
  →

VOCAB blow (바람이) 불다   hard 세게; 단단한; 어려운   burn 타다; 태우다   rise (값이) 오르다   midnight 자정   backyard 뒷마당   factory 공장   raise 들어 올리다

예문역 [1]바람이 분다. [2]바람이 세게 분다. [3]바람이 겨울에 북쪽에서 세게 불어온다. [4]토마토는 빨리 자란다. [5]마른 나무는 잘 탄다. [6]우리는 지난달에 새 아파트로 이사했다. [7]겨울에 기름 가격이 오른다. [8]그 사고는 자정에 일어났다. [9]나는 오늘 하루 종일 집에 있었다. [10]그는 뒷마당에서 토마토를 기른다. [11]뜨거운 태양이 너의 피부를 태운다. [12]그 회사는 공장을 베트남으로 옮겼다. [13]그는 질문을 하려고 손을 들었다.

GRAMMAR COACH

이해▶ 유연한 동사 사용

• 자동사 / 타동사: 많은 동사들이 자동사, 타동사 양쪽으로 쓰입니다. 기본적인 의미는 같으니 문맥을 통해 유연하게 받아들이고 사용하세요.

Tomatoes **grow** fast. (스스로 자라다: 자동사)
He **grows tomatoes** in his backyard. (…을 키우다, 재배하다: 타동사)

Dry wood **burns** well. (스스로 타다: 자동사)
The hot sun **burns your skin**. (…을 태우다: 타동사)

• 자동사로만 쓰이는 동사: 일부 동사는 거의 자동사로만 쓰입니다.
  rise, stay, happen, appear, work 등

EXERCISE

정답과 해설 8쪽

A '동사' 혹은 '동사＋목적어'를 찾아 밑줄로 표시하고 의미를 쓰세요.

1 The cute baby <u>smiles</u> a lot.

웃는다

2 Many foreigners <u>love Korean food</u>.

매우 좋아한다 / 한국 음식을

3 Hot air rises slowly.

4 I dropped my phone in the water.

5 They did their homework at the library.

6 I fell into a hole in the road.

7 He introduced new ideas to his business.

8 They raised their national flag high.

9 Miracles happen in life now and then.

10 Chicks follow their mother all the time.

B **Do It Yourself**

주어진 단어와 표현을 바르게 배열하여 완전한 문장을 만드세요.

1 _____ (Korean barbecue / misses / Nick)

2 _____ (a lot / coughs / Jimmy's grandmother)

3 _____ (she / in her neck / pain / felt)

4 _____ (his promises / keeps / always / John)

5 _____ (the wind / from the south / gently / blows)

6 _____ (at a bank / my mother / for 10 years / worked)

7 _____ (at the door / appeared / a strange man)

8 _____ (with his friends / his homework / does / Brandon)

9 _____ (we / in class / a science experiment / did)

10 _____ (money / borrow / many people / from the bank)

VOCAB **A** foreigner 외국인 drop 떨어뜨리다 introduce 도입하다; 소개하다 national flag 국기 miracle 기적 now and then 때때로, 가끔 chick 병아리 **B** miss 그리워하다; 놓치다 cough 기침하다 gently 부드럽게; 약하게 appear 나타나다 strange 낯선; 이상한 experiment 실험 borrow 빌리다

C
주어진 우리말을 영어로 옮기세요. 써야 안다

1 집값은 오르고 내린다. (집값은 / 오른다 / 그리고 내린다)

_____ (house prices, fall)

2 그 아기는 어젯밤에 많이 울었다. (그 아기는 / 울었다 / 많이 / 어젯밤에)

_____ ★cry−cried

3 상어 한 마리가 우리 배 근처에 나타났다. (상어 한 마리가 / 나타났다 / 우리 배 근처에)

_____ near our boat. (shark)

4 그 상어는 바다로 사라졌다. (그 상어는 / 사라졌다 / 바다로)

_____ into the sea. (disappear)

5 그 차 사고는 비 오는 날 일어났다. (그 차 사고는 / 일어났다 / 비 오는 날에)

_____ on a rainy day.

6 그는 종종 그의 약속을 깬다. (그는 / 종종 깬다 / 그의 약속을)

_____ (break, promises)

7 그녀는 남자친구를 부모님께 소개시켰다. (그녀는 / 소개시켰다 / 그녀의 남자친구를 / 그녀의 부모님에게)

_____

8 그는 어제 나의 공책을 빌렸다. (그는 / 빌렸다 / 나의 공책을 / 어제)

_____

9 나는 항상 어머니의 조언을 따른다. (나는 / 항상 따른다 / 나의 어머니의 조언을)

_____ (advice)

10 나는 마지막 버스를 놓쳐서 택시를 탔다. (나는 / 놓쳤다 / 마지막 버스를 / 그래서 나는 / 탔다 / 택시를)

_____, so _____. (take)

UNIT 8 목적어와 문형 2 (주어+동사+목적어+목적어)

A 무엇이 / 하다 / 누구에게 / 무엇을

- '주다'라는 의미의 동사(주다, 사 주다, 보여 주다 등)는 두 개의 대상(누구에게 / 무엇을)이 필요합니다.
- '누구에게'와 '무엇을'에 해당하는 말을 목적어라고 하고, 대명사, 명사를 씁니다.

Our teacher **gives** us lots of homework.[1]

She **asks** us many questions during class.[2]
Amy **showed** Daniel her pictures.[3]
Jacob **sent** me an email this morning.[4]
Mrs. Smith **teaches** us English grammar.[5]
Andrew **made** Emma a birthday card.[6]
He also **bought** her a present.[7]

★ 주어+동사+목적어+목적어: 문장의 5형식 중 4형식
　누구에게　무엇을

B '…에게'의 표현법

- '…에게'를 전치사로 표현할 수 있습니다. 대부분의 동사는 to를 쓰며, 일부 동사는 for를 사용합니다.

Our teacher **gives** lots of homework **to us**.
Amy **showed** her pictures **to Daniel**.
Jacob **sent** an email **to me** this morning.

★ to: …에게(도착점, 방향)

Andrew **made** a birthday card **for Emma**.
He also **bought** a present **for her**.

★ for: …를 위해(이익, 목적)
★ 문장의 형식상으로 보면 4형식을 3형식으로 바꾼 것

GRAMMAR COACH

이해 간접목적어, 직접목적어

이러한 동사를 수여동사('주다'라는 의미)라고 합니다. 그리고 주는 방향(…에게)을 간접목적어, 주는 대상(…을)을 직접목적어라고 해요.

암기 대표 표현

자주 사용하는 동사의 표현을 암기해 두세요. him 자리에 여러 대명사, 명사를 넣어 응용 표현을 만들 수 있습니다.

[**give** him homework]	[**ask** him questions]
[**show** him her pictures]	[**send** him an email]
[**teach** him English]	[**make** him a card]
[**buy** him a present]	[**tell** him a joke]

예문역 [1] 우리 선생님은 우리에게 많은 숙제를 내 주신다. [2] 그녀는 수업 중에 우리에게 많은 질문을 하신다. [3] Amy는 Daniel에게 그녀의 사진을 보여 주었다. [4] Jacob은 오늘 아침 내게 이메일을 보냈다. [5] Smith 선생님이 우리에게 영문법을 가르치신다. [6] Andrew는 Emma에게 생일 카드를 만들어 주었다. [7] 그는 또한 그녀에게 선물을 사 주었다.

EXERCISE

A '동사＋목적어＋목적어'를 찾아 밑줄로 표시하고 의미를 쓰세요.

1 He <u>gave the girl a teddy bear.</u>
　　주었다 / 그 소녀에게 / 곰 인형을

2 He bought her a cute doll.

3 I showed my classmates my new tablet.

4 Daniel sent her his pictures by email.

5 Emily told her friends a funny joke.

6 Andrew's girlfriend made him a Valentine's Day card.

7 Andrew showed all his friends the card.

8 This book teaches children many things.

B **Do It Yourself**
주어진 단어와 표현을 바르게 배열하여 문장을 완성하세요.

1 I _____ for his birthday.
　　(bought / a present / John)

2 The teacher _____.
　　(our report cards / us / gave)

3 I _____.
　　(my parents / my report card / showed)

4 He _____.
　　(always tells / the truth / his parents)

5 My mother _____.
　　(us / made / some chicken sandwiches)

6 The police officer _____.
　　(us / asked / some questions)

7 My friend _____ to my phone.
　　(sent / a text message / me)

8 I _____ a few minutes later.
　　(a reply / him / sent)

C

주어진 우리말을 두 가지 패턴의 영어로 옮기세요. 써야 안다

1 그녀는 Justin에게 그녀의 그림들을 보여 주었다. (그녀는 / 보여 주었다 / Justin에게 / 그녀의 그림들을)

_____ She showed Justin her paintings. _____

_____ She showed her paintings to Justin. _____

2 나는 어머니에게 생일 카드를 만들어 드렸다. (나는 / 만들어 드렸다 / 나의 어머니에게 / 생일 카드를)

_____

_____

3 Jessie는 그녀의 선생님에게 거짓말을 했다. (Jessie는 / 말했다 / 그녀의 선생님에게 / 거짓말을)

_____ (a lie)

_____

4 우리 선생님은 우리에게 이메일로 숙제를 내 주신다. (우리 선생님은 / 주신다 / 우리에게 / 숙제를 / 이메일로)

_____ by email.

_____ by email.

5 나의 할아버지는 나에게 재미있는 이야기들을 해 주신다.
(나의 할아버지는 / 말한다 / 나에게 / 재미있는 이야기들을)

_____ (interesting)   ★ story / stories

_____

6 Anna는 그녀의 친구에게 아이스크림을 좀 사 주었다.
(Anna는 / 사 주었다 / 그녀의 친구에게 / 약간의 아이스크림을)

_____

_____

7 Peter는 스승의 날에 그의 선생님에게 꽃을 보냈다.
(Peter는 / 보냈다 / 그의 선생님에게 / 약간의 꽃을 / 스승의 날에)

_____ on Teachers' Day.

_____ on Teachers' Day.

9 보어와 문형 1 (주어+동사+보어)

A be+명사/형용사

- be 뒤의 명사, 형용사는 주어가 무엇인지(이다/무엇), 어떤 상태인지(이다/어떤 상태)를 설명합니다.
- 이를 보어라고 해요. 주어가 무엇인지를 보완 설명하는 말로 이해합니다.
- 주어 자체나 주어의 성질, 상태를 나타내므로 편의상 '같음(=)'으로 암기하세요.

Vicky is **a cheerleader**.[1] (Vicky=a cheerleader)

She is **cute and smart**.[2] (She=cute and smart)

All my classmates are **her friends**.[3] (All my classmates=her friends)

The stadium was **full**.[4] (The stadium=full)

The people were **excited**.[5] (The people=excited)

The Korean soccer team was **the winner**.[6] (The Korean soccer team=the winner)

★ 주어+동사+보어: 문장의 5형식 중 2형식

GRAMMAR COACH

이해▶ be

명사, 형용사는 단순한 단어입니다. be를 붙여야 설명하는 말이 돼요.

단어		서술(설명하는 말)	
cheerleader	치어리더, 응원 단원	be a cheerleader	치어리더이다
friends	친구들	be friends	친구들이다
winner	승자	be the winner	승자다
full	가득 찬	be full	가득 차다
excited	흥분한	be excited	흥분하다

예문역 [1]Vicky는 치어리더이다. [2]그녀는 귀엽고 똑똑하다. [3]우리 반 친구들 모두가 그녀의 친구들이다. [4]경기장이 가득 차 있었다. [5]사람들은 흥분했다. [6]한국 축구팀이 승자였다.

B 감각이나 상태를 나타내는 동사 (look, sound, feel, become ...)

- look, sound, feel, become과 같은 동사의 뒤에도 주어를 설명하는 말이 따라옵니다. be와 같아요.
- 뒤에 따라오는 말은 주어의 성질, 상태를 나타내는 보어입니다. 편의상 '같음(=)'으로 암기하세요.

She **looks tired** today.[7]   (She = tired)

The idea **sounds interesting**.[8]   (The idea = interesting)
Your hands **feel warm**.[9]   (Your hands = warm)
These roses **smell sweet**.[10]   (These roses = sweet)
The cookies **tasted great**.[11]   (The cookies = great)
The sky suddenly **became cloudy**.[12] (The sky = cloudy)
The weather **got cold**.[13]   (The weather = cold)

GRAMMAR COACH

암기 ▶ 단어의 의미

- 기초 단어: 자주 사용되는 기초 단어의 의미를 정확히 알아 두어야 합니다. 같은 단어가 다른 뜻으로도 많이 쓰이니 문맥을 잘 보고 구분하세요.

look[sound, feel]: …하게 보이다[들리다, 느껴지다]
become[get, turn]: …한 상태가 되다
smell[taste]: …한 냄새가 나다[맛이 나다]

She **looked** at me silently.[14] (보다)   I **feel** pain in my neck.[15] (…를 느끼다)
He heard a strange **sound**.[16] (소리)   The flower has a strong **smell**.[17] (냄새)

- be와 같다: 위의 동사들은 be와 같은 역할을 하는 감각적 표현입니다. 사실상 be라고 생각하세요.

tired 지친   be tired 지치다   ≒ look tired 지쳐 보이다
interesting 흥미로운   be interesting 흥미롭다   ≒ sound interesting 흥미롭게 들리다

이해 ▶ '…하게'

보어로 쓰인 말이 우리말로 주로 '…하게'로 해석되어 부사로 잘못 이해할 수 있습니다. 보어 자리에 쓰는 단어는 명사, 형용사입니다. 우리말에 이끌려 형용사 자리에 부사를 쓰지 않도록 주의하세요.

Your hands **feel warmly**. (×)
These roses **smell sweetly**. (×)
I sometimes **feel lonely**.[18] (○)   ★ -ly 형용사: friendly, lovely, lonely

---

VOCAB silently 조용히   pain 고통, 통증   lonely 외로운
예문역 [7]그녀는 오늘 피곤해 보인다. [8]그 아이디어는 흥미롭게 들린다. [9]너의 손은 따뜻하게 느껴진다. [10]이 장미들은 향기로운 향이 난다. [11]그 쿠키들은 맛이 좋았다. [12]하늘이 갑자기 흐려졌다. [13]날씨가 추워졌다. [14]그녀는 나를 조용히 쳐다봤다. [15]나는 목에 통증을 느낀다. [16]그는 이상한 소리를 들었다. [17]그 꽃은 강한 향이 난다. [18]나는 때때로 외로움을 느낀다.

EXERCISE

정답과 해설 9쪽

A
'동사+보어'를 찾아 밑줄로 표시하고 의미를 쓰세요.

1 All my cousins <u>are tall and handsome</u>.
이다 / 키 크고 잘생긴

2 His new songs sound great.

3 People sometimes feel lonely.

4 You were right, and I was wrong.

5 Cindy looks wonderful in her new dress.

6 The young singer became very famous.

7 I felt sad when my pet cat died.

8 Leaves turn red and yellow in fall.

9 Apples are good for you and taste great.

10 I ate too much ice cream and got sick.

B
Do It Yourself
주어진 단어와 표현을 바르게 배열하여 완전한 문장을 만드세요.

1 _____ (smells / dinner / good)

2 _____ (the air / cool and fresh / feels)

3 _____ (young / looks / your grandmother)

4 _____ (strange / sounded / his voice)

5 _____ (angry / gets / Mia / at small things)

6 _____ (Daniel / for the poor children / sorry / felt)

7 _____ (with his first song / popular / became / the singer)

VOCAB **A** right 맞은 wrong 틀린 leaf (*pl.* leaves) 나뭇잎 turn 변하다, 바뀌다

C

다음 중 **틀린** 문장을 찾아 바르게 고치세요. (틀린 문장 3개)

1 The song sounds sadly.

2 The young couple danced beautifully.

3 You look lovely in that dress.

4 The sky became clearly.

5 This apple pie tastes terribly.

6 The weather changes quickly in the mountains.

D

Do It Yourself

주어진 우리말을 영어로 옮기세요. 써야 안다

1 너의 아이디어는 대단한 것 같다. (너의 아이디어는 / 들린다 / 대단한)

_____ (great)

2 모든 사람이 즐거워 보였다. (모든 사람이 / 보였다 / 즐거운)

_____ (joyful)

3 날씨는 봄에 따뜻해진다. (날씨는 / 된다 / 따뜻한 / 봄에)

_____ (get)

4 그는 오래 걸어서 피곤해졌다. (그는 / 되었다 / 피곤한 / 오래 걸은 후에)

_____ after a long walk. (get)

5 나는 오늘 좀 아프다. (나는 / 느껴진다 / 약간 아픈 / 오늘)

_____ today. (sick)

10 보어와 문형 2 (주어+동사+목적어+보어)

A 목적어의 상태 설명

- 목적어 뒤에는 목적어가 어떤 상태인지, 무엇인지 밝히는 말이 올 수 있어요.
- 이를 목적격보어라고 하며, 목적어의 상태나 목적어 자체를 나타내므로 편의상 '같음(=)'으로 암기합니다.

Your smile **makes me happy**.[1]   (me=happy)

The sun **keeps us warm**.[2]   (us=warm)

I usually **leave the window open**.[3]   (the window=open)

I **found the English book too hard**.[4]   (the English book=too hard)

Mom **gets breakfast ready** before seven.[5]   (breakfast=ready)

Snow **turned the mountain white**.[6]   (the mountain=white)

We **call our puppy Mr. Oscar**.[7]   (our puppy=Mr. Oscar)

I **consider you a true friend**.[8]   (you=a true friend)

★ 주어+동사+목적어+보어: 문장의 5형식 중 5형식

GRAMMAR COACH

암기 단어, 표현

- 의미 확장: 이러한 패턴에 자주 사용되는 단어들이에요. 기초 의미가 확장되는 것으로 이해하세요.

make: 만들다   → (목적어를) …한 상태로 만들다

find: 발견하다   → (목적어가) …하다는 것을 알다, …라고 생각하다

leave: 남기다   → (목적어를) …한 상태로 두다

keep: 지키다   → (목적어를) …한 상태로 유지시키다

turn: 바꾸다   → (목적어를) …한 상태로 변화시키다

call: 부르다   → (목적어를) …라고 부르다

consider: 생각하다 → (목적어를) …라고 여기다, 생각하다

- 대표 표현: 자주 사용되는 동사는 몇 개 되지 않습니다. 동사의 대표 표현을 암기하세요. her, it 자리에 여러 대명사, 명사를 넣어 응용 표현을 만들 수 있어요.

[**make** her happy]   [**keep** her warm]   [**consider** her a true friend]

[**call** it Mr. Oscar]   [**leave** it open]   [**find** it hard]

[**get** it ready]   [**turn** it white]

예문역 [1]너의 미소가 나를 행복하게 만든다. [2]태양이 우리를 따뜻하게 해 준다. [3]나는 보통 창문을 열어 둔다. [4]나는 그 영어 책이 너무 어렵다는 것을 알게 됐다. [5]엄마는 7시 전에 아침 식사를 준비해 놓으신다. [6]눈이 그 산을 하얗게 바꾸어 놓았다. [7]우리는 우리 강아지를 Mr. Oscar라고 부른다. [8]나는 너를 진정한 친구라고 여긴다.

EXERCISE

A   '동사＋목적어'나 '동사＋목적어＋보어'를 찾아 밑줄로 표시하고 의미를 쓰세요.

1   The dress <u>made Jenny happy</u>.
    만들었다 / Jenny를 / 행복한

2   Jenny's mother made a new dress for her.

3   Dylan found a wallet on the street.

4   He found the wallet empty.

5   Caroline made some errors in her writing.

6   The errors made her teacher angry.

7   Her baby cries when she leaves the room.

8   You always leave your room messy.

9   Timothy calls Amanda every night.

10 They call the little girl Amanda.

B   **Do It Yourself**
주어진 단어와 표현을 바르게 배열하여 문장을 완성하세요.

1   My joke _____.
    (made / angry / Sydney)

2   Exercise _____.
    (healthy / us / keeps)

3   I _____.
    (your little sister / find / very cute)

4   The clouds _____.
    (grey / the sky / turned)

5   Finally, the girl _____.
    (open / the door / got)

6   You always _____.
    (your clothes / dirty / get)

7   Matthew _____.
    (found / very healthy / Korean food)

8   Hot weather _____.
    (bad / the food / turned)

C

다음 중 **틀린** 문장을 찾아 바르게 고치세요. (틀린 문장 2개)

1 Seat belts keep us safely in an accident.

2 George drove his car carelessly.

3 My birthday gift made my parents happily.

4 They found Koreans friendly to foreigners.

5 His car turned the corner slowly.

D

Do It Yourself

주어진 우리말을 영어로 옮기세요. 써야 안다

1 Julia는 항상 손을 깨끗하게 (유지)한다. (Julia는 / 항상 유지한다 / 그녀의 손을 / 깨끗한)

_____ .

2 우유는 우리의 뼈를 튼튼하게 만든다. (우유는 / 만든다 / 우리의 뼈를 / 튼튼한)

_____ (bones)

3 나는 더운 날에는 문들을 열어 둔 채로 있는다. (나는 / 둔다 / 문들을 / 열린 / 더운 날에)

_____ on hot days. (the doors)

4 그녀의 아름다운 목소리가 그녀를 유명하게 만들었다.
(그녀의 아름다운 목소리가 / 만들었다 / 그녀를 / 유명한)

_____ (famous)

5 나는 영어를 배우는 데 문법이 유용하다는 것을 알았다.
(나는 / 알았다 / 문법을 / 유용한 / 영어를 배우는 데)

_____ in learning English.

6 우리는 Liz를 뛰어난 선생님이라고 여긴다. (우리는 / 여긴다 / Liz를 / 뛰어난 선생님)

_____ (excellent)

VOCAB **A** wallet 지갑 error 오류, 실수 messy 지저분한, 엉망인 **B** finally 마침내 bad (음식이) 상한 **C** safely 안전하게 carelessly 부주의하게

주어 be[There be 주어]＋부사구

A 주어＋be＋장소 부사 (주어가 / 있다 / …에)

- be동사는 '있다, 존재한다'라는 의미로 쓰일 때 뒤에 장소를 나타내는 말이 따라옵니다.
- 장소를 나타내는 말은 대부분 '전치사＋장소 명사'로 표현해요.

I am **on the sofa**.[1]
My father is **in the kitchen**.[2]
My puppies are **at the door**.[3]

★be: …에 있다; …(이)다

B There be＋주어＋장소 부사

- 'There be …'는 막연히 어떤 사람, 사물이 존재한다는 표현이에요. (있다 / 주어가 / …에)

There is a book on the desk.[4]
There are three rooms in my house.[5]

- be동사 뒤에 오는 명사가 주어예요. be동사의 형태는 주어에 맞추어 써요.
- 셀 수 없는 명사는 단수 취급합니다.

There **is** a tall tower on the hill.[6]
There **was** a big storm in the city last night.[7]
There **is** little water in the stream.[8]
There **was** a lot of food at the party.[9]
There **are** some children in the playground.[10]
There **were** many cars in the parking lot.[11]

★한 사람[개], 셀 수 없는 명사: is / was

★두 사람[개] 이상: are / were

- 'There be …'는 이미 알고 있는 구체적인 것에는 사용하지 않아요. 이 경우에는 '주어＋be …'를 써요.

There is my book on the desk. (×)
My book is on the desk. (○)

- 이때 there는 의미가 없는 형식상의 말이에요. 부사로 쓰인 there(거기에)와 혼동하지 마세요.

I hope we get **there** in time.[12]

VOCAB tower 탑 storm 폭풍 stream 개울, 시내 parking lot 주차장
예문역 [1]나는 소파 위에 있다. [2]내 아버지는 부엌에 계신다. [3]내 강아지들은 문가에 있다. [4]책상 위에 책 한 권이 있다. [5]나의 집에는 방이 세 개 있다. [6]언덕 위에 높은 탑이 있다. [7]어젯밤 그 도시에 큰 폭풍이 몰아쳤다. [8]그 개울에는 물이 거의 없다. [9]그 파티에는 음식이 많이 있었다. [10]그 운동장에는 몇 명의 아이들이 있다. [11]그 주차장에 많은 차들이 있었다. [12]나는 우리가 제시간에 거기에 도착하기를 바란다.

C 장소의 전치사

- 전치사는 명사, 대명사 앞에 붙어 장소, 시간 등의 의미를 나타내는 말이에요.
  (前: 앞 전, 置: 둘 치 → 명사, 대명사 앞에 두는 말)
- '전치사+명사/대명사'로 이루어진 표현을 전치사구라고 해요.

at the bus stop 버스 정류장**에**   **on** the wall 벽**에**

at night 밤**에**   **for** three hours 세 시간 **동안**

- 다음은 장소를 나타내는 전치사 중 자주 쓰이는 기본적인 것들이에요.
  (전치사 종합 ➡ Chapter 9)

at	**at** home / **at** school	(한 지점) …에
on	**on** the street / **on** the wall	… 위에, …에 접촉한
in	**in** Seoul / **in** the box	… 안에
from / to	**from** Seoul **to** London	…부터 ~까지
for	a train **for** Daegu / leave **for** Brazil	(목적지) …를 향해
by	**by** the seashore / **by** the tree	… 옆에
under	**under** the chair	… 아래에
above	fly **above** the clouds	… 위에
over	a bridge **over** the river	… 위를 덮어, … 넘어
around	**around** the fire	… 주위에

GRAMMAR
COACH

이해 ▶ **어순과 의미 덩어리**

- 어순: 영어의 전치사는 우리말에서 명사, 대명사 뒤에 붙이는 '…에, …로, …에서' 등에 해당하는 말로, 우리말과 어순이 반대입니다.
- 전치사의 목적어: 전치사와 함께 쓰이는 명사, 대명사를 전치사의 목적어라고 해요. 동사의 목적어와 형태가 같습니다(일반명사는 그대로, 대명사는 목적격).

on **the wall**   in **Seoul**

sit around **him** (he)   to **me** (I)

EXERCISE

정답과 해설 10쪽

A

Do It Yourself

주어진 단어와 표현을 사용하여 완전한 문장을 만드세요. (be동사의 <u>현재형</u>을 사용할 것)

1 _____ (my parents, at the mall)

2 _____ (the cat, on the roof)

3 _____ (his house, in the country)

4 _____ (someone, at the door, there)

5 _____ (little water, in the river, there)

6 _____ (a five-star hotel, in this town, there)

7 _____ (at the crosswalk, two police officers, there)

8 _____ (too much traffic, during rush hour, there)

B

Do It Yourself

주어진 단어와 표현을 사용하여 완전한 문장을 만드세요. (be동사의 <u>과거형</u>을 사용할 것)

1 _____ (his picture, on the wall)

2 _____ (the children, in the playground)

3 _____ (his house, by the river)

4 _____ (in his room, little sunlight, there)

5 _____ (clouds, in the sky, there)

6 _____ (snow, on the mountain, there)

7 _____ (many shops, at the mall, there)

8 _____ (few people, in the shops, there)

C

밑줄 친 부분 중, 틀린 것을 모두 찾아 바르게 고치세요.

My bedroom is small, but I love it. There ① is a big bed. There ② is a bookshelf. There ③ are many books and CDs on the bookshelf. There ④ is plants near the window. There ⑤ are many posters on the walls, but I took them off. The walls are clean now.

VOCAB **A** crosswalk 횡단보도 traffic 차량들, 교통(량) rush hour 혼잡 시간대, 러시아워 **C** bookshelf 책꽂이 plant 식물 take off 떼어내다; 벗기다

D **Do It Yourself**
주어진 우리말을 영어로 옮기세요. 써야 안다

1 창가에 테이블이 하나 있다. (있다 / 테이블 하나가 / 창가에)

_____

2 장마철에는 그 강에 물이 많다. (있다 / 많은 물이 / 그 강에 / 장마철에)

_____ during rainy season.

3 내 할아버지가 병원에 입원해 계신다. (내 할아버지가 / 있다 / 병원에)

_____

4 언덕 위에 오래된 나무 한 그루가 있었다. (있었다 / 오래된 나무 한 그루가 / 언덕 위에)

_____

5 Jim과 Austin은 버스 정류장에 있다. (Jim과 Austin은 / 있다 / 버스 정류장에)

_____

6 도로에는 차들이 너무 많다. (있다 / 너무 많은 차들이 / 도로에)

_____ on the roads.

7 그 도시에는 밤에 교통량이 거의 없었다. (있었다 / 아주 적은 교통량이 / 그 도시에 / 밤에)

_____

A 주어진 우리말 표현을 영어로 옮기세요.

1 내 개를 산책시키다 (산책시키다 / 내 개를)

_____

2 그의 숙제를 하다 (하다 / 그의 숙제를)

_____

3 그녀의 어머니의 조언을 따르다 (따르다 / 그녀의 어머니의 조언을)

_____

4 한국 음식을 그리워하다 (그리워하다 / 한국 음식을)

_____

5 그의 약속들을 깨다 (깨다 / 그의 약속들을)

_____

6 피곤해 보이다 (보이다 / 피곤한)

_____

7 매우 아름다워 보이다 (보이다 / 매우 아름다운)

_____

8 달콤한 냄새가 나다 (냄새가 나다 / 달콤한)

_____

9 외롭다고 느끼다 (느끼다 / 외로운)

_____

10 이상하게 들리다 (들리다 / 이상한)

_____

11 우리에게 많은 숙제를 주다 (주다 / 우리에게 / 많은 숙제를)

_____

12 그에게 이메일을 하나 보내다 (보내다 / 그에게 / 이메일 하나를)

_____

13 우리에게 영어 문법을 가르치다 (가르치다 / 우리에게 / 영어 문법을)

_____

14 그녀에게 그의 사진들을 보여 주다 (보여 주다 / 그녀에게 / 그의 사진들을)

_____

15 나의 부모님에게 진실을 말하다 (말하다 / 나의 부모님에게 / 그 진실을)

_____

16 Jasmine을 행복하게 만들다 (만들다 / Jasmine을 / 행복한)

_____

17 그 창문을 열린 채로 두다 (두다 / 그 창문을 / 열린)

_____

18 우리의 뼈를 튼튼하게 만들다 (만들다 / 우리의 뼈를 / 튼튼한)

_____

19 채소들을 신선하게 유지시키다 (지키다 / 채소들을 / 신선한)

_____

20 영어 문법이 쉽다는 것을 알다 (알게 되다 / 영어 문법을 / 쉬운)

_____

B 주어진 우리말을 영어로 옮기세요. 써야 안다

1 우리는 학교가 끝난 후 농구를 했다. (우리는 / 경기했다 / 농구를 / 학교가 끝난 후)

_____ after school.

2 그녀는 나에게 곰 인형을 하나 주었다. (그녀는 / 주었다 / 나에게 / 곰 인형 하나를)

_____ (teddy bear)

3 내 선생님은 수업 시간에 우리에게 재미있는 이야기들을 해 주신다.
(내 선생님은 / 말한다 / 우리에게 / 재미있는 이야기들을 / 수업 시간에)

_____ during class.

4 내 선생님께서 나에게 이메일 하나를 보내셨다. (내 선생님께서 / 보내셨다 / 나에게 / 이메일 하나를)

_____

5 봄에는 모든 것이 신선해 보인다. (모든 것이 / 보인다 / 신선한 / 봄에)

_____ in spring.

6 그의 말투는 이상하게 들려. (그의 말투는 / 들린다 / 이상한)

_____ (accent)

7 미소가 사람들을 행복하게 만든다. (미소가 / 만든다 / 사람들을 / 행복한)

_____ (smiling)

8 나는 나의 방을 항상 깨끗하게 둔다. (나는 / 항상 유지한다 / 나의 방을 / 깨끗한)

_____

9 우리는 우리의 새 이웃들이 친근하다는 것을 알았다. (우리는 / 알았다 / 우리의 새 이웃들을 / 친근한)

_____ (neighbors, friendly)

10 내 집에는 방이 세 개다. (있다 / 방 세 개가 / 내 집에)

_____

11 그의 정원에는 많은 꽃들이 있었다. (있었다 / 많은 꽃들이 / 그의 정원에)

_____

12 냉장고에 우유가 좀 있었다. (있었다 / 약간의 우유가 / 냉장고에)

_____ (refrigerator)

문장의 5형식

형식	구조	참고
1형식	주어+동사(+부사)	동사: be를 제외한 일반동사
	주어+be+장소 부사 / There be+주어+장소 부사	be: (…에) 있다
2형식	주어+be+주격보어(+부사)	
	주어+동사+주격보어(+부사)	주요 동사 look, sound, feel, become, get, turn, smell, taste 등
3형식	주어+동사+목적어(+부사)	
4형식	주어+동사+간접목적어+직접목적어(+부사)	주요 동사 give, show, send, teach, make, buy, ask, tell 등
5형식	주어+동사+목적어+목적격보어(+부사)	주요 동사 make, find, leave, keep, turn, get, call, consider 등

GRAMMAR COACH

CHAPTER

3

문장의 종류

명쾌한 개념 | 부정, 의문 표현의 원리

A 앞만 바뀐다.

- 영어 문장에서 부정, 의문은 문장의 앞쪽인 주어, 동사에 표시합니다.
- be동사는 자체로 부정문, 의문문을 만들 수 있으나, 일반동사는 do의 도움이 필요해요.

[be동사]

He **is** very busy today.[1]

He **is not[isn't]** very busy today.[2]

Is he very busy today?[3]

★ 부정문: be+not
★ 의문문: 주어+be → Be+주어 ...?

[일반동사(v)]

They **study** English very hard.[4]

They **don't study** English very hard.[5]

Do they study English very hard?[6]

★ 부정문: do not+v
★ 의문문: Do+주어+v ...?
　(v: 동사원형)

B do의 사용

- 일반동사에는 보이지 않지만 do가 붙어 있다고 생각하세요.
- 부정문은 do에 not을 붙이고, 의문문은 Do와 주어의 순서를 바꿉니다.
- 3인칭 단수 현재 표시, 과거 표시 역시 do에 하고, 일반동사는 항상 원형을 씁니다.

(do) study	don't[doesn't, didn't] study	Do[Does, Did] 주어 study ...?
(do) like	don't[doesn't, didn't] like	Do[Does, Did] 주어 like ...?
(do) make	don't[doesn't, didn't] make	Do[Does, Did] 주어 make ...?
(do) know	don't[doesn't, didn't] know	Do[Does, Did] 주어 know ...?
(do) go	don't[doesn't, didn't] go	Do[Does, Did] 주어 go ...?

You **don't study** English very hard.[7]

He **doesn't study** English very hard.[8]

They **didn't study** English very hard.[9]

Do you study English very hard?[10]

Does he study English very hard?[11]

Did they study English very hard?[12]

You like ...	You **don't like** ...	**Do** you **like** ...?
She likes ...	She **doesn't like** ...	**Does** she **like** ...?
	모든 주어 **didn't like** ...	**Did** 모든 주어 **like** ...?

They make ...	They **don't make** ...	**Do** they **make** ...?
It makes ...	It **doesn't make** ...	**Does** it **make** ...?
	모든 주어 **didn't make** ...	**Did** 모든 주어 **make** ...?

★doesn't, Does
　주어가 3인칭 단수, 현재일 때
★didn't, Did
　과거의 일을 말할 때

GRAMMAR COACH

암기 ▶ 대표 표현 연습

- 의문문의 형태는 순간적으로 착각을 일으키기 쉽습니다. 대표 표현을 소리 내어 여러 번 읽고 써서 입과 손에 익숙하게 하세요.
- 주어가 일반 명사일 때는 대명사로 바꾸면 무엇인지 생각하세요.

	부정문	의문문
be동사	I am not I wasn't He[She, It] isn't He[She, It] wasn't You[We, They] aren't You[We, They] weren't	Am I ...? Was I ...? Is he[she, it] ...? Was he[she, it] ...? Are you[we, they] ...? Were you[we, they] ...?
일반동사	He[She, It] doesn't like 모든 주어 didn't like	Does he[she, it] like ...? Did 모든 주어 like ...?

예문역 ¹그는 오늘 매우 바쁘다. ²그는 오늘 매우 바쁘지 않다. ³그는 오늘 매우 바쁘니? ⁴그들은 영어를 매우 열심히 공부한다. ⁵그들은 영어를 매우 열심히 공부하지 않는다. ⁶그들은 영어를 매우 열심히 공부하니? ⁷너는 영어를 매우 열심히 공부하지 않는다. ⁸그는 영어를 매우 열심히 공부하지 않는다. ⁹그들은 영어를 매우 열심히 공부하지 않았다. ¹⁰너는 영어를 매우 열심히 공부하니? ¹¹그는 영어를 매우 열심히 공부하니? ¹²그들은 영어를 매우 열심히 공부했니?

EXERCISE

A

주어진 대명사와 동사에 맞는 부정형, 의문형을 쓰세요.

		부정형(현재)	부정형(과거)	의문형(현재)	의문형(과거)
1	I (be)	am not	was not[wasn't]	Am I ...?	Was I ...?
2	We (be)				
3	You (be)				
4	He (be)				
5	It (be)				
6	They (be)				
7	I (have)	don't have	didn't have	Do I have ...?	Did I have ...?
8	We (go)				
9	You (make)				
10	She (know)				
11	It (give)				
12	They (love)				

B

주어진 명사와 동사에 맞는 부정형, 의문형을 쓰세요.

		부정형(현재)	부정형(과거)	의문형(현재)	의문형(과거)
1	Rachel (be)				
2	People (be)				
3	The computer (be)				
4	Their cat (be)				
5	His plans (be)				
6	Rachel (love)				
7	People (believe)				
8	The computer (work)				
9	Their cat (eat)				
10	His plans (sound)				

UNIT 12 be동사의 부정문과 의문문

A 부정문

- be동사의 부정은 뒤에 not을 붙입니다.
- 줄인 형태를 쓰기도 해요. (isn't / aren't / wasn't / weren't)

I **am not** tired.[1]
This jacket **is not**[**isn't**] expensive.[2]
You **are not**[**aren't**] late for school.[3]
The movie **was not**[**wasn't**] good.[4]
They **were not**[**weren't**] happy with the movie.[5]

B 의문문

- 물어볼 때(의문문)는 be동사와 주어의 순서를 바꾸어 줍니다.
- 대답은 예/아니오(Yes/No)와 대명사로 하고, 부정 대답의 경우 보통 줄인 형태를 써요.

Is this jacket expensive?[6]	— Yes, it is. / No, it isn't.
Are they often late for school?[7]	— Yes, they are. / No, they aren't.
Was the movie fun?[8]	— Yes, it was. / No, it wasn't.
Were they happy with the movie?[9]	— Yes, they were. / No, they weren't.

- 질문과 답변을 하는 당사자끼리는 입장이 바뀝니다.
- I, we로 물으면 you로 답하고, you로 물으면 I, we로 답하세요.

Am **I** late?[10]   ★ I[we] ⇔ you
— Yes, **you** are. / No, **you** aren't.

Were **we** wrong?[11]
— Yes, **you** were. / No, **you** weren't.

Are **you** hungry?[12]
— Yes, **I** am. / No, **I** am not.

Were **you** out late last night?[13]
— Yes, **we** were. / No, **we** weren't.

예문역 [1]나는 피곤하지 않다. [2]이 재킷은 비싸지 않다. [3]너는 학교에 늦지 않았다. [4]그 영화는 좋지 않았다. [5]그들은 그 영화에 만족하지 않았다. [6]이 재킷은 비싼가요? [7]그들은 종종 학교에 늦나요? [8]그 영화는 재미있었니? [9]그들은 그 영화에 만족했니? [10]내가 늦었니? [11]우리가 틀렸니? [12]너는 배고프니? [13]너희들은 어젯밤에 늦게까지 밖에 있었니?

EXERCISE

정답과 해설 12쪽

A 주어진 주어에 맞는 be동사의 의문형을 쓰세요.

1	His parents	Are his parents ...?	Were his parents ...?
2	Your brother		
3	The flowers		
4	The tests		
5	My bike		
6	The weather		
7	Sugar and salt		

B

Do It Yourself

주어진 주어에 맞는 be동사의 부정형과 의문형 중, <u>틀린</u> 것을 찾아 바르게 고치세요. (틀린 것 4개)

1	His sisters	is not	was not	Is his sisters ...?	Was his sisters ...?
2	Anna and I	are not	were not	Are Anna and I ...?	Were Anna and I ...?
3	Her songs	is not	was not	Is her songs ...?	Was her songs ...?
4	Too much salt	are not	were not	Are too much salt ...?	Were too much salt ...?
5	The people	are not	were not	Are the people ...?	Were the people ...?
6	The person	are not	were not	Are the person ...?	Were the person ...?
7	Joe's feet	are not	were not	Are Joe's feet ...?	Were Joe's feet ...?

★people: (여러) 사람들   person: (한) 사람   feet: foot의 복수형

C

다음 문장의 부정문과 의문문을 만드세요.

1 The dog is friendly to strangers.

부 _____   의 _____

2 The children are afraid of dogs.

부 _____   의 _____

3 The test was easy.

부 _____   의 _____

4 Their test scores were good.

부 _____   의 _____

5 They were often late for school.

부 _____   의 _____

6 There is a bus stop nearby.

부 _____   의 _____

D

Do It Yourself

주어진 우리말과 일치하도록 대화를 완성하세요. 써야 안다

1 그녀는 개를 무서워하니? — 아니, 그렇지 않아. 그녀는 개를 아주 좋아해.

____Is she afraid of dogs?____ — ____No, she isn't.____ She loves them.

2 그들은 학교에 항상 늦니? — 아니, 그렇지 않아. 그들은 일찍 와.

_____ — _____ They come early. (always)

3 Megan은 어제 학교에 결석했니? — 응, 그래. 그녀는 어제 아팠어.

_____ — _____ She was sick yesterday. (absent)

4 그 면접이 쉬웠니? — 아니, 그렇지 않았어. 어려웠어.

_____ — _____ It was hard. (interview)

5 너의 옛 이웃들은 친근했니? — 응, 그랬어. 나는 그들이 좋았어.

_____ — _____ I was happy with them. (friendly)

6 내가 영어를 잘하는 건가요? — 응, 그래. 너의 영어는 꽤 좋아.

_____ — _____ Your English is pretty good. (good at)

7 그 해변에 사람들이 많이 있니? — 응, 그래. 그곳은 (사람들로) 붐벼.

_____ — _____ It is crowded. (on the beach)

A 부정문

- 일반동사의 부정문은 don't[doesn't, didn't]를 동사 앞에 붙여 만듭니다.

I **don't use** my cell phone at school.[1]
She **doesn't eat** snacks between meals.[2]
They **didn't have** fun at the amusement park.[3]

★ doesn't: 3인칭 단수 현재
★ didn't: 과거

B 의문문

- 일반동사의 의문문은 Do를 주어 앞에 두어 만들고, 대답은 Yes/No와 대명사로 합니다.

Do you use your cell phone at school?[4]   - Yes, I do. / No, I don't.
Does she eat snacks between meals?[5]   - Yes, she does. / No, she doesn't.   ★ Does: 3인칭 단수 현재
Did they have fun at the amusement park?[6] - Yes, they did. / No, they didn't.   ★ Did: 과거

C don't do / Do 주어 do ...?

- do가 일반동사(…하다)로 쓰일 때는, 부정문의 경우 don't를 붙여 don't do가 돼요.
- 의문문의 경우 do에 또 Do를 붙여 'Do+주어+do ...?'가 됩니다.

You **don't do** your best on tests.[7]
My father **doesn't do** housework.[8]
She **didn't do** it.[9]

★ doesn't do: 3인칭 단수 현재
★ didn't do: 과거

Do you **do** your best on tests?[10]
Does your father **do** housework?[11]
Did she **do** it?[12]

★ Does ... do: 3인칭 단수 현재
★ Did ... do: 과거

GRAMMAR COACH ⋆⋆🎙

[이해] **부정문과 의문문을 만드는 조동사 do**
- do는 자체의 의미가 없어요. 부정문, 의문문을 만드는 것을 도와주는 도우미 동사(조동사)입니다.
- 주어나 시간에 따른 형태 변화는 모두 do에 표시하므로 원래의 동사(본동사)는 항상 원형입니다.

[예문역] [1]나는 학교에서 휴대폰을 사용하지 않는다. [2]그녀는 식사 사이에 간식을 먹지 않는다. [3]그들은 놀이공원에서 재미있지 않았다. [4]너는 학교에서 휴대폰을 사용하니? [5]그녀는 식사 사이에 간식을 먹니? [6]그들은 놀이공원에서 재미있었니? [7]너는 시험에 최선을 다하지 않는다. [8]내 아버지는 집안일을 하지 않으신다. [9]그녀는 그것을 하지 않았다. [10]너는 시험에 최선을 다하니? [11]너의 아버지는 집안일을 하시니? [12]그녀는 그것을 했니?

EXERCISE

A

주어진 주어와 동사에 맞는 부정형, 의문형을 쓰세요.

		부정형(현재)	부정형(과거)	의문형(현재)	의문형(과거)
1	We (use)	don't use	didn't use	Do we use ...?	Did we use ...?
2	His parents (love)				
3	Your brother (have)				
4	People (say)				
5	The tree (grow)				
6	Robots (do)				
7	The teacher (do)				

B

Do It Yourself

주어진 주어와 동사에 맞는 부정형과 의문형 중, **틀린** 것을 찾아 바르게 고치세요. (틀린 것 4개)

1	His brothers (have)	doesn't has	didn't had	Does his brothers has ...?	Did his brothers had ...?
2	The farmer (grow)	doesn't grow	didn't grow	Does the farmer grow ...?	Did the farmer grow ...?
3	Trees (grow)	doesn't grows	didn't grew	Does trees grows ...?	Did trees grew ...?
4	Everyone (love)	don't love	didn't loved	Do everyone love ...?	Did everyone loved ...?
5	Our teacher (say)	don't say	didn't said	Do our teacher say ...?	Did our teacher said ...?
6	Companies (do)	don't do	didn't do	Do companies do ...?	Did companies do ...?

★ everyone 모든 사람 (개별적으로 전체. 단수 취급)

C

다음 문장의 부정문과 의문문을 만드세요.

1 The children eat snacks before bed.

부 _____ 의 _____

2 The hair shop closes on Sundays.

부 _____ 의 _____

3 They use paper cups.

부 _____ 의 _____

4 She has lots of friends.

부 _____ 의 _____

5 He watched the soccer match last night.

부 _____ 의 _____

6 They did their best on the final exam.

부 _____ 의 _____

7 Amy often does her shopping late at night.

부 _____ 의 _____

D

Do It Yourself

주어진 단어와 표현을 사용하여 대화를 완성하세요.

1 A: _____? (Allison, like fish)

   B: _____. She eats it every day.

2 A: _____ in school? (they, have fun)

   B: _____. They love their school life.

3 A: _____ last night? (you, enjoy the soccer match)

   B: _____. It was boring.

4 A: _____? (the computer, work well)

   B: _____. It is too slow.

5 A: _____ every day? (you, wash your hair)

   B: _____. I wash my hair every other day.

6 A: _____ on the final exam? (he, do well)

   B: _____. His grades improved a lot.

7 A: _____ after dinner? (your father, do the dishes)

   B: _____. He helps my mother a lot.

14 의문대명사

A 의문대명사

- 의문사는 물어보는 말입니다. Yes/No가 아니라 구체적인 내용으로 대답해야 해요.
- 누구인지, 무엇인지, 어떤 것인지를 물어보는 말을 의문대명사라고 합니다.

Who is that boy? — He is my brother.[1]
What is his favorite food? — It is chicken.[2]
Which does he like better, fried chicken or baked chicken?[3]

★ who: 누구
★ what: 무엇
★ which: (정해진 것 중) 어떤 것

B 어순

- 문장은 의문사로 시작하고, 뒤는 Yes/No 의문문과 어순이 같습니다.
- be동사와 일반동사로 나누어 패턴을 암기하세요.

Who What Which	be 주어 ...?	Who is[are, was, were] ...? What is[are, was, were] ...? Which is[was] ...?	누가 …이니/이었니? 무엇이 …이니/이었니? 어떤 것이 …이니/이었니?
	do 주어+동사원형 ...?	Who(m) do[does, did] ...? What do[does, did] ...? Which do[does, did] ...?	누구를 …하니/했니? 무엇을 …하니/했니? 어떤 것을 …하니/했니?

※ who가 목적어(누구를)로 쓰일 때는 원래는 whom이지만, 보통은 who를 씁니다(who: 누가, 누구를).

Who was your homeroom teacher last year?[4]
What is your favorite subject?[5]
Which is your favorite subject, math or science?[6]

Who(m) do you love?[7]
What do you do together?[8]
Which does he prefer, books or movies?[9]

★ who=whom

Who(m) did you invite to your birthday party?[10]
What did you do at the party?[11]
Which did you enjoy most?[12]

예문역 [1] 저 소년은 누구니? – 그는 내 남동생이야. [2] 그가 가장 좋아하는 음식은 뭐니? – 닭고기야. [3] 그는 프라이드 치킨과 구운 치킨 중 어떤 것을 더 좋아하니? [4] 작년에 너의 담임선생님은 누구셨니? [5] 네가 가장 좋아하는 과목은 뭐니? [6] 수학 또는 과학 중 어떤 것이 네가 가장 좋아하는 과목이니? [7] 너는 누구를 사랑하니? [8] 너희들은 함께 무엇을 하니? [9] 그는 책과 영화 중 어떤 것을 더 좋아하니? [10] 너는 네 생일 파티에 누구를 초대했니? [11] 너는 파티에서 무엇을 했니? [12] 너는 어떤 것을 가장 즐겼니?

C 의문형용사

- '누구의, 무슨, 어떤'을 물어보는 말을 의문형용사라고 해요.
- 뒤에 오는 명사와 한 덩어리로 의문사 역할을 합니다.

Whose bicycle is this?[13]
What size of bicycle do you want?[14]
Which bicycle is yours, the big one or the small one?[15]

★whose: 누구의
★what: 어떤
★which: (정해진 것 중) 어떤

GRAMMAR COACH

[암기] 형태

의문사가 있는 의문문은 복잡해 보이지만 어순은 간단해요. 기본 형태를 소리 내어 여러 번 읽고 써 보세요.

Who[What, Which] +be 주어 ...?
Who(m)[What, Which] +do 주어+동사원형 ...?

[이해] Who[What] 동사 ...?

who, what 자체가 주어인 경우, 의문사 뒤에 바로 본동사를 씁니다. 조동사 do의 도움이 필요 없는 것이죠.
(Who/What 동사 ...?: 누가/무엇이 …하니?)

Who loves you?[16] (누가)
Who(m) do you love?[17] (누구를)

Who invited him to the party?[18] (누가)
Who(m) did you invite to the party?[19] (누구를)

What made you angry?[20] (무엇이)
What did you make?[21] (무엇을)

★의문사 자체가 주어라서 뒤에
어순을 바꿀 주어가 없음.
do는 어순을 바꿀 때만 사용

[예문역] [13]이것은 누구의 자전거니? [14]너는 어떤 크기의 자전거를 원하니? [15]어떤 자전거가 너의 것이니, 큰 것이니 작은 것이니? [16]누가 너를 사랑하니? [17]너는 누구를 사랑하니? [18]누가 그를 파티에 초대했니? [19]너는 누구를 파티에 초대했니? [20]무엇이 너를 화나게 만들었니? [21]너는 무엇을 만들었니?

72 MY GRAMMAR COACH 표준편

EXERCISE

A 주어진 우리말을 영어로 옮기세요.

1 너는 누구니?   Who are you?

2 그녀는 누구니? _____

3 그녀는 누구였니? _____

4 그들은 누구니? _____

5 그들은 누구였니? _____

6 너의 문제가 무엇이니? _____

7 너의 문제가 무엇이었니? _____

8 너는 무엇을 원하니? _____

9 그녀는 무엇을 원하니? _____

10 너는 무엇을 원했니? _____

11 너는 누구를 좋아하니? _____

12 그녀는 누구를 좋아하니? _____

13 너는 누구를 좋아했니? _____

14 이것은 누구의 책이니? _____

15 (둘 중) 너는 어떤 것을 더 좋아하니? (like) _____

16 그녀는 어떤 색을 좋아하니? _____

B 빈칸에 적절한 의문사를 쓰세요.

1 _____ is your best friend?

2 _____ did you meet at the party?

3 _____ does she eat between meals?

4 _____ bookbag is this?

5 _____ is better, Thursday or Friday?

6 _____ do you do in your free time?

7 _____ do you play baseball with?

8 _____ did he draw on the paper?

9 _____ idea was it? — It was Tony's idea.

10 _____ is calling, please? — This is Mr. Lee.

11 _____ day is it today? — It's Friday.

12 _____ does your father do? — He is a pilot.

C

의문사와 주어진 단어, 표현을 활용하여 대화를 완성하세요. ← 써야 안다

1 _____ in the red hat? — He is my cousin.
   (the man)

2 _____? — He was a police officer.
   (Tony's job)

3 _____? — She likes Bob.
   (Maria)

4 _____? — It's me.
   (it)

5 _____ in New York? — It's nine in the morning.
   (time, it)

6 _____ for dinner? — I want some pasta.
   (want)

7 _____? — I enjoy tennis.
   (sports)

8 _____? — He is Lily's friend.
   (friend, he)

9 _____ late last night? — I called Mark.
   (call)

10 _____ late last night? — Mark called me.
   (call you)

11 _____? — They are both teachers.
   (your parents, do)

12 _____ for his birthday? — He got a watch.
   (John)

13 _____, blue or red? — I want red.
   (color)

14 _____? — The driver drove drunk.
   (cause the car accident)

15 _____? — My uncle did.
   (drive the car)

15 의문부사

A 의문부사

- '언제, 어디서, 왜, 어떻게'를 물어보는 말을 의문부사라고 해요.
- 이에 대해서는 시간, 장소, 이유, 방법, 상태 등을 구체적인 내용으로 대답합니다.

When did you meet Jane?[1]
Where did you meet Jane?[2]
Why did you meet Jane?[3]
How was Jane?[4]

★ when: 언제
★ where: 어디서
★ why: 왜
★ how: 어떻게, 어떤 상태로

B when, where, why

- 문장은 의문부사로 시작하고, 뒤는 Yes / No 의문문과 어순이 같습니다.
- be동사와 일반동사로 나누어 패턴을 암기하세요.

When Where Why	be 주어 ...?	When is [are, was, were] ...? Where is [are, was, were] ...? Why is [are, was, were] ...?	언제 …이니/이었니? 어디 …있니/있었니? 왜 …이니/이었니?
	do 주어+동사원형 ...?	When do [does, did] ...? Where do [does, did] ...? Why do [does, did] ...?	언제 …하니/했니? 어디서 …하니/했니? 왜 …하니/했니?

When is Parents' Day in Korea?[5]
Where are you right now?[6]
Why were your parents so angry?[7]

When do you have lunch?[8]
Where does he have lunch?[9]
Why did you have a late lunch?[10]

예문역 [1]너는 언제 Jane을 만났니? [2]너는 어디에서 Jane을 만났니? [3]너는 왜 Jane을 만났니? [4]Jane은 어땠니? [5]한국에서 어버이날은 언제니? [6]너는 바로 지금 어디에 있니? [7]너의 부모님은 왜 그렇게 화가 나셨었니? [8]너는 언제 점심을 먹니? [9]그는 어디에서 점심을 먹니? [10]너는 왜 늦은 점심을 먹었니?

C how

- how는 상태(어떤 상태로), 방법(어떻게), 정도(얼마나) 등을 묻는 말입니다.
- 정도를 나타내는 how는 형용사, 명사와 한 덩어리로 사용하는 것에 주의하세요.

How 어떤 상태로, 어떻게	be ...?	How is[are, was, were] ...?	어떠니/어땠니?
	do ...?	How do[does, did] ...?	어떻게 …하니/했니?
How old/much ... 얼마나	be ...?	How old is[are, was, were] ...?	얼마나 …이니/이었니?
	do ...?	How much do[does, did] ...?	얼마나 …하니/했니?

How is your school life?[11]
How are you these days?[12]
How was your trip to Japan?[13]

How do you get to school?[14]
How does he get to school?[15]
How did you get to Japan?[16]

How old are you?[17]
How hard was the test?[18]
How much is it?[19]
How many students are there in your class?[20]

How much money do you spend a week?[21]
How many books does he read a month?[22]
How much time did you spend on your homework?[23]

GRAMMAR COACH

암기▶ how의 의미 덩어리
정도(얼마나)를 나타내는 how는 형용사, 명사와 같이 쓰입니다. 자주 쓰는 표현들을 암기해 두세요.

how many	how much	how old	how hard
how tall	how big	how long	how far
how fast	how much money	how much time	how many people

EXERCISE

A 주어진 우리말을 영어로 옮기세요.

1 그것은 언제니? _____When is it?_____
2 그것은 언제였니? _____
3 너는 어디에 있니? _____
4 너는 어디에 있었니? _____
5 그녀는 왜 …이니? _____
6 그녀는 왜 …이었니? _____
7 그것은 어떠니? _____
8 그것은 어땠니? _____
9 그것은 얼마니? _____
10 그것은 얼마나 머니? (far) _____
11 너는 어디서 …를 사니? (buy) _____
12 너는 언제 …를 샀니? (buy) _____
13 너는 어떻게 그것을 알았니? (that) _____
14 그녀는 얼마나 오래 기다렸니? (wait) _____
15 그것은 얼마나 빠르게 가니? (go) _____
16 너는 얼마나 많은 돈을 가지고 있니? (have) _____
17 얼마나 많은 사람들이 있었니? (there) _____

B 빈칸에 적절한 의문사를 쓰세요.

1 _____ did you live when you were young? – In Incheon.
2 _____ did she come so late?
3 _____ long did you wait for her?
4 _____ do I look in this dress?
5 _____ do you look so tired today?
6 _____ is the best time to visit Jeju Island?
7 _____ is the food in Jeju Island?
8 _____ does winter vacation usually begin?
9 _____ do you usually go during winter vacation?
10 _____ are you so angry?

C

Do It Yourself
빈칸에 적절한 의문사와 동사를 쓰세요.

1 _____ you born? — In Seoul.

2 _____ you see him last? — Two weeks ago.

3 _____ the train leave? — It leaves at two p.m.

4 _____ they stay in Busan? — They stayed for a week.

5 _____ the accident happen? — At five in the morning.

6 _____ you invite to the party? — More than ten (people).

7 _____ my glasses? — They are on your head.

8 _____ you forget things these days? — I am so busy.

D

Do It Yourself
의문사와 주어진 단어, 표현을 활용하여 대화를 완성하세요. 써야 안다

1 _____? — She is fine.
   (your mother)

2 _____ last night? — He called me to say hello.
   (Evan, call you)

3 _____ first? — Three years ago.
   (you, meet her)

4 _____? — At thrift shops.
   (she, usually buy clothes)

5 _____? — Her mother helped her.
   (she, solve the problem)

6 _____? — About three million won a month.
   (he, earn, money)

VOCAB **C** be born 태어나다 〈bear(낳다)의 과거분사〉 leave 출발하다 glasses 안경 **D** thrift shop 중고품 매장 (thrift 절약, 검소) solve 풀다, 해결하다 earn 벌다; 얻다 million 백만

UNIT 16 명령, 요구, 제안의 문장

A 명령, 요구

- 무엇을 하도록 시키는 문장은 동사원형으로 시작합니다.
- 행위나 동작을 요구할 때는 일반동사를, 어떤 상태를 요구할 때는 Be를 씁니다.

Open your books.[1]

★ 동사원형 ...: (어떤 행위를) ...해라

Do your best in everything.[2]

Be quiet.[3]

★ Be ...: (어떤 상태가) ...돼라

Be careful when you drive.[4]

- 무엇을 하지 말라고 할 때는 동사원형이나 be 앞에 Don't, Never를 붙입니다.

Don't bring your phone.[5]

Never tell a lie.[6]

Don't be late for school.[7]

★ Don't[Never] be ...: (어떤 상태가) 되지 마라

Never be afraid of failure.[8]

B 제안, 권유

- 제안이나 권유를 할 때는 Let's(Let us의 줄임말)를 사용해요.

Let's go![9]

★ Let's ...: ...하자

Let's have lunch together.[10]

Let's not waste time.[11]

★ Let's not ...: ...하지 말자

Let's not be hasty.[12]

- 제안이나 권유를 할 때 많이 쓰는 다른 표현으로는 Why don't ...?가 있어요.

Why don't you stay a little longer?[13]

Why don't we have lunch together?[14]

GRAMMAR COACH

이해 ▶ 명령문의 사용

명령문은 주로 고압적인 상황에서만 쓰여요. 보통은 다음과 같은 표현을 사용합니다.

Pass me the salt, **please**. / **Please** pass me the salt.

Can[Will] you pass me the salt?

Could[Would] you pass me the salt?

예문역 [1] 책을 펴라. [2] 모든 일에 최선을 다해라. [3] 조용히 해라. [4] 운전할 때 조심해라. [5] 전화기를 가져오지 마라. [6] 절대 거짓말하지 마라. [7] 학교에 늦지 마라. [8] 절대 실패를 두려워하지 마라. [9] 가자! [10] 점심을 같이 먹자. [11] 시간을 낭비하지 말자. [12] 서두르지 말자. [13] 좀 더 머무르는 게 어때? [14] 우리 점심을 같이 먹는 게 어때?

EXERCISE

정답과 해설 15쪽

A 주어진 단어, 표현을 사용하여 문장을 완성하세요.

Do	Be	Help	Come	Let's do	Why don't we have

1 _____ polite to older people.

2 _____ me with my report, please.

3 _____ your best on the test.

4 _____ our best on the test.

5 _____ some ice cream for dessert?

6 _____ home before ten o'clock.

Don't be	Don't touch	Don't talk
Never forget	Never play	

7 _____ the stove.

8 _____ your key.

9 _____ about your friend that way.

10 _____ rude to older people.

11 _____ with matches or lighters.

B 주어진 단어, 표현을 사용하여 글을 완성하세요. (필요하면 not을 사용할 것)

be	make	raise	turn in	chew

Students, I have a few rules for our new school year. First, ① _____ late for class. Second, ② _____ your homework on time. Next, ③ _____ noise during class. ④ _____ your hand when you want to speak. Also, ⑤ _____ gum in class. If you follow these rules, we will have a very successful year.

VOCAB **A** polite 공손한 stove 난로, 스토브 rude 무례한 match 성냥 **B** turn in 제출하다 chew 씹다 on time 제시간에, 정시에 successful 성공적인

Do It Yourself

A 다음 문장에서 **틀린** 것을 찾아 바르게 고치세요.

1   Are they study very hard?　　　　　_____　➡　_____

2   Does he very busy today?　　　　　_____　➡　_____

3   I'm not like it.　　　　　_____　➡　_____

4   We don't be hungry.　　　　　_____　➡　_____

5   Were they enjoy the movie?　　　　　_____　➡　_____

6   The movie didn't be very good.　　　　　_____　➡　_____

7   The child doesn't afraid of dogs.　　　　　_____　➡　_____

8   Was the interview easy? — No, it was.　　　　　_____　➡　_____

9   Were they absent from school? — Yes, they did.　　　　　_____　➡　_____

10 Are your new neighbors friendly? — Yes, I am.　　　　　_____　➡　_____

11 Did you had fun at the amusement park?　　　　　_____　➡　_____

12 You don't your best on tests.　　　　　_____　➡　_____

13 Why does he likes Lily?　　　　　_____　➡　_____

14 When did you saw him last?　　　　　_____　➡　_____

15 Which are your favorite subject, English or math?　　　　　_____　➡　_____

B 주어진 우리말을 영어로 옮기세요.

1   그들은 누구니?　　　　　_____

2   너의 목표가 뭐니? (goal)　　　　　_____

3   그는 누구를 방문했니?　　　　　_____

4   그는 무엇을 원했니?　　　　　_____

5   너는 언제 …를 만났니?　　　　　_____

6   너는 왜 …를 만났니?　　　　　_____

7   그는 어디에 있니?　　　　　_____

8   그는 어디에 갔니?　　　　　_____

9   그것은 언제 시작했니? (begin)　　　　　_____

10 그들은 어떠니(어떻게 지내니)?　　　　　_____

11 너는 얼마나 많은 돈을 쓰니?　　　　　_____

12 그것은 얼마나 높니? (tall)　　　　　_____

C 다음 중 <u>틀린</u> 문장을 찾아 바르게 고치세요. (틀린 문장 2개)

> ① Why the sky is blue? ② How many stars are there? ③ When was the earth born?
> ④ Why the earth moves around the sun? Do you have a lot of questions about nature?
> ⑤ Buy our new nature documentary, *The World Around Us*.

D 주어진 우리말을 영어로 옮기세요.

1 그녀는 생선을 좋아하지 않는다.

_____

2 나는 그 시험에서 최선을 다하지 않았다.

_____

3 너는 오늘 학교에 지각했니?

_____

4 너의 어머니는 무엇을 하시니(직업이 무엇이니)?

_____ (do)

_____ (is)

5 중학교 때 누가 그의 영어 선생님이었니?

_____

6 너는 왜 개를 무서워하니?

_____

7 어젯밤의 축구 경기는 어땠니?

_____ (soccer match)

8 너의 집에 방이 몇 개니?

_____ (there)

9 산책하러 나갑시다.

_____ (let)

_____ (why)

10 절대 친구에게 돈을 빌려 주지 마라.

_____ (lend)

CHAPTER

4

GRAMMAR COACH

동사의 형태 1 (시제)

명쾌한 개념 동사에 표시하는 시간

Ⓐ 단순 시제, 진행형

- 시제는 언제의 일인지에 대한 표시입니다. 동사에 표시합니다.
- 기본적인 것은 현재, 과거, 미래이며, 여기에 진행형, 완료형이 더해져요.

현재 시제	…이다 (be)	am, is, are	
	…한다 (일반동사)	• play, live, go, do ... • plays, lives, goes, does ...	• v (동사원형) • 3인칭 단수 현재: v-s, v-es
과거 시제	…이었다 (be)	was, were	
	…했다 (일반동사)	• played, lived ... • went, did ...	• v-ed • 불규칙 과거형
미래	…일 것이다	will be	
	…할 것이다	will play, will go ...	will v
진행형	(현재) …하고 있다	am [is, are] playing	be v-ing (be에 시간 표시)
	(과거) …하고 있었다	was [were] playing	

※ v: 동사(verb). 본 교재에서는 동사원형을 나타내는 기호로 사용함

- 현재, 과거는 앞에서 계속 봐 왔던 것으로, 이 단원을 통해 복습과 정리를 합니다.

The children usually **play** with a ball.[1]   현재
                 논다

They **played** with a ball in the park yesterday.[2]   과거
      놀았다

Some children **are playing** with a ball in the street.[3]   현재 진행
             놀고 있다

They **were playing** with a ball in the park.[4]   과거 진행
       놀고 있었다

I **was** overweight last year, but now I **am** slim. I **exercise** a lot.[5]   과거 / 현재 / 현재
이었다   이다   운동한다

Tom **goes** fishing every Sunday. He **went** fishing last night.[6]   현재 / 과거
    간다 (3인칭 단수 현재)   갔다

He **will go** fishing next Sunday.[7]   미래
    갈 것이다

예문역 [1] 그 아이들은 보통 공을 가지고 논다. [2] 그들은 어제 공원에서 공을 가지고 놀았다. [3] 몇몇 아이들이 길에서 공을 가지고 놀고 있다. [4] 그들은 공원에서 공을 가지고 놀고 있었다. [5] 나는 작년에 과체중이었지만 지금은 날씬하다. 나는 운동을 많이 한다. [6] Tom은 일요일마다 낚시하러 간다. 그는 어젯밤에 낚시하러 갔다. [7] 그는 다음 주 일요일에 낚시하러 갈 것이다.

Ⓑ 현재완료의 개념

- 'have[has] v-ed'를 현재완료라고 합니다.
- 현재완료는 과거와 현재가 연결된 표현입니다. 과거의 일을 바탕으로 현재의 상황을 나타내요.

All the guests **have just arrived**.[8] (They are here **now**.)   이제 막 도착했음. 현재 여기 있음

Sarah **has lost** her glasses.[9] (Sarah is without her glasses **now**.)   과거에 잃어버림. 현재 안경이 없음

I **have lived** in Australia for three years.[10]   3년 전에 살기 시작. 현재도 살고 있음

(I live in Australia **now**.)

- 단순 과거와 비교하면 그 차이를 알 수 있습니다.

All the guests **arrived** on time.[11]   단순히 도착했다는 사실. 이제는 갔을 수 있음

Sarah **lost** her glasses yesterday.[12]   단순히 잃어버렸다는 사실. 찾았을 수 있음

I **lived** in Australia for three years.[13]   과거 어느 기간의 일. 지금은 살고 있지 않음

Ⓒ 현재완료의 의미

- 최근 완료된 일, 혹은 그에 따른 결과

I **have just finished** my homework.[14]   이제 막 끝났음

My father **has gone** to China on business.[15]   중국에 갔음. 현재 여기 없음

- 과거부터 계속되는 일, 상태

Kevin **has known** Olivia since they were children.[16]   과거부터 현재까지 알고 있음

I **have had** this apartment for three years.[17]   과거부터 현재까지 가지고 있음

It **has been** cold this whole week.[18]   과거부터 현재까지 날씨가 추움

- 현재까지의 경험으로 여기는 일

I **have seen** the Eiffel Tower.[19]   과거의 일. 현재까지의 경험으로 여김

Have you **ever seen** a ghost?[20]   현재까지의 경험상

GRAMMAR COACH

암기▶ v-ed (과거분사)

현재완료에 쓰이는 v-ed는 동사 변화형 중 세 번째 것으로 과거분사라고 해요. (p. 218 동사 변화표)

finish-finished-finished   go-went-gone   know-knew-known   be-was[were]-been

예문역 [8]모든 손님들이 이제 막 도착했다. (그들은 지금 여기에 있다.) [9]Sarah는 안경을 잃어버렸다. (Sarah는 지금 안경이 없다.) [10]나는 호주에 3년 동안 살고 있다. (나는 지금 호주에 살고 있다.) [11]모든 손님들은 제때에 도착했다. [12]Sarah는 어제 안경을 잃어버렸다. [13]나는 호주에 3년 동안 살았다. [14]나는 숙제를 이제 막 끝냈다. [15]내 아버지는 사업차 중국에 가셨다. [16]Kevin은 어렸을 때부터 Olivia를 알고 있다. [17]나는 이 아파트를 3년 동안 가지고 있다. [18]이번 주 내내 날씨가 추웠다. [19]나는 에펠탑을 본 적이 있다. [20]너는 유령을 본 적이 있니?

A 다음 문장의 동사 부분을 <u>모두</u> 찾아 밑줄로 표시하고 우리말로 옮기세요.

1   He uses an old computer.

2   He was using my computer.

3   Who used my computer today?

4   I was 13 years old last year.

5   I will be 15 years old next year.

6   We are eating lunch together.

7   We usually eat lunch together.

8   We ate lunch together.

9   We ran outside because it was snowing.

10   We do many fun things when it snows.

11   I will go skiing because it snowed a lot yesterday.

12   My brother is doing something on his computer.

B 빈칸에 주어진 동사의 과거형이나 현재완료형 중 적절한 것을 쓰세요.

1   see
   ⓐ I _____ many plays, but this one is the best.
   ⓑ I _____ many plays when I was in London.

2   work
   ⓐ Luke _____ for the company for five years. He still works there.
   ⓑ Luke _____ for the company for five years. He changed jobs last year.

3   go
   ⓐ My father _____ to Shanghai. He came back yesterday.
   ⓑ My mother _____ to Japan. She is not in Korea now.

4   be
   ⓐ I _____ in the hospital for two weeks. (I'm still in the hospital.)
   ⓑ My mother _____ in the hospital last week. (She is not in the hospital.)

5   read
   ⓐ Anna loves that book. She _____ it more than ten times.
   ⓑ Anna _____ that book last summer. It was boring.

C

주어진 우리말을 영어로 옮기세요. 써야 안다

1 너는 항상 학교에 늦어. (항상 …이다 / 늦은)

You _____ for school.

2 너는 학교에 늦을 거야. (…일 것이다 / 늦은)

You _____ for school.

3 나는 Amy와 저녁을 먹고 있어. (먹고 있다 / 저녁을)

I _____ with Amy.

4 나는 저녁으로 멕시코 음식을 먹었어.

I _____ some Mexican food for dinner.

5 나는 멕시코 음식을 먹은 적이 있어.

I _____ Mexican food.

6 비가 곧 그칠 거야.

The rain _____ soon.

7 봐! 비가 그쳤어.

Look! The rain _____ .

8 비가 오늘 아침 일찍 그쳤어.

The rain _____ this morning.

A 단순 현재시제, 단순 과거시제

• 동사의 현재시제는 현재의 상태, 습관적인 일, 일반적 사실을 나타내요.
• be동사는 am, is, are를, 일반동사는 동사원형을 씁니다.
• 단, 주어가 3인칭 단수이고 현재를 말할 때는 동사원형에 주로 -s를 붙여요.

We **are** music lovers.[1]　　　　　　　　　　　　　★ 현재의 상태
We **like** classical music.[2]
We **listen** to classical music every day.[3]　　　　　★ 습관적인 일

Water **boils** at 100 degrees Celsius.[4]　　　　　　★ 일반적 사실
The sun **rises** in the east and **sets** in the west.[5]

• 과거시제는 과거의 상태, 동작, 습관을 나타내요.
• be동사는 was, were를, 일반동사는 동사원형에 주로 -ed를 붙입니다(v-ed).

We **were** music lovers.[6]　　　　　　　　　　　　　★ 과거의 상태, 동작
We **liked** classical music.[7]
We **listened** to music all morning yesterday.[8]
We **listened** to classical music every day.[9]　　　★ 과거의 습관적인 일

• 주의할 형태: 3인칭 단수 현재, 과거에서 위의 규칙들과 다른 경우들이 있어요.

Emma always **does** her homework in advance.[10]　　★ 3인칭 단수 현재: -es, -ies
She **studies** hard for tests.[11]　　　　　　　　　　　➡ p. 214 Spelling Rules

Jason never **studied** for tests.[12]　　　　　　　　　★ 과거: -ied, 자음 추가, 불규칙
He **did** his homework late at night.[13]　　　　　　　➡ p. 218 동사 변화표
He **woke** up late and **skipped** breakfast.[14]

B 진행형

• 특정 시점에 일시적으로 일어나고 있는 일은 진행형으로 표현합니다.
• 진행형은 행위나 움직임을 나타내는 동작 동사와 함께 쓰입니다.

I **am doing** my homework.[15]　　　　　　　　　　★ am[is, are] v-ing: v하고 있다
It **is raining** a lot here. How is the weather there?[16]
They **are having** dinner now.[17]

I **was doing** my homework.[18]

It **was raining** when I left for school this morning.[19]

They **were having** dinner at that time.[20]

★ was[were] v-ing: v하고 있었다

C 진행형을 쓰지 않는 경우

- 다음과 같은 경우에는 진행형을 쓰지 않습니다. 일시적으로 진행되고 있는 일이 아니기 때문이죠.
  ① 지속적인 습관 ② 일반적 사실

I ~~am always knocking~~ before I open the door. → always knock

Water ~~is boiling~~ at 100 degrees Celsius. → boils

- 상태를 나타내는 동사는 일시적일 수가 없으므로(지속적이므로) 진행형을 쓰지 않아요.

I'm ~~loving~~ you. → love

She ~~is knowing~~ every student in school. → knows

You ~~are resembling~~ your mother. → resemble

He ~~was having~~ many friends. → had

He **was having** lunch with his friends. (○)

★ have=eat (동작)

GRAMMAR COACH

암기▶ 시간의 표현

시간 표현을 통해 진행형을 쓸지, 단순 현재나 과거를 쓸지 판단할 수 있습니다. 하지만 시간 표현이 없어도 상황이나 문맥상 특정 시점인지, 습관적인 일인지 알 수 있는 경우도 있어요.

- 진행형(특정 시점): now, right now, at the moment, at present ... / at that time, when ..., then ...
- 단순 시제(습관적인 일): every day[week, year], always, usually, never ...

이해▶ 동작 동사, 상태 동사

- 동작 동사(행위나 움직임을 나타내는 동사): study, eat, travel, have(=eat) ...
- 상태 동사(지속적인 상태, 상황을 나타내는 동사): be, love, like, hate, know, have(=own) ...

VOCAB boil 끓다 degree (각도·온도계의) 도 Celsius 섭씨의 set (해·달이) 지다 in advance 미리 skip (일을) 거르다[빼먹다] resemble 닮다

예문역 [1]우리는 음악 애호가이다. [2]우리는 클래식 음악을 좋아한다. [3]우리는 클래식 음악을 매일 듣는다. [4]물은 섭씨 100도에서 끓는다. [5]태양은 동쪽에서 떠서 서쪽으로 진다. [6]우리는 음악 애호가였다. [7]우리는 클래식 음악을 좋아했다. [8]우리는 어제 아침 내내 음악을 들었다. [9]우리는 클래식 음악을 매일 들었다. [10]Emma는 항상 미리 숙제를 한다. [11]그녀는 시험공부를 열심히 한다. [12]Jason은 시험공부를 한 번도 하지 않는다. [13]그는 밤늦게 숙제를 했다. [14]그는 늦게 일어나서 아침 식사를 걸렀다. [15]나는 숙제를 하고 있다. [16]여기는 비가 많이 내리고 있어. 거기 날씨는 어떠니? [17]그들은 지금 저녁을 먹고 있다. [18]나는 숙제를 하고 있었다. [19]오늘 아침 내가 학교 가려고 나갈 때 비가 내리고 있었다. [20]그들은 그때 저녁을 먹고 있었다.

A

Do It Yourself

주어진 주어에 맞는 동사의 형태를 쓰세요.

	현재	현재진행	과거	과거진행
1 I (walk)	walk	am walking	walked	was walking
2 We (drive)				
3 He (take)				
4 It (make)				
5 They (watch)				
6 She (teach)				
7 You (study)				
8 The boys (try)				
9 My car (carry)				
10 The trees (die)				

B

주어진 동사를 문맥에 맞는 형태로 쓰세요.

1 Jessica (enjoy) water-skiing when she was in Chuncheon.

2 Jessica (enjoy) water-skiing when I saw her.

3 The sun (set). The colors are beautiful.

4 The sun (set) late in summer.

5 I (do) a crossword puzzle right now.

6 I (do) a crossword puzzle when you called me.

7 I (take) a shower just minutes ago.

8 When the phone rang, she (take) a shower.

9 He (study) when I visited him.

10 He (study) for three hours last night.

11 Earthquakes sometimes (occur) in Korea.

12 Some big earthquakes (hit) Korea in 2016.

13 She (lie) in bed now. She looks tired.

14 She (lie) in bed until noon yesterday.

VOCAB **B** take a shower 샤워하다 ring 전화가 울리다 (ring-rang-rung) earthquake 지진 occur 일어나다, 발생하다 lie 누워 있다; 눕다

C

다음 문장을 바르게 고쳐 쓰세요.

1 My teacher is loving music.

2 She listening to pop music.

3 They tryed their best but failed.

4 Jennifer change cell phones too often.

5 The wind carrys seeds.

6 I wrote you an email when you called me.

7 Tony is playing soccer every day after school.

8 Many children are disliking carrots.

D

Do It Yourself
주어진 우리말을 영어로 옮기세요. 써야 안다

1 그녀는 절대 아침 식사를 거르지 않는다. (그녀는 / 절대 빠뜨리지 않는다 / 아침 식사를)
_____ (skip)

2 그때 우리는 식사를 하고 있었다. (우리는 / 먹고 있었다 / 식사를 / 그때)
_____ at that time. (a meal)

3 그는 항상 그의 최선을 다한다. (그는 / 항상 시도한다 / 그의 최선을)
_____

4 우리는 영어 시험에 대비해서 공부하고 있다. (우리는 / 공부하고 있다 / 우리의 영어 시험에 대비해)
_____ (for)

5 차 주전자의 물이 끓고 있다. (물이 / 차 주전자의 / 끓고 있다)
_____ in the tea pot _____.

6 내가 그녀를 만났을 때 Amy는 쇼핑하고 있었다. (Amy는 / 쇼핑하고 있었다 / 내가 그녀를 만났을 때)
_____ when I met her.

7 그 나무들은 건조한 날씨 때문에 죽어가고 있었다. (그 나무들은 / 죽어가고 있었다 / 건조한 날씨 때문에)
_____ because of the dry weather.

8 나의 할머니는 내가 그녀를 방문했을 때 쿠키를 만들고 계셨다.
(나의 할머니는 / 만들고 계셨다 / 쿠키를 / 내가 그녀를 방문했을 때)
_____ when I visited her.

A will[be going to] v

- 미래의 일에 대한 예측은 동사 앞에 will이나 be going to를 붙여 표현합니다.

She **will pass** the test.[1]
She **is going to pass** the test.

★ will v, be going to-v: v일[할] 것이다

Many people **will be** at the party.[2]
Many people **are going to be** at the party.

- 부정문은 will 뒤에, be going to의 be 뒤에 not을 붙입니다.
- 의문문은 will과 주어, be going to의 be와 주어의 순서를 바꾸어 만들어요.

She **will not[won't] pass** the test.[3]
She **is not[isn't] going to pass** the test.

★ will not[won't] v = be not going to-v:
  v하지 않을 것이다

Will she pass the test?[4]
Is she going to pass the test?

★ Will S v ...? = Be S going to-v ...?:
  v할까?

B will ≠ be going to

- 의지, 의도를 나타낼 때는 will을 써요.
- 예정된 일에는 be going to를 씁니다.

I **will lend** you some money.[5]
Wait a minute. I**'ll finish** my homework soon.[6]
The baby **won't eat** anything.[7]

★ will v: (의지) v할 것이다

★ will not v = won't v: v하지 않으려 하다

I **am going to sell** my car.[8]
Michael is in the hospital. We **are going to visit** him.[9]

★ be going to-v: v할 예정이다

예문역 [1]그녀는 시험에 통과할 것이다. [2]많은 사람들이 파티에 올 것이다. [3]그녀는 시험에 통과하지 못할 것이다. [4]그녀는 시험에 통과할까? [5]내가 너에게 돈을 빌려 줄게. [6]잠깐 기다려. 난 곧 숙제를 끝낼 거야. [7]그 아기는 아무것도 먹지 않으려고 한다. [8]나는 내 차를 팔 것이다. [9]Michael은 병원에 (입원해) 있다. 우리는 그를 방문할 것이다.

EXERCISE

A 밑줄 친 부분을 be going to로 바꾸어 쓰세요.

1 They <u>will come</u> to our party.

→ They _____ to our party.

2 It <u>will rain</u> all day tomorrow.

→ It _____ all day tomorrow.

3 The wall <u>will fall down</u> soon.

→ The wall _____ soon.

4 They <u>won't accept</u> my proposal.

→ They _____ my proposal.

5 The party <u>won't end</u> by midnight.

→ The party _____ by midnight.

6 She <u>won't open</u> a new restaurant.

→ She _____ a new restaurant.

7 I think the snow <u>will melt</u> soon.

→ I think the snow _____ soon.

B **Do It Yourself**
will이나 be going to를 사용하여 대화를 완성하세요.

| help   cook   paint my room   call you back |

1 A: *(on the phone)* Hi, Jacob! Do you have time to talk?

B: I'm sorry, I'm busy right now. I _____.

2 A: What are you going to do tonight?

B: I _____ dinner for my family.

3 A: I have too much homework.

B: Don't worry. I _____ you.

4 A: Why did you buy all this paint?

B: I _____.

A: That's a big job. I'll help you.

VOCAB **A** accept 받아들이다, 수용하다 proposal 제안 melt 녹다

UNIT 19 현재완료

A 의미와 형태

- 현재완료의 학습에는 형태와 의미에 대한 감각을 갖는 것이 중요합니다.
- 'have[has] v-ed'를 하나의 단어처럼 익히세요.

완료 결과	막 …했다 전에 …했다 (그래서 현재 … 상태)	• have finished, have come, have done, have lost, have eaten[had], have broken … • have gone (…에 가서 현재 여기에 없다)
계속	…해 왔다 (과거부터 현재까지)	• have lived, have known, have studied, have had … • have been (현재까지 계속 …인 상태이다, …에 있었다)
경험	…한 적이 있다, 했다 (과거부터 현재 사이에)	• have traveled, have seen, have visited, have met … • have been to (…에 가 본 적이 있다)

My father **has just come** home from work.[1]   막 돌아왔음

I **have already eaten** lunch.[2]   이미 식사했음. (현재) 식사 안 해도 됨

I **have known** her since she was a baby.[3]   (현재까지) 알고 있음

I **have had** my car for over ten years.[4]   (현재까지) 가지고 있음

He **has met** the woman once before.[5]   (현재까지) 한 번 만난 적 있음

Dave **has visited** Hawaii many times.[6]   (현재까지) 여러 번 방문한 적 있음

She **has gone** on a trip to Europe.[7]   (현재) 여기에 없음

She **has been** in Europe for a year.[8]   (현재까지) 유럽에 있음

She **has been** a little homesick.[9]   (이전부터 현재까지) 고국을 그리워함

She **has been to** Europe twice.[10]   (현재까지) 두 번 가 본 적 있음

B 시간 표현

- 현재완료와 같이 자주 쓰이는 시간 표현을 알아 두면 의미 판단에 도움이 됩니다.
- 현재완료는 과거의 특정 시점을 나타내는 시간 표현과 같이 쓰지 않아요. 단순한 과거의 일을 말하는 것이 아니기 때문이에요.

예문역 [1]내 아버지는 이제 막 퇴근해서 집에 오셨다. [2]나는 이미 점심을 먹었다. [3]나는 그녀가 아기일 때부터 그녀를 알고 지냈다. [4]나는 10년 넘게 내 차를 가지고 있다. [5]그는 그 여자를 전에 한 번 만난 적이 있다. [6]Dave는 하와이를 여러 번 방문했었다. [7]그녀는 유럽으로 여행을 갔다. [8]그녀는 일 년 동안 유럽에 있다. [9]그녀는 고향을 약간 그리워해 왔다. [10]그녀는 유럽에 두 번 다녀왔다.

현재완료와 같이 쓰이는 시간 표시 어구	v했다	just(막), already(이미), recently(최근에), yet(아직)
	v한 적이 있다	ever(지금까지), never(…한 적 없는), once(한 번), … times(… 번)
	v해 왔다	for(… 동안), since(… 이래로)
현재완료와 같이 쓰이지 않는 시간 표시 어구	특정 과거 시점을 나타내는 표현 yesterday, at two, last night, at that time, … ago, when …	

He ~~has met~~ the woman **three years ago**.   → met
She ~~has gone~~ to Europe **when she was a little child**.   → went

C 현재완료의 부정문과 의문문

- 부정문은 have[has] 뒤에 not이나 never를 붙입니다.
- 의문문은 주어와 have[has]의 순서를 바꾸어 주면 돼요.

I **have not[haven't] eaten** lunch yet.[11]
He **has not[hasn't] met** the woman before.[12]
Dave **has never visited** Hawaii.[13]

Have you eaten lunch?[14] — Yes, I have. / No, I haven't.
Has he met the woman before?[15] — Yes, he has. / No, he hasn't.
Have they ever visited Hawaii?[16] — Yes, they have. / No, they haven't.

GRAMMAR
COACH

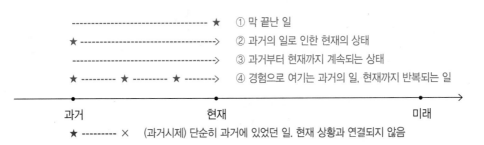

이해 **시간의 폭과 점**
현재완료는 과거의 일이 갖는 현재의 의미를 말해요. 시간상 과거에서 현재 간의 폭의 개념으로 이해하세요.
반면 단순 과거는 과거에 있었던 일로, 시간상 하나의 점의 개념으로 봅니다.

---------------------------------- ★ ① 막 끝난 일
★ ----------------------------------> ② 과거의 일로 인한 현재의 상태
----------------------------------> ③ 과거부터 현재까지 계속되는 상태
★ --------- ★ --------- ★ -------> ④ 경험으로 여기는 과거의 일, 현재까지 반복되는 일

과거   현재   미래
★ --------- ✕ (과거시제) 단순히 과거에 있었던 일. 현재 상황과 연결되지 않음

A 주어진 동사의 적절한 현재완료형을 써서 문장을 완성하세요. (각 동사를 한 번씩 사용할 것)

be	have	go	live	know	eat	lose	move

1 I _____ too much. I have a stomachache.

2 He _____ his keys. He can't open the door.

3 Her mother _____ ill for three months.

4 I _____ here for ten years, but I'm going to move.

5 We _____ each other for ten years.

6 My family _____ lots of times. I have few close friends.

7 Tony is not here. He _____ to Brazil.

8 Sophia _____ her cat for two years. She loves it.

B 과거 또는 현재완료를 사용하여 주어진 동사를 문맥에 맞는 형태로 쓰세요.

1 I (ate) Italian food many times. I love it.

2 The elevator (break) down last night.

3 He (live) in Seoul for five years, but he moved to Incheon.

4 We (study) English since elementary school, but we are not good at it.

5 I (have) this bike for five years. It is too old.

6 They are from the Philippines. They (never, see) snow.

7 The floor looks dirty. You (not, clean) it yet.

8 (you, ever, see) a tiger? — No, I haven't.

9 Where (he, be)? — He has been at home.

10 Where (you, be) when I called? — I was at the gym.

C

다음 문장을 바르게 고쳐 쓰세요.

1 All the guests have left before nine o'clock.

2 John is here since last Wednesday.

3 When have you stopped drinking coffee?

4 This bakery sold cakes since 1970.

5 I have first met Janet five years ago.

6 He lived in Seoul for five years. He has no plans to move.

7 I have this computer for five years, and it still works well.

8 I have bought a nice sports car, but I sold it two years ago.

D

현재완료형을 사용하여 주어진 우리말을 영어로 옮기세요. **써야 안다**

1 그녀는 이미 그 보고서를 끝냈다. (그녀는 / 이미 끝냈다 / 그 보고서를)

_____

2 그는 이 회사에 20년 동안 근무했다. (그는 / 일해 왔다 / 이 회사를 위해 / 20년 동안)

_____ (for this company)

3 어제부터 날이 계속 춥다. (날씨가 / 계속 …이다 / 추운 / 어제 이래로)

_____ (it)

4 내 아버지의 차가 고장 났다.

_____ (break down)

5 그녀가 쇼핑을 다 했니?

_____ (do, the shopping)

6 너는 얼마나 오랫동안 영어를 공부했니?

_____ (how long)

7 너는 중국에 여행을 간 적이 있니?

_____ to China? (ever, travel)

8 나는 중국에 여러 번 여행을 간 적이 있다. (나는 / 여행한 적이 있다 / 중국에 / 여러 번)

_____

정답과 해설 19쪽

Do It Yourself

A 주어진 주어에 맞는 동사의 적절한 형태를 쓰세요.

		현재	과거	현재완료
1	He (work)			
2	We (be)			
3	They (go)			
4	It (have)			
5	You (have)			
6	Mike (know)			
7	Jane (study)			
8	His sister (go)			
9	Her classmates (do)			
10	My car (break down)			

B 다음 문장에서 틀린 것을 찾아 바르게 고치세요.

1 She has lunch right now. _____ ➡ _____

2 My mother is loving classical music. _____ ➡ _____

3 Water is boiling at 100 degrees Celsius. _____ ➡ _____

4 I have been ill for a week last month. _____ ➡ _____

5 Earthquakes are often occurring in Japan. _____ ➡ _____

6 It snowed when I left for school. _____ ➡ _____

7 They have gone to Busan a couple of hours ago. _____ ➡ _____

8 She has lost her keys, but she found them in the classroom.

_____ ➡ _____

VOCAB **B** ill 아픈, 병든   occur 발생하다   a couple of 두서너 개의; 둘의

C

주어진 우리말을 영어로 옮기세요. [써야 안다]

1 그는 종종 아침 식사를 거른다.

_____ (skip)

2 그들은 지금 컴퓨터 게임을 하고 있다.

_____ (play)

3 해가 뜨고 있어. 아름다워.

_____. It is beautiful.

4 그 꽃들이 죽어가고 있다.

_____

5 그는 그의 숙제를 항상 밤늦게 한다.

_____ late at night.

6 내일 비가 올 거야.

It _____.

7 그는 우리의 제안을 받아들이지 않을 것이다.

_____ (accept, proposal)

8 내 어머니가 일주일째 아프시다.

_____ (ill)

9 너는 사자를 본 적이 있니?

_____ (ever)

10 너는 문을 열기 전에 절대 노크를 하지 않는구나.

_____ before _____. (knock)

11 내가 그들을 방문했을 때 그들은 십자말풀이를 하고 있었다.

_____ when _____. (crossword puzzle)

Sleep instead of dozing.

조느니 자라. – *Quotes at Harvard Library*

하버드 대학 도서관에 붙어 있는 명문 중 하나예요.
충분한 수면을 취하는 것이 학습 효과를 높이는 데
도움이 된다는 것을 다시금 생각해 보세요.

CHAPTER

5

GRAMMAR COACH

동사의 형태 2 (수동태, 조동사)

태와 조동사 이해

Ⓐ '하다', '되다'

- 동사를 그대로 쓰면 주어가 동작을 '하다'라는 의미입니다(능동태).
- 동사를 'be v-ed'로 바꾸면 주어가 동작을 '받다, 되다, 당하다'라는 의미입니다(수동태).
  (능동: 스스로 움직임 / 수동: 다른 것의 작용을 받아 움직임)

v: 주어가 v하다 (능동) 편의상 표현: '하다'형	be v-ed: 주어가 v되다[받다, 당하다] (수동) '되다'형		
love	be loved	am[is, are, was, were] loved	주어나 시제에 따른 동사의
ask	be asked	am[is, are, was, were] asked	변화는 be에 표시함
make	be made	am[is, are, was, were] made	

※ v-ed: 동사의 변화형 중 세 번째인 과거분사 (➡ p. 218 동사 변화표)

Children **love** comics.
Comics **are loved** by children.
       사랑받는다

The teacher **asked** me many questions during class.
I **was asked** many questions during class.
    질문 받았다

Chile **makes** great wine.
Wine **is made** from grapes.
      만들어진다

GRAMMAR COACH

암기▶ be v-ed: v되다[받다, 당하다]

- 수동태 이해의 핵심은 'be v-ed'를 하나의 표현으로 보는 것입니다.

use / be used	respect / be respected	find / be found
(사용하다 / 사용되다)	(존경하다 / 존경받다)	(발견하다 / 발견되다)

- 영어에서는 거의 모든 수동의 의미를 동사의 형태 변화로 표현할 수 있어요. (우리말은 별도의 동사를 사용하는 경우가 많음)

give / be given(=receive)	teach / be taught(=learn)	tell / be told(=hear)
(주다 / 받다)	(가르치다 / 배우다)	(말하다 / 말을 듣다)

이해▶ 편의상 이해

근본적으로 영어의 모든 수동태를 자연스러운 우리말로 표현할 수는 없어요. 또, 우리말과 일치시켜 이해하는 것이 바람직하지도 않습니다. 본 교재에서는 '되다, 받다, 당하다'라는 우리말식 풀이는 개념 이해를 위해 사용합니다. 개념이 분명해지면 굳이 우리말로 옮기지 않아도 바로 알 수 있어요.

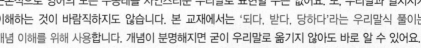

Ⓑ 조동사

- 동사는 사실을 전달합니다(···이다, ···하다).
- 동사만으로 표현할 수 없는 의지, 추측, 능력, 의무, 가능성 등은 조동사를 이용해 표현합니다.

I always **keep** my promises.	나는 항상 약속을 지킨다. (사실)
I **will keep** my promises.	나는 약속을 지킬 것이다. (의지)
He **reads** an English newspaper every day.	그는 매일 영어 신문을 읽는다. (사실)
He **can read** English newspapers.	그는 영어 신문을 읽을 수 있다. (능력)
He always **finishes** his homework on time.	그는 항상 숙제를 제시간에 끝낸다. (사실)
He **must finish** his homework on time.	그는 숙제를 제시간에 끝내야 한다. (의무)
She **is** rich.	그녀는 부자다. (사실)
She **may be** rich.	그녀는 부자인 것 같다. (추측)
We **eat** lots of vegetables.	우리는 채소를 많이 먹는다. (사실)
We **should eat** lots of vegetables.	우리는 채소를 많이 먹어야 한다. (당연함)

정답과 해설 20쪽

A

주어진 주어와 동사에 맞는 수동태 현재형, 수동태 과거형을 쓰세요.

		수동태 현재형	수동태 과거형
1	I (invite)	_____	_____
2	You (respect)	_____	_____
3	She (visit)	_____	_____
4	It (use)	_____	_____
5	They (make)	_____	_____
6	We (give)	_____	_____
7	He (keep)	_____	_____

B

다음 문장의 동사를 찾아 밑줄로 표시하고 우리말로 옮기세요. (조동사, 수동태 포함)

1 The movie was made in 1950.
    만들어졌다

2 Our grandparents will like the movie.   ★ will: (의지, 추측) …일[할] 것이다

3 Drones are used for many purposes.

4 The company makes drones.

5 The rumor is true.

6 The rumor may be true.

7 I keep all your letters.

8 The letters are kept in my photo album.

9 The mountains are covered with snow.

10 Many people will visit the mountain resort.

11 My car was stopped by a police officer.

12 Drivers must stop for red lights.

13 I found a credit card on the street.

14 Some people use their credit cards for everything.

15 Viruses were found on your computer.

16 You should clean your computer regularly.

17 Women give gifts to men on Valentine's Day.

18 I was given a lot of chocolate last Valentine's Day.

C

Do It Yourself

주어진 우리말을 영어로 옮기세요. 써야 안다

1 그 영화는 아이들에 의해 사랑받는다. (그 영화는 / 사랑받는다 / 아이들에 의해)

_____ by children.

2 그들은 그의 결혼식에 초대되었다. (그들은 / 초대되었다 / 그의 결혼식에)

_____ to his wedding.

3 그녀는 위대한 과학자로 존경받았다. (그녀는 / 존경받았다 / 위대한 과학자로)

_____ as a great scientist.

4 플라스틱은 석유로 만들어진다. (플라스틱은 / 만들어진다 / 석유로)

_____ from oil. (plastic)

5 그의 돈은 금고에 보관된다. (그의 돈은 / 보관된다 / 금고에)

_____ in a safe.

6 나는 용돈으로 일주일에 2만 원을 받는다. (나는 / 받는다(주어진다) / 2만 원을 / 일주일에 / 용돈으로)

_____ a week as an allowance. (give)

7 그 회사는 전기 자동차를 만들 것이다. (그 회사는 / 만들 것이다 / 전기 자동차를)

_____ electric cars.

8 이 책은 너에게 어려울 수 있다. (이 책은 / 일 수 있다 / 어려운 / 너에게)

_____ for you. (may, difficult)

20 수동태 기초

A 수동태 문장의 형성

- 수동태 문장은 능동태('하다'형) 문장의 목적어를 주어로 사용한 문장이에요.
- 이 주어는 의미상 어떤 행위를 받거나 당하는 대상이고, 이 표시를 동사에 합니다(be v-ed).
- 원래의 주어는 by와 함께 행위자를 나타냅니다(by+행위자).

My mother **cleans** my room.[1]
My room **is cleaned by** my mother.[2]
　　① 　　　 ② 　　　 ③

① 능동태 문장의 목적어 → 수동태 문장의 주어
② v(하다) → be v-ed(되다)
③ 능동태 문장의 주어 → by+명사/대명사(목적격)

They **loved** Julia's new songs.[3]
Julia's new songs **were loved by** them.[4]
　　① 　　　　 ② 　　 ③

Young farmers **use** computers for farming.[5]
Computers **are used** for farming **by** young farmers.[6]
　　① 　　 ② 　　　　　　 ③

- 다음의 경우는 행위자 표시를 하지 않아요. 표시할 필요가 없거나 표시할 수가 없기 때문입니다.

① 행위자가 일반인(우리, 사람들)일 때
② 문맥상 분명할 때
③ 누구인지 불분명할 때

Paper **is made** from wood (by us).[7]
(**We** make paper from wood.)
Andrew **was invited** to Daniel's party.[8]
My car **was stolen** last night.[9]

★ 일반인

★ 문맥상 by Daniel
★ 누군지 알 수 없음

예문역 [1]내 어머니는 내 방을 청소하신다. [2]내 방은 내 어머니에 의해 청소된다. [3]그들은 Julia의 새로운 노래들을 사랑했다. [4]Julia의 새 노래들은 그들에 의해 사랑받았다. [5]젊은 농부들은 농사를 위해 컴퓨터를 사용한다. [6]컴퓨터는 젊은 농부들에 의해 농사를 위해 사용된다. [7]종이는 나무로 만들어진다 (우리에 의해). (우리는 나무로 종이를 만든다.) [8]Andrew는 Daniel의 파티에 초대받았다. [9]나의 차는 어젯밤에 도난당했다.

106 MY GRAMMAR COACH 표준편

B 수동태의 부정문과 의문문

- 수동태에는 항상 be동사가 있으므로, be동사의 규칙을 따릅니다.
- 부정문은 be동사 뒤에 not을 붙이고, 의문문은 be동사와 주어의 순서를 바꾸어 만들어요.

The party **was not enjoyed** by the guests.[10]
The report **was not finished** on time.[11]

★부정문: be+not

Is paper **made** from wood?[12]
Was this house **built** by your grandfather?[13]

★의문문: Be+주어

How is paper **made**?[14]
When was this house **built** by your grandfather?[15]

★의문사가 있는 의문문:
의문사+be+주어

GRAMMAR COACH

이해▶ 수동태를 많이 사용하는 경우
- 행위자가 누구인지 알 수 없을 때
  My car **was stolen** last night.
- 행위자보다 행위의 대상을 중심으로 말할 때
  The telephone **was invented** in the 1870's. (발명자보다 전화가 화제)
- 행위자가 누구인지 밝히고 싶지 않을 때
  Mistakes **were made**.

암기▶ by+대명사의 목적격

전치사 뒤에 오는 말을 전치사의 목적어라고 해요. 대명사는 목적어 자리에 쓰는 형태(목적격)를 씁니다.
by me[you, him, her, it, us, them]

이해▶ 자동사는 수동태 없음

수동태는 능동태 문장의 목적어를 주어로 삼는 문장 형식입니다. 따라서 원래부터 목적어가 없는 자동사는 수동태를 만들 수 없어요.

He ~~was appeared~~ ...   → appeared
The train ~~was arrived~~ ...   → arrived
Accidents ~~are happened~~ ... → happen

예문역 [10]그 파티는 손님들에 의해 즐겨지지 않았다. [11]그 보고서는 제때에 완성되지 않았다. [12]종이는 나무로 만들어지니? [13]이 집은 너의 할아버지에 의해 지어졌니? [14]종이는 어떻게 만들어지니? [15]이 집은 언제 너의 할아버지에 의해 지어졌니?

A 주어진 동사를 적절한 형태로 쓰세요.

1 This building (build) 50 years ago.　　　　　　　　(과거)

2 We (clean) the classroom every week.　　　　　　(현재)

3 Someone (steal) my laptop in the library.　　　　　(과거)

4 Three houses (destroy) by the fire.　　　　　　　(과거)

5 Mark (cover) his face with his hands.　　　　　　(과거)

6 His bedroom walls (cover) with posters.　　　　　(현재)

7 The boy (give) a nice present.　　　　　　　　　(과거)

8 My father (give) me his old diaries.　　　　　　　(과거)

9 Dinner (serve) at exactly six o'clock.　　　　　　(현재)

10 Our school (serve) lunch at twelve o'clock.　　　(현재)

11 Her clothes (make) by her grandmother.　　　　(과거)

12 In the past, people (make) their clothes from animal skins.　(과거)

B 주어진 동사를 사용하여 글을 완성하세요.

cook	heat	do	wash

Electricity is very important in our home. We ① _____ our house with it. We ② _____ food with it. We ③ _____ our clothes in an electric washing machine. Almost everything depends on electricity. But a century ago, there was no electricity. Our houses ④ _____ with wood. Our food ⑤ _____ in wood-burning stoves. Our clothes ⑥ _____ by hand. Most things ⑦ _____ by human power.

VOCAB **A** destroy 파괴하다　serve (식당 등에서 음식을) 제공하다　in the past 과거에　**B** heat 따뜻하게 하다, 데우다　electricity 전기　washing machine 세탁기　depend on …에 의존하다　century 세기, 100년

C

다음 문장을 수동태로 바꾸어 쓰세요.

1 He invited Laura.

→ _____

2 Young people love the singer.

→ _____

3 All the students respect our teacher.

→ _____

4 The typhoon destroyed many towns.

→ _____

5 We use robots for many purposes.

→ _____

6 Someone stole my shoes yesterday.

→ _____

7 They ordered a large pizza.

→ _____

D

주어진 상황과 어구를 사용해서 다음 문장[대화]을 완성하세요. 써야 안다

1 The novel _____ by Ann.
(Ann did not write the novel.)

2 _____ by us.
(We did not make that decision.)

3 A: _____ in simple English? (this book, write)
B: Yes, it is. You'll find it easy to read.

4 A: _____ by Daniel? (the trees, cut down)
B: No. They were cut down by Mark.

5 A: _____ by a famous designer? (your clothes, make)
B: Yes. They were made by Gloria Kim.

6 A: Mercedes-Benz cars are not made in America.
B: Where _____?
A: They are made in Germany.

VOCAB **C** respect 존경하다   typhoon 태풍   purpose 목적; 용도   steal 훔치다 (steal-stole-stolen)   order 주문하다   **D** novel 소설
make a decision 결정을 하다   simple 쉬운, 간단한

UNIT 21 4, 5형식 문장의 수동태

A 'give + 간접목적어 + 직접목적어'의 수동태

- give, show, tell처럼 목적어가 두 개인 동사(…에게 ~를)는 각각의 목적어를 주어로 한 두 개의 수동태 문장을 만들 수 있어요.

(My uncle gave **me a teddy bear**.)[1]

I was given a teddy bear by my uncle.[2]

A teddy bear was given **to me** by my uncle.[3]

★ '…에게'를 분명히 하기 위해 방향을 나타내는 전치사 to를 붙임

(Brian showed **us the pictures of Niagara Falls**.)[4]

We were shown the pictures of Niagara Falls by Brian.[5]

The pictures of Niagara Falls were shown **to us** by Brian.[6]

- buy, make, cook은 '…를'에 해당하는 말을 주어로 한 수동태 문장만 가능해요.

(Terry bought **Steve a T-shirt**.)[7]

A T-shirt was bought **for Steve** by Terry.[8]

★ 이 경우 '…에게'는 '…를 위해'에 가까우므로 전치사는 for를 씀

(She made **me a glass of iced coffee**.)[9]

A glass of iced coffee was made **for me** by her.[10]

예문역 [1]내 삼촌이 내게 곰 인형을 주셨다. [2]나는 / 주어졌다(받았다) / 곰 인형을 / 내 삼촌에 의해. [3]곰 인형이 / 주어졌다 / 나에게 / 내 삼촌에 의해. [4]Brian은 우리에게 나이아가라 폭포의 사진을 보여 주었다. [5]우리는 / 보여졌다 / 나이아가라 폭포의 사진을 / Brian에 의해. [6]나이아가라 폭포의 사진이 / 보여졌다 / 우리에게 / Brian에 의해. [7]Terry는 Steve에게 티셔츠를 사 주었다. [8]티셔츠가 / 구입되었다 / Steve를 위해 / Terry에 의해. [9]그녀는 내게 아이스커피 한 잔을 만들어 주었다. [10]아이스커피 한 잔이 / 만들어졌다 / 나를 위해 / 그녀에 의해.

B ‘동사＋목적어＋목적격보어’의 수동태

- 목적격보어가 있는 동사의 수동태는 뒤에 목적격보어가 남습니다(be v-ed＋목적격보어).
- 하나의 패턴으로 익혀 두면 좋아요(be v-ed＋명사/형용사).

(His rude manners made **me angry**.)[11]
I **was made angry** by his rude manners.[12]
    만들어졌다 / 화난

(We left **the window open**.)[13]
The window **was left open**.[14]
    두어졌다 / 열린

(The noise kept **them awake** all night.)[15]
They **were kept awake** all night by the noise.[16]
    유지되었다 / 깨어 있는

(We consider **seven a lucky number**.)[17]
Seven **is considered a lucky number**.[18]
    여겨진다 / 행운의 숫자로

(We call **the Korean alphabet Hangeul**.)[19]
The Korean alphabet **is called Hangeul**.[20]
    불린다 / 한글이라고

GRAMMAR COACH

암기 표현 암기

일단 수동태 문장이 만들어지는 과정을 이해한 후, 잘 쓰이는 표현을 암기해 두면 복잡한 문법을 공부하는 데 특히 도움이 됩니다.

* 간접목적어 be given[paid, told, shown] something
* 직접목적어 be given[paid, told, shown] to
* 직접목적어 be made[bought, cooked] for
* be made[left, kept, considered, called]＋명사/형용사

예문역 [11]그의 무례한 태도가 나를 화나게 만들었다. [12]나는 / 만들어졌다 / 화난 / 그의 무례한 태도에 의해. [13]우리는 창문을 열어 두었다. [14]창문은 / 두어졌다 / 열린. [15]시끄러운 소리가 그들을 밤새도록 깨어 있게 했다. [16]그들은 / 유지되었다 / 깨어 있는 / 밤새도록 / 시끄러운 소리에 의해. [17]우리는 7을 행운의 숫자라고 여긴다. [18]7은 / 여겨진다 / 행운의 숫자로. [19]우리는 한국의 알파벳을 한글이라고 부른다. [20]한국의 알파벳은 / 불린다 / 한글이라고.

 주어진 문장과 같은 의미가 되도록 빈칸에 적절한 말을 쓰세요.

1 My father gave my mother a flower.

→ My mother _____ by my father.

→ A flower _____ by my father.

2 The boy paid the bus driver two dollars.

→ The bus driver _____ by the boy.

→ Two dollars _____ by the boy.

3 The old man told me a story.

→ A story _____ by the old man.

→ I _____ by the old man.

4 The salesperson showed him a new smartphone.

→ A new smartphone _____ by the salesperson.

→ He _____ by the salesperson.

5 Our grandmother makes us sweaters.

→ Sweaters _____ by our grandmother.

6 Tom bought me a doughnut.

→ A doughnut _____ by Tom.

7 The boy ordered the girl a soda.

→ _____ by the boy.

8 The directions made them confused.

→ They _____ by the directions.

9 The man kept the children safe.

→ The children _____ by the man.

10 Her classmates consider her a hero.

→ _____ by her classmates.

11 Her classmates elected her president of the class.

→ _____ by her classmates.

12 We call our national flag Taegeukgi.

→ _____ (by us).

B

수동태를 사용하여 문장을 완성하세요.

1 나는 친구로부터 책 한 권을 받았다. (받았다(주어졌다) / 책 한 권을)

I _____ by my friend. (give)

2 편지 한 통이 Angela에 의해 Charles에게 보내졌다. (보내졌다 / Charles에게)

A letter _____ by Angela. (send)

3 나는 너에 대해서 많은 좋은 것들을[평을] 들었어. (들었어 / 많은 좋은 것들을 / 너에 대해)

I _____ about you. (many good things, tell)

4 그 모델에게 많은 돈이 지급된다. (지급된다 / 그 모델에게)

A lot of money _____. (pay)

5 나에 의해 Jacob을 위한 생일 카드가 만들어졌다. (만들어졌다 / Jacob을 위해 / 나에 의해)

A birthday card _____. (make)

6 Jacob은 그 생일 카드에 의해 행복해졌다. (Jacob은 / 만들어졌다 / 행복한 / 그 생일 카드에 의해)

_____ by the birthday card. (make)

7 13은 미국에서 불운의 숫자로 여겨진다. (13은 / 여겨진다 / 불운의 숫자로)

_____ in the U.S. (unlucky)

UNIT 22 조동사 기초

A 기본 조동사

- 조동사는 동사를 도와 여러 가지 의미를 더합니다. 뒤에 동사를 붙여 사용해요(조동사+동사원형).

will v	추측, 의지	v일[할] 것이다	should v	권고, 당연함	v해야 한다, v해야 마땅하다
can v	능력, 허가	v할 수 있다; v해도 좋다	must v	의무, 추측	v해야 한다; v일[할] 것이다
may v	추측, 허가	v일[할] 수 있다; v해도 좋다	have to v	의무, 필요	v해야 한다

My father **will be** 50 next year.[1]
I **will do** my best.[2]
I **can ride** a horse.[3]
You **can use** my laptop.[4]
She **may be** busy.[5]
Alex, you **may leave** early today.[6]
You **should keep** your teeth clean.[7]
You **must come** home before dark.[8]
This answer **must be** correct!⁹
You **have to knock** before you enter.[10]

★ 추측의 조동사
will: 확실함
must: 거의 확실함
may: 불확실함

★ must, have to: must는 말하는 사람의 의지나 명령이 반영된 '해야 하는 일'. have to는 객관적인 상황상 '필요한 일'. 일상적으로는 have to를 많이 씀

B 조동사+동사원형

- 조동사는 하나만 쓰고, 두 개 이상을 겹쳐 쓰지 않아요.
- 조동사 뒤에 오는 동사는 원형입니다. 주어나 시제에 따라 변하지 않아요.

He ~~will must~~ go ....   → 둘 중 하나만

He must ~~goes~~ ....   → go
They can ~~ate~~ ....   → eat

- have to는 일반동사처럼 주어와 시제의 영향을 받으며, 다른 조동사와 함께 사용할 수 있습니다.

He **has to** go.
They **had to** go.
We **will have to** go.

★ 주어가 3인칭 단수 현재: has to
★ 과거시제: had to
★ 다른 조동사 뒤에 사용 가능

예문역 ¹내 아버지는 내년에 50세가 되실 것이다. ²나는 최선을 다할 것이다. ³나는 말을 탈 수 있다. ⁴너는 내 노트북 컴퓨터를 사용해도 된다. ⁵그녀는 바쁠 수도 있어. ⁶Alex, 너는 오늘 일찍 떠나도 된다. ⁷너는 너의 이를 깨끗하게 해야 한다. ⁸너는 어두워지기 전에 집에 돌아와야 한다. ⁹이 답이 맞는 것이 틀림없다! ¹⁰너는 들어오기 전에 노크를 해야 한다.

EXERCISE

A

Do It Yourself

주어진 표현의 의미를 쓰세요.

1 will come soon   _____

2 may be hungry   _____

3 should finish   _____

4 must be hungry   _____

5 can park here   _____

6 have to wait   _____

7 must keep the secret   _____

B

네모 안에서 가장 적절한 조동사를 고르세요.

1 You $\boxed{\text{may / should}}$ clean your shoes. They are dirty.

2 Cheetahs are very fast. They $\boxed{\text{can / should}}$ run 70 miles an hour.

3 You $\boxed{\text{must / may}}$ drive slowly near schools.

4 My father is always busy. He $\boxed{\text{has to / can}}$ work every weekend.

5 You have lots of CDs. You $\boxed{\text{will / must}}$ really love music.

6 You're over 80 kilograms. You $\boxed{\text{have to / can}}$ lose some weight.

7 I'm not sure, but I $\boxed{\text{must / may}}$ buy a new car next month.

8 This $\boxed{\text{will / must}}$ be the wrong password. The door won't open.

9 We $\boxed{\text{will / have to}}$ be home before dark. It's still early.

10 It's your mother's birthday tomorrow. You $\boxed{\text{may / should}}$ make her a card.

C

다음 문장에서 틀린 것을 찾아 바르게 고치세요.

1 She can uses my phone.   _____ ➡ _____

2 He has a nice car. He must is rich.   _____ ➡ _____

3 He will has to study very hard in high school.   _____ ➡ _____

4 Your password have to have three letters. _____ ➡ _____

5 I have to skip lunch because I was busy.   _____ ➡ _____

D

주어진 표현과 조동사를 사용하여 대화를 완성하세요.

| do it   see a doctor   happy   sick | | may   must   have to   will |

1 A: Don't you have lots of homework, Michael?

B: Yes, but I promise I _____ after dinner.

2 A: Casey has a fever and a bad cough.

B: She _____.

3 A: I finally passed the driving test!

B: Well done. You _____.

4 A: Sarah is absent from school today. Do you know what happened?

B: I'm not sure, but she _____ today.

E

주어진 우리말을 영어로 옮기세요. 써야 안다

1 내 할머니께서는 자전거를 타실 수 있다. (내 할머니는 / 탈 수 있다 / 자전거를)

_____ (a bike)

2 너는 나의 전화를 써도 된다. (너는 / 사용해도 된다 / 나의 전화를)

_____ (can)

3 네가 틀렸을 수 있다. (너는 / …일 수 있다 / 틀린)

_____ (may)

4 너는 너의 약속을 지켜야 한다. (너는 / 지켜야 한다 / 너의 약속을)

_____ (must)

5 그는 자신의 식사를 요리해야 한다. (그는 / 요리해야 한다 / 자신의 식사를)

_____ (have to, his own meals)

6 너는 어려움에 빠진 너의 친구들을 도와야 한다.

(너는 / 도와야 한다 / 너의 친구들을 / 어려움에 빠진)

_____ (should, friends in need)

7 너의 친구들은 너를 돕기 위해 그들의 최선을 다할 것이다. (너의 친구들은 / 다할 것이다 / 그들의 최선을)

_____ to help you. (will)

조동사의 부정문과 의문문

A 부정문

• 조동사가 있는 문장의 부정문은 조동사 뒤에 not을 붙여 만듭니다.

Eric **cannot** ride a motorcycle.[1]
She **may not** be rich.[2]
We **must not** hurry. Haste makes waste.[3]

★ must not: …해서는 안 된다

• have to는 일반동사의 규칙을 따릅니다. 부정문을 만들 때 do의 도움이 필요해요.

We **don't have to** hurry. We have lots of time.[4]
She **doesn't have to** hurry. She has lots of time.[5]

★ don't have to: …할 필요가 없다

B 의문문

• 조동사가 있는 문장의 의문문은 주어와 조동사의 순서를 바꾸어 만듭니다(조동사+주어 …?).

Can Eric ride a motorcycle?[6]
Must we hurry? — Yes, we must. / No, we don't have to.[7]
Should I finish this today?[8]

• have to는 do의 도움을 받아 의문문을 만들어요(Do+주어+have to …?).

Do we **have to** hurry?[9]
Did they **have to** hurry?[10]

• 의문사가 필요한 경우, 의문사는 문장의 앞에 옵니다.

Why do we **have to** hurry?[11]
How should I do this?[12]

GRAMMAR COACH

암기 부정문, 의문문 형태 종합

스스로	be, have v-ed, 조동사	• not을 붙인다 (be not/have not v-ed/will not) • 주어, 동사를 바꾼다 (Be/Have/Will+주어 …?)
do의 도움	일반동사, have to	• don't v / don't have to v • Do+주어+v …? / Do+주어+have to v …?

예문역 [1]Eric은 오토바이를 탈 수 없다. [2]그녀는 부자가 아닐 것이다. [3]우리는 서두르서는 안 된다. 급히 서두르면 일을 망친다. [4]우리는 서두를 필요가 없다. 우리는 시간이 많다. [5]그녀는 서두를 필요가 없다. 그녀는 시간이 많다. [6]Eric은 오토바이를 탈 수 있니? [7]우리는 서둘러야 하니? — 응, 그래야 해. / 아니, 그럴 필요 없어. [8]나는 이것을 오늘 끝내야 하니? [9]우리는 서둘러야 하니? [10]그들은 서둘러야 했니? [11]우리는 왜 서둘러야 하니? [12]어떻게 내가 이것을 해야 하니?

EXERCISE

정답과 해설 23쪽

A
주어진 표현의 부정형, 의문형을 쓰세요.

		부정형	의문형
1	He can ride ...	_____	_____
2	They will come ...	_____	_____
3	It will be ...	_____	_____
4	I should do ...	_____	_____
5	She must go ...	_____	_____
6	I can park ...	_____	_____
7	I have to wait ...	_____	_____
8	She has to wait ...	_____	_____
9	We had to wait ...	_____	_____
10	They will come ... (when)		_____
11	I should do ... (what)		_____
12	She has to wait ... (how long)		_____

B
빈칸에 must나 have to의 부정형을 쓰세요.

1 You _____ eat food in the library.

2 I'm happy. I _____ get up early tomorrow.

3 You _____ get angry. It's bad for your heart.

4 You _____ come to my party if you are busy.

5 The lunch was free. We _____ pay.

6 He is on vacation. He _____ go to work.

VOCAB B free 무료의, 공짜인 be on vacation 휴가 중이다 C spoiled (음식이) 상한 behind schedule 예정보다 늦은[늦게]

C

주어진 동사와 적절한 조동사를 사용하여 문장[대화]을 완성하세요.

| finish | eat | work | use | tell | go |

1 I _____ skiing. I broke my leg.

2 You _____ the food. It is spoiled.

3 A: _____ your computer?
   B: Sorry, I'm writing a report.

4 A: When _____ the report?
   B: I'll finish it by noon.

5 A: _____ during the weekend?
   B: Yes, they should. They're behind schedule.

6 A: I love Emma, but I'm really shy. How _____ her my feelings?
   B: Why don't you write her a love letter?

D

주어진 우리말을 영어로 옮기세요.

1 너는 너의 시간을 낭비해서는 안 된다.
   _____ (should)

2 그 소문은 사실이 아닐 수도 있다. (…이 아닐 수도 있다 / 사실인)
   _____ (the rumor, may)

3 내가 너의 전화를 사용해도 되니?
   _____ (can)

4 너는 언제 이것을 끝낼 수 있니?
   _____ (this, can)

5 내가 내일 일찍 일어나야 하나요?
   _____ (have to)

6 왜 내가 내일 일찍 일어나야 하나요?
   _____ (have to)

7 우리가 그를 기다려야 하나요?
   _____ (should, wait for)

8 우리가 얼마나 오래 그를 기다려야 하나요?
   _____ (should)

A 조동사＋수동태

- 조동사가 동사의 수동형과 같이 쓰이면 형태가 복잡해집니다.
- 조동사의 의미에 수동의 의미를 붙여 하나의 표현으로 암기하세요(조동사＋v되다).

Many jobs **can be done** by robots.[1]

The work **must be finished** right away.[2]

★ can be v-ed: v될 수 있다

★ must be v-ed: v되어야 한다

B 부정문과 의문문

- 부정문은 조동사 뒤에 not을 붙이고, 의문문은 조동사와 주어의 순서를 바꿉니다.

Some jobs **cannot be done** by robots.[3]

The work **must not be delayed**.[4]

The work **doesn't have to be finished** right away.[5]

★ cannot be v-ed: v될 수 없다

★ must not be v-ed: v되면 안 된다

★ don't have to be v-ed: v될 필요가 없다

Can our jobs **be done** by robots?[6]

Does the work **have to be finished** right away?[7]

★ Can＋주어＋be v-ed ...?: v될 수 있니?

★ Do＋주어＋have to be v-ed ...?: v되어야 하니?

- 의문사가 필요한 경우, 의문사는 문장의 앞에 옵니다.

When will the work **be finished**?[8]

GRAMMAR COACH ✦·🎙

[암기] 대표 표현

표현이 만들어지는 과정을 이해한 후, 대표 표현을 암기해 두는 것이 좋습니다. can의 자리에 여러 조동사, done의 자리에 여러 동사의 과거분사, 그리고 it의 자리에 여러 주어를 넣어 다양한 표현을 만들 수 있어요.

can be done	(긍정문) 될 수 있다
cannot be done	(부정문) 될 수 없다
Can it be done ...?	(의문문) 그것이 될 수 있니?
When can it be done ...?	(의문사) 언제 그것이 될 수 있니?

VOCAB right away 즉시, 곧바로 delay 지연시키다; 미루다

예문역 [1]많은 일들이 로봇에 의해 행해질 수 있다. [2]그 일은 지금 당장 끝마쳐져야 한다. [3]어떤 일들은 로봇에 의해 행해질 수 없다. [4]그 일은 지연되어서는 안 된다. [5]그 일은 지금 당장 끝마쳐질 필요가 없다. [6]우리의 일들이 로봇에 의해 행해질 수 있을까? [7]그 일은 지금 당장 끝마쳐져야 하니? [8]언제 그 일이 끝마쳐질까?

EXERCISE

A

주어진 표현의 의미를 쓰세요.

1 can be done _____

2 cannot be used _____

3 will be finished _____

4 will not be forgotten _____

5 should be made _____

6 should not be wasted _____

7 have to be written _____

8 don't have to be cleaned _____

9 Will it be forgotten ...? _____

10 Should it be written ...? _____

11 Why should it be written ...? _____

12 How soon can it be done ...? _____

B

Do It Yourself

수동태를 사용하여 주어진 우리말을 영어로 옮기세요.

1 우리 교실은 일주일에 한 번 청소되어야 한다.

_____ once a week. (have to)

2 이 경험은 잊혀지지 않을 것이다.

_____ (will)

3 이 정보는 상업적 목적으로 이용될 수 없다.

_____ for commercial purposes. (can)

4 종이는 낭비되어서는 안 된다.

_____ (should)

5 그 비밀이 영원히 지켜질 수는 없다.

_____ (keep, forever)

6 이메일들은 가능한 한 단순하게 쓰여야 한다.

_____ as simply as possible. (should)

7 그 일이 얼마나 빨리 될 수 있나요?

_____ (soon)

8 그것은 하루면 될 수 있어요.

_____ in a day.

정답과 해설 24쪽

Do It Yourself

A

주어진 주어와 동사에 맞는 수동태 현재형, 수동태 과거형을 쓰세요.

		수동태 현재형	수동태 과거형
1	I (give)		
2	She (invite)		
3	It (keep)		
4	We (show)		
5	They (make)		
6	The building (use)		
7	Basketball (enjoy)		
8	Cars (sell)		
9	The book (write)		
10	Things (do)		

B

조동사를 사용하여 주어진 우리말 표현을 영어로 옮기세요.

1 그것을 끝낼 것이다 _____

2 아픈 것 같다 _____

3 너의 최선을 다해야 한다 (should) _____

4 내 컴퓨터를 사용해도 좋다 _____

5 부자임에 틀림없다 _____

6 늦어서는 안 된다 (must) _____

7 청소할 필요가 없다 _____

8 만들어질 것이다 _____

9 되어져야 한다 (should, do) _____

10 보관되어야 한다 (have to) _____

C

다음 중 틀린 문장을 찾아 바르게 고치세요. (틀린 문장 4개)

1 Mary's new songs loved by teenagers.

2 I gave the boy a nice present.

3 Our classroom cleaned every week.

4 His clothes are washed by hand.

5 They were ordered a large pizza.

6 The noise kept them awake all night.

7 His project considered a failure.

D 주어진 우리말을 영어로 옮기세요. 써야 안다

1 그 창문들은 일주일에 한 번씩 청소된다.

The windows _____ once a week.

2 점심 식사는 12시에 제공된다.

Lunch _____ at noon. (serve)

3 이 책은 Mike에 의해 쓰였다.

This book _____.

4 나는 내 형으로부터 콘서트 티켓 두 장을 받았다.

I _____. (give)

5 그 문이 열린 채 있었다.

The door _____. (leave)

6 많은 일들이 로봇들에 의해 행해질 것이다.

Many things _____. (do)

7 당신은 많은 사람들에 의해 영웅으로 여겨진다.

You _____. (consider)

8 점심은 공짜다. 우리는 돈을 낼 필요가 없어.

The lunch is free. _____. (pay)

9 영어가 인도에서 쓰이나요? (영어를 주어로 쓸 것)

_____ (speak)

10 그 보고서는 언제 끝마쳐질 수 있니? (그 보고서를 주어로 쓸 것)

_____ (finish)

동사의 형태 연습

시제, 조동사, 태 하나로 보기

동사에는 시제, 조동사의 의미, 태가 반영됩니다. 이를 하나하나 따지지 말고 하나의 덩어리로 볼 수 있어야 합니다. 복잡한 동사의 형태를 하나로 보는 연습을 충분히 하면 개념도 더욱 명확해지고 쓰기, 읽기, 듣기, 말하기에 바로 활용할 수 있습니다. 의미를 생각하면서 아래의 표현을 큰 소리로 읽어 보세요.

[시제+태]

v하다 (원형)	v했다 (과거)	v되다, v당하다 (현재 + 수동)	v되었다, v당했다 (과거 + 수동)
use	used	is used	was used
invite	invited	am invited	was invited
play	played	is played	was played
build	built	are built	were built
find	found	are found	were found

[조동사+태]

v하다(원형)	조동사 + 동사 (능동)	조동사 + 수동
use	can use	can be used
invite	should invite	should be invited
play	will play	will be played
build	have to build	have to be built
find	has to find	has to be found

CHAPTER

6

to-v
(to부정사)

to-v의 역할과 의미

Ⓐ to-v는 명사, 형용사, 부사

- 동사를 이용하여 다른 품사의 역할을 하게 할 수 있습니다. 그중 하나가 동사원형에 to를 붙이는 것인데, 이를 'to부정사' 라고 해요(to부정사: to＋동사원형).
- to-v는 문장에서 명사, 형용사, 부사의 역할을 할 수 있어요. 다음은 기본적인 것들입니다.

v: …하다	to-v	(명) v하기, v하는 것	(형) v할	(부) v하기 위해
learn	to learn	배우기, 배우는 것	배울	배우기 위해
make	to make	만들기, 만드는 것	만들	만들기 위해
be	to be	…인 것	…일, … 할	…이기 위해

To learn English is important.[1]　　　　　　　　　　　주어 자리 (명사 역할)
배우는 것은 / 영어를

I don't have much time **to learn English**.[2]　　　　　명사 time 수식 (형용사 역할)
　　　　　　　　　　시간　　배울 / 영어를

I watch American dramas **to learn English**.[3]　　　　동사 watch 수식 (부사 역할)
　본다　　　　　　　　　　배우기 위해 / 영어를

To make paper boats is easy.[4]　　　　　　　　　　주어 자리 (명사 역할)
만드는 것은 / 종이배를

He plans **to make her a paper boat**.[5]　　　　　　　목적어 자리 (명사 역할)
　　　　만들어 줄 것을 / 그녀에게 / 종이배를

He cut paper **to make a paper boat for her**.[6]　　　동사 cut 수식 (부사 역할)
잘랐다　　　만들기 위해 / 종이배를 / 그녀를 위해

Jim wants **to be a programmer**.[7]　　　　　　　　　목적어 자리 (명사 역할)
　　　　　이(되)기를 / 프로그래머

Jim studies hard **to be a programmer**.[8]　　　　　동사 studies 수식 (부사 역할)
공부한다　　　이(되)기 위해 / 프로그래머

예문역 [1]영어를 배우는 것은 중요하다. [2]나는 영어를 배울 많은 시간을 가지고 있지 않다. [3]나는 영어를 배우기 위해 미국 드라마를 본다. [4]종이배를 만드는 것은 쉽다. [5]그는 그녀에게 종이배를 만들어 줄 계획이다. [6]그는 그녀를 위해 종이배를 만들기 위해 종이를 잘랐다. [7]Jim은 프로그래머가 되기를 원한다. [8]Jim은 프로그래머가 되기 위해 열심히 공부한다.

Ⓑ [to-v ...] 의미 덩어리

- to-v는 동사를 이용한 표현이므로 동사처럼 뒤에 목적어, 보어, 부사구 등이 붙을 수 있어요.
- to-v에 이어지는 어구 전체를 하나의 덩어리로 볼 수 있어야 합니다.

to make <u>paper boats</u>
　　　　　목적어

만드는 것[만들, 만들기 위해] / 종이배를

to make <u>her</u> <u>a paper boat</u>
　　　　간접목적어　직접목적어

만들어 주는 것[만들어 줄, 만들어 주기 위해] / 그녀에게 / 종이배를

to be <u>a programmer</u>
　　　　보어

되는 것[될, 되기 위해] / 프로그래머

to make <u>her</u> <u>happy</u>
　　　　목적어　보어

만드는 것[만들, 만들기 위해] / 그녀를 / 행복한

to travel <u>abroad</u>
　　　　부사

여행하는 것[여행할, 여행하기 위해] / 외국에

Ⓒ 동사와 to-v 구분

- 하나의 문장(혹은 절) 안에 동사는 하나입니다. 동사처럼 보이는 다른 것은 to-v와 같은 준동사입니다.
  (본 교재에서는 편의상 동사를 v, 준동사를 v′로 표기함)

To learn English <u>is</u> important.
<u>　　　　</u>　　　　<u>　</u>
v′　　　　　　　v

I <u>don't have</u> much time **to learn** English.
　<u>　　　　</u>　　　　　　<u>　　　　</u>
　　v　　　　　　　　　　　v′

He <u>plans</u> **to make** her a paper boat.
　<u>　　</u>　<u>　　　　</u>
　v　　　v′

He <u>cut</u> paper **to make** a paper boat for her.
　<u>　</u>　　　<u>　　　　</u>
　v　　　　　v′

Jim <u>studies</u> hard **to be** a programmer.
　　<u>　　　</u>　　　<u>　　</u>
　　v　　　　　　v′

GRAMMAR COACH

이해▶ 준동사

원래는 동사이지만 형태를 바꾸어 다른 품사의 역할을 하는 것을 준동사라고 해요. 영어에서 준동사는 다음 3가지입니다. (②, ③ ➡ Chapter 7)

① to-v (to travel, to make)
　　to부정사

② v-ing (playing, building ...)
　　동명사, 현재분사

③ v-ed (used, made ...)
　　과거분사

 A 'to-v ...' 표현을 찾아 그 역할을 쓰세요. (명사, 형용사, 부사로 표기할 것)

1   I like <u>to play basketball with my friends.</u>
        명사 (like의 목적어)

2   He hopes to travel around the world.

3   Would you like something to drink?

4   I will study harder to get better grades.

5   To become an elementary school teacher is my goal.

6   You should understand children to be a teacher.

7   To be healthy is the most important thing.

8   I walk for an hour every day to keep healthy.

9   My school plans to build a new gym.

10 My school is raising funds to build a new gym.

B 다음 문장에서 동사와 준동사를 구분하세요. (편의상 동사를 v, 준동사를 v'로 표기할 것)

1   She <u>loves</u> <u>to walk</u> her dog.
           v   v'

2   I want something to eat.

3   She wants to live in a house with a garden.

4   To remember phone numbers is not easy.

5   She turned on the TV to watch the news.

6   I woke up early to watch the sunrise.

7   Barry has a large family to support.

C

Do It Yourself

to-v를 사용하여 다음 문장을 바르게 고쳐 쓰세요.

1 I have enough money buy a car.

2 We plan study English together.

3 Ian sometimes calls me talks at night.

4 Master English grammar is my goal.

5 She went back to the mall exchanged her shoes.

D

Do It Yourself

to-v를 사용하여 주어진 우리말 표현을 영어로 옮기세요.

1 영어 선생님이 되는 것 (되는 것 / 영어 선생님이)

_____

2 자전거를 사기 위해 (사기 위해 / 자전거를)

_____

3 정직한 것 (…인 것 / 정직한)

_____

4 한 달에 책을 한 권씩 읽는 것 (읽는 것 / 책 한 권을 / 한 달에)

_____ a month

5 그녀에게 영문법을 가르칠 (가르칠 / 그녀에게 / 영문법을)

_____

6 패션 디자이너가 되기 위해 (되기 위해 / 패션 디자이너가)

_____

7 점심으로 먹을 (먹을 / 점심으로)

_____

8 우리 사회를 안전하게 유지하기 위해 (유지하기 위해 / 우리 사회를 / 안전한)

_____ (society, safe)

VOCAB **B turn on** (전기·가스 등을) 켜다 **sunrise** 일출, 해돋이 **support** 부양하다; 지지하다 **C exchange** 교환하다

to-v: 주어, be의 보어

A 주어

- to-v는 명사 역할을 하므로 명사, 대명사처럼 문장의 주어로 쓰일 수 있어요.
- 'v하는 것은, v하기는'의 뜻이에요.

The animals are dangerous.[1]	주어: 명사
They attack people.[2]	주어: 대명사
To learn English grammar is not hard.[3]	주어: to-v

B It ... to-v

- 주어 역할을 하는 to-v는 뒤로 이동하고, 주어 자리에 it을 쓰는 경우가 많습니다.

It is not hard **to learn English grammar.**[4]   ★ it은 내용상 'to-v ...'를 가리킴
It is hard **to get a job these days.**[5]   (It=to-v ...)
It is always best **to be honest.**[6]
It is important **not to give up easily.**[7]   ★ not to-v: v하지 않는 것

C be의 보어

- to-v는 be동사의 뒤에서 보어로 쓰입니다.

My goal in life is **to become a pilot.**[8]   ★ 주어=to-v(v하는 것)
His dream is **to travel around the world.**[9]

GRAMMAR COACH

이해 ▶ 가주어, 진주어
'It ... to-v'에서 'It'은 뒤의 to-v를 대신해요. 원래 to-v가 있을 주어 자리에 형식상 있다고 해서 'It'을 가주어(가짜 주어)라 하고, 뒤의 to-v를 실질적인 주어라고 해서 진주어(진짜 주어)라 부릅니다.

VOCAB   attack 공격하다   give up 포기하다   easily 쉽게
예문역   [1]그 동물들은 위험하다.   [2]그들은 사람들을 공격한다.   [3]영문법을 배우는 것은 어렵지 않다.   [4](그것은) 어렵지 않다 / 영문법을 배우는 것은.
[5](그것은) 어렵다 / 요즘 직장을 구하는 것은.   [6](그것은) 항상 최선이다 / 정직한 것이.   [7](그것은) 중요하다 / 쉽게 포기하지 않는 것이.   [8]내 인생 목표는
조종사가 되는 것이다.   [9]그의 꿈은 세계일주 여행을 하는 것이다.

EXERCISE

정답과 해설 26쪽

A 다음 문장에서 [to-v ...] 의미 덩어리를 찾아 우리말로 옮기세요.

1 It is dangerous <u>to swim in this river</u>.   이 강에서 수영하는 것

2 It makes me happy to make other people happy.   _____

3 It is good for your health not to eat too much sugar.   _____

4 It is stressful to work with him.   _____

5 It took three years to build the building.   _____

6 His goal in life is to become a race car driver.   _____

7 His plan is to start his own company next year.   _____

8 It is hard not to fall asleep on the subway.   _____

9 It is my principle not to be late for appointments. _____

10 Is it necessary to take medicine for a cold?   _____

B to-v를 사용하여 주어진 우리말 표현을 영어로 옮기세요.

1 작가가 되는 것 (되는 것 / 작가)

   _____

2 그와 이야기하는 것 (이야기하는 것 / 그와)

   _____

3 그 다리를 짓는 것 (짓는 것 / 그 다리를)

   _____

4 이 강에서 물고기를 잡는 것 (잡는 것 / 물고기를 / 이 강에서)

   _____

5 옛 친구들을 만나는 것 (만나는 것 / 옛 친구들을)

   _____

6 너무 많은 패스트푸드를 먹는 것 (먹는 것 / 너무 많은 패스트푸드를)

   _____

7 웹사이트를 개설하는 것 (개설하는 것 / website를)

   _____ (start)

8 너의 사용자 암호를 잊지 않는 것 (잊지 않는 것 / 너의 사용자 암호를)

   _____ (forget, password)

> **VOCAB** **A** stressful 스트레스가 많은   fall asleep 잠들다   principle 원칙; 원리   appointment 약속   necessary 필요한

C

B의 표현을 사용하여 주어진 우리말을 영어로 옮기세요.
(to-v가 주어인 경우 'It ... to-v'를 사용할 것)

1 이 강에서 물고기를 잡는 것은 재미있다.

_____ (fun)

2 옛 친구들을 만나는 것은 나를 행복하게 만든다.

_____

3 너무 많은 패스트푸드를 먹는 것은 건강에 안 좋다.

_____ (bad)

4 그와 이야기하는 것은 매우 흥미롭다.

_____ (interesting)

5 우리의 계획은 웹사이트를 개설하는 것이다.

_____

6 그녀의 인생에서의 목표는 작가가 되는 것이다.

_____ (goal in life)

7 너의 사용자 암호를 잊지 않는 것이 매우 중요하다.

_____

8 그 다리를 짓는 데 5년이 걸렸다.

_____

UNIT 26 to-v: 목적어, 목적격보어

A 목적어

- to-v는 명사의 역할을 하므로 명사, 대명사처럼 동사의 목적어로 쓰입니다.
- 주로 앞으로의 일에 대한 바람, 기대, 계획 등을 나타내는 동사와 잘 쓰여요.
  (want/expect/hope/plan to-v: 원하다/기대하다/희망하다/계획하다 v하기를)

I want **a car**.[1]   목적어: 명사
That looks nice. I want **it**.[2]   목적어: 대명사
I want **to buy a car**.[3]   목적어: to-v

I hope **to see you soon**.[4]
Jane expects **to find a good job**.[5]
Owen hopes **to be an actor**.[6]

B 목적격보어

- 동사와 to-v 사이에 목적어가 있는 문장도 많이 쓰입니다.
- 누가 to-v하는지를 표시하는 것이라고 생각하면 쉬워요.
  (want/expect/allow+목적어+to-v: 원하다/기대하다/허락하다 목적어가 v하기를)

I want **you to buy a car**.[7]
I expect **Jane to find a good job**.[8]
Owen's father didn't allow **him to be an actor**.[9]
The doctor advised **her to get more sleep**.[10]
His father got **him to clean the bathroom**.[11]

GRAMMAR COACH

암기 ▶ 대표 표현

자주 쓰이는 동사의 대표 표현을 암기하세요. me와 do 자리에 다른 말을 넣어 다양한 표현을 만들 수 있습니다. (색으로 표시된 동사는 두 가지 패턴에 다 쓰임)

want to do	expect to do	hope to do	★ v하기를
decide to do	try to do	plan to do	
want me to do	expect me to do	allow me to do	★ 목적어가 v하기를
advise me to do	tell me to do	ask me to do	
get me to do			

예문역 ▶ [1]나는 차를 원한다. [2]저것이 좋아 보인다. 나는 그걸 원해. [3]나는 차를 사기를 원한다. [4]나는 너를 곧 보기를 바란다. [5]Jane은 좋은 직장을 찾기를 기대한다. [6]Owen은 영화배우가 되길 바란다. [7]나는 네가 차를 사기를 원한다. [8]나는 Jane이 좋은 직장을 찾기를 기대한다. [9]Owen의 아버지는 Owen이 영화배우가 되는 것을 허락하지 않으셨다. [10]의사는 그녀에게 잠을 더 자라고 조언했다. [11]그의 아버지는 그에게 욕실을 청소하도록 시키셨다.

EXERCISE

정답과 해설 26쪽

A 다음 밑줄 친 부분을 우리말로 옮기세요.

1 You promised <u>to do the work by noon</u>.   그 일을 정오까지 하기를

2 My father wants <u>me to keep a diary</u>.   내가 일기를 쓰기를

3 Mr. Grey expects <u>to buy a new car soon</u>.   _____

4 Cindy hopes <u>to make good friends at her new school</u>.   _____

5 The old man asked <u>her to speak loudly</u>.   _____

6 He tried <u>to exercise more and eat less</u>.   _____

7 Most parents don't allow <u>their children to stay out late</u>.   _____

8 The teacher told <u>Tom not to be late again</u>.   _____

B 주어진 단어와 표현을 사용하여 문장을 완성하세요.

1 He _____ this summer.
   (go to Europe, plans)

2 She _____ her own business.
   (start, decided)

3 Teenagers _____.
   (enough sleep, need, get)

4 You _____.
   (promised, not, watch too much TV)

5 The doctor _____.
   (exercise, me, advised)

6 He _____.
   (buy him a laptop, his father, asked)

7 Parents _____ with them.
   (their children, honest, expect)

8 Mary _____.
   (her broken phone, Bill, wants, fix)

9 Some schools _____.
   (their students, allow, wear casual clothes)

10 Mom _____.
   (not, watch TV late at night, us, told)

VOCAB **A** promise 약속하다 loudly 큰 소리로; 소란하게 **B** decide 결심하다 advise 조언하다, 충고하다 broken 고장 난 fix 고치다
casual clothes 평상복

C

to-v를 사용하여 주어진 우리말 표현을 영어로 옮기세요.

1 패션 디자이너가 되기 (되기 / 패션 디자이너)

_____

2 그녀에게 시계를 하나 사 주기 (사 주기 / 그녀에게 / 시계 하나를)

_____

3 다른 사람들에게 친절하기 (···이기 / 친절한 / 다른 사람들에게)

_____ (others)

4 규칙적으로 운동하기 (운동하기 / 규칙적으로)

_____ (regularly)

5 영어로 일기를 쓰기 (쓰기 / 일기를 / 영어로)

_____ (keep)

6 체중을 좀 줄이기 (줄이기 / 약간의 체중을)

_____ (weight)

7 너무 늦게 자지 않기 (자지 않기 / 너무 늦게)

_____ (go to bed)

D

C의 표현을 사용하여 주어진 우리말을 영어로 옮기세요.

1 Julia는 패션 디자이너가 되기를 원한다.

_____

2 Becky는 내가 그녀에게 시계 하나를 사 주기를 기대한다.

_____

3 나는 네가 규칙적으로 운동하기를 원해.

_____

4 나는 영어로 일기를 쓰기를(쓰려고) 노력할 거야.

_____ (will try)

5 그 의사는 그에게 체중을 좀 줄이기를(줄이라고) 충고했다.

_____ (advise)

6 우리 선생님은 우리에게 다른 사람들에게 친절하라고 항상 말씀하신다.

_____

7 내 어머니는 나에게 너무 늦게 자지 말라고 말씀하셨다.

_____

UNIT 27 원형부정사 (to가 없는 부정사)

A 사역동사

- make, have, let, help는 어떤 일이 일어나도록 '시키는' 동사입니다.
  이러한 동사를 사역동사라고 해요(사역: 사람을 부려 일을 시키다).
- 이들 동사는 목적어 뒤에 원형부정사(동사원형)를 사용합니다(목적어＋동사원형).
  단, help의 경우, to부정사와 원형부정사 둘 다 사용할 수 있어요.

The teacher **made** me **clean** the classroom.[1] (강제로) 시키다 (forced me to clean)
I'll **have** him **fix** my computer.[2] 시키다 (will get him to fix)
He **let** me **use** his computer.[3] 허락하다 (allowed me to use)
Jane **helped** her mother **(to) wash** the dishes.[4] 돕다

B 지각동사

- see, watch, hear, feel 등은 신체의 감각 기관이 느끼는 것을 나타내는 동사입니다.
- 이러한 동사를 지각동사라고 하며, 목적어 뒤에 원형부정사(동사원형)를 사용합니다(목적어＋동사원형).

I **saw** your brother **go** out.[5]
They **watched** the sun **set**.[6]
She **heard** someone **knock** on the door.[7]
She **felt** her hands **tremble**.[8]

GRAMMAR COACH

암기 대표 표현

해당 동사가 몇 개 되지 않아요. 동사의 대표 표현을 암기하세요. him, do 자리에 여러 명사, 대명사, 동사를 넣어 응용 표현을 만들 수 있습니다.

make him do   have him do   let him do   help him (to) do
see him do   watch him do   hear him do   feel it do

주의 언제나 동사원형을 쓰는 것으로 오해하지 않도록 주의하세요. 다른 의미를 표현할 때는 v-ing(현재분사), v-ed(과거분사)도 많이 쓰입니다. (➡ p. 251 목적격보어로 쓰인 준동사)

VOCAB wash the dishes 설거지하다 knock 두드리다, 노크하다 tremble (몸을) 떨다, 떨리다
예문역 [1]선생님이 내게 교실을 청소하도록 시키셨다. [2]나는 그에게 내 컴퓨터를 고치도록 시킬 것이다. [3]그는 내게 그의 컴퓨터를 사용하게 해주었다. [4]Jane은 그녀의 어머니가 설거지하는 것을 도왔다. [5]나는 네 형이 나가는 것을 봤다. [6]그들은 해가 지는 것을 지켜봤다. [7]그녀는 누군가가 문을 노크하는 것을 들었다. [8]그녀는 그녀의 손이 떨리는 것을 느꼈다.

EXERCISE

A 다음 중 <u>틀린</u> 문장을 찾아 바르게 고치세요. (틀린 문장 3개)

1 She heard someone to open the front door.

2 He felt something move in the dark.

3 Mom made me wear a hat because of the sun.

4 I saw Eric get into his car and drive away.

5 I'll have the bellboy to carry your bags.

6 My doctor won't let me to go home yet.

7 The police officer helped the old man cross the street.

B 원형부정사를 사용하여 주어진 우리말 표현을 영어로 옮기세요.

1 그가 길을 건너는 것을 보다 (see) _____

2 그에게 내 자전거를 타는 것을 허락하다 (let) _____

3 그들에게 구명조끼를 입도록 시키다 (make, life jackets) _____

4 해가 뜨는 것을 보다 (watch) _____

5 그를 사무실에 일찍 오게 하다 (have) _____

6 누군가 문을 닫는 것을 듣다 (hear) _____

C Do It Yourself
B의 표현을 사용하여 주어진 우리말을 영어로 옮기세요.

1 나는 누군가가 문을 닫는 것을 들었다.

   _____

2 우리는 그 산 위로 해가 뜨는 것을 보았다.

   _____

3 내가 Jenny를 사무실에 일찍 오게 할게.

   _____

4 나는 그들이 길을 건너는 것을 보았다.

   _____

5 그 선생님은 학생들에게 구명조끼를 입도록 시켰다.

   _____

6 Blake는 내가 그의 자전거를 타는 것을 허락하지 않았다.

   _____

UNIT 28 to-v: 형용사, 부사 역할

A 형용사 역할

- to-v는 명사를 꾸며주는 형용사 역할을 합니다. 항상 명사 뒤에 와요.
- work/something/way/chance/book to-v: 일/것/방법/기회/책 v할

I have lots of homework **to do today**.[1]
Give me something **to drink**.[2]
I bought a book **to read on the train**.[3]

B 부사 역할

- to-v는 의미상 동사나 형용사를 수식하는 부사 역할을 합니다.
- 의미는 '…하기 위해, …해서, …하기에' 정도로 풀이할 수 있어요.

I worked hard **to pass the test**.[4]   ★ v하기 위해, 하려고
I stopped **to take pictures**.[5]
I'm really happy **to see you again**.[6]   ★ v해서(주로 감정 형용사 뒤)
Peter was very glad **to buy a new cell phone**.[7]
Do you think this mushroom is safe **to eat**?[8]   ★ v하기에
Tickets for the concert are hard **to get**.[9]

C 자주 쓰이는 표현

- to-v는 too, enough와 함께 자주 쓰는 표현을 만듭니다.
- 역할이 형용사인지 부사인지를 따지는 것은 미묘하지만, 중요하지 않습니다. 구문으로 형태를 익혀 두세요.

There are **too** many English words **to learn**.[10]   ★ too ... to-v: v하기에 너무 …한
You are **too** young **to understand love**.[11]

You have **enough** time **to do your homework**.[12]   ★ enough ... to-v: v하기에 충분히 …한
The water is hot **enough to take a bath**.[13]   enough+명사
                                                               형용사[부사]+enough

---

GRAMMAR COACH

암기▶ 부사적 용법의 의미
부사 역할의 to부정사는 의미로 정리해 두는 것이 좋아요. 가장 많이 쓰이는 것은 ①입니다.

to-v: ① v하기 위해, v하려고   · ② v해서, v하니   ③ v하기에
            행위의 목적   감정의 원인   용도, 정도

예문역   [1]나는 오늘 해야 할 숙제가 많다. [2]내게 마실 것을 좀 줘. [3]나는 기차에서 읽을 책을 한 권 샀다. [4]나는 시험에 합격하기 위해 열심히 공부했다.
[5]나는 사진을 찍기 위해 멈췄다. [6]나는 너를 다시 보게 되어 정말 행복해. [7]Peter는 새 휴대폰을 사서 매우 기뻤다. [8]너는 이 버섯이 먹기에 안전하다고
생각해? [9]그 콘서트 티켓은 구하기 어렵다. [10]배우기에 너무 많은 영어 단어들이 있다. [11]너는 사랑을 이해하기에 너무 어리다. [12]너는 숙제를 하기에
충분한 시간이 있다. [13]그 물은 목욕하기에 충분히 뜨겁다.

EXERCISE

정답과 해설 27쪽

A 다음 문장에서 [to-v ...] 의미 덩어리를 찾아 우리말로 옮기세요.

1 We have no time to waste. _____

2 They stood up to see the game better. _____

3 She bought a new dress to wear at the party. _____

4 She was very sad to lose her pet cat. _____

5 There are some rules to follow in this class. _____

6 You are too young to travel alone. _____

7 He is old enough to know the truth. _____

8 I have lots of work to do, but I have nobody to help me. _____ / _____

B 주어진 단어와 표현을 사용하여 문장을 완성하세요.

1 I went to the mountain _____.
　　　　　　　　　　　　　(some pictures, take)

2 Some mushrooms are _____.
　　　　　　　　　　　　　(eat, dangerous)

3 Caroline _____.
　　　　(read for fun, some books, borrowed)

4 The bird found _____.
　　　　　　　　(its nest, a good place, build)

5 The water is _____.
　　　　　　　　(cold, too, take a bath)

6 There are _____.
　　　　　　(follow, many rules, too)

7 You are _____ your parents.
　　　　　(understand, enough, old)

8 Peter has saved _____.
　　　　　　(buy a car, money, enough)

C

주어진 우리말을 영어로 옮기세요. 써야 안다

1 그는 이번 주말에 할 일이 많다.

_____ (many things)

2 우리는 먹거나 마실 것이 아무것도 없었다.

_____ (nothing, eat or drink)

3 그녀는 새 애완동물을 얻어서 매우 기뻤다.

_____ (happy, get a new pet)

4 나는 학교에 가기에는 너무 아팠다.

_____ (sick)

5 너는 더 알 만큼 충분히 나이가 들었다. (철이 들 나이가 되었다.)

_____ (know better)

6 그는 돈을 좀 빌리기 위해 나에게 왔다.

_____ (borrow)

7 나는 그에게 빌려 줄 만큼 충분한 돈이 없었다.

_____ (lend)

8 그녀는 차를 운전하기에는 너무 어리다.

_____

A 다음 문장에서 [to-v ...] 의미 덩어리를 찾아 우리말로 옮기세요.

1 He exercises regularly <u>to be healthy</u>.   건강하기 위해

2 He showed her the way to make paper planes.   _____

3 It took ten years to build the bridge.   _____

4 He decided not to give up easily on anything.   _____

5 Teenagers need to sleep eight hours a day.   _____

6 She told her husband to do more exercise.   _____

7 We want you to make new friends at school.   _____

8 I stopped to take a break.   _____

9 Josh was very glad to buy a laptop.   _____

10 I asked him to lend me some money.   _____

B 다음 문장을 바르게 고쳐 쓰세요.

1 We have little time play because of the exam.

2 I sent some flowers to her show my love.

3 It is bad for your health eat too much meat.

4 The teacher asked us answer more clearly.

5 He felt something to move on his back.

6 Josh doesn't let his friends to use his laptop.

7 I went to the mountain got some fresh air.

C to-v나 원형부정사를 사용하여 주어진 우리말을 영어로 옮기세요. ◀ 써야 안다

1 그는 먹을 것을 원했다. (그는 / 원했다 / 어떤 것을 / 먹을)

_____

2 영어 문법을 배우는 것은 쉽다. ((그것은) 이다 / 쉬운 / 영어 문법을 배우는 것)

It _____.

3 내 꿈은 조종사가 되는 것이다. (내 꿈은 / 이다 / 조종사가 되는 것)

_____ (pilot)

4 나는 기차에서 먹을 약간의 음식을 샀다. (나는 / 샀다 / 약간의 음식을 / 기차에서 먹을)

_____ (on the train)

5 좋은 선생님이 되기 위해서는 아이들을 사랑해야 한다.
(사랑해야 한다 / 아이들을 / 좋은 선생님이 되기 위해)

You should _____.

6 그녀는 그 드라마를 보기 위해 TV를 켰다. (그녀는 / 켰다 / TV를 / 그 드라마를 보기 위해)

_____ (turn on, watch)

7 새 친구들을 만드는(사귀는) 것은 나를 행복하게 만든다.
((그것은) 만든다 / 나를 / 행복한 / 새 친구들을 만드는 것)

It _____.

8 그 의사는 그에게 잠을 더 자라고 충고했다. (그 의사는 / 충고했다 / 그에게 / 잠을 더 잘 것을)

_____ (get more sleep)

9 그녀의 부모님은 그녀가 밖에 늦게까지 있는 것을 허락하지 않으신다.
(그녀의 부모님은 / 허락하지 않으신다 / 그녀가 / 밖에 늦게까지 있는 것을)

_____ (allow, stay out late)

_____ (let)

10 그 선생님은 그에게 칠판을 닦으라고 시켰다. (그 선생님은 / 시켰다 / 그를 / 칠판을 닦도록)

_____ (make)

11 너는 사랑을 이해하기에는 너무 어려. (너는 / 이다 / 너무 어린 / 사랑을 이해하기에)

_____

12 규칙적으로 운동하는 것이 필요하다. ((그것은) 이다 / 필요한 / 규칙적으로 운동하는 것)

_____ (exercise regularly)

CHAPTER

7

GRAMMAR COACH

v-ing, v-ed

명쾌한 개념 v-ing, v-ed의 역할과 의미

Ⓐ v-ing, v-ed의 역할과 의미

- 동사를 이용하여 다른 품사의 역할을 하는 경우는 to-v 외에도 v-ing와 v-ed가 있어요.
- v-ing는 명사, 형용사 역할을 하고, v-ed는 형용사 역할을 합니다.

v: v하다	v-ing: (명) v하기, v하는 것 (형) v하고 있는, v하는		v-ed: (형) v된[당한, 받는]	
play	playing	경기하기[경기하는 것], 경기하고 있는[경기하는]	played	경기되는(행해지는)
make	making	만들기[만드는 것], 만들고 있는[만드는]	made	만들어진
catch	catching	잡기[잡는 것], 잡고 있는[잡는]	caught	잡힌
be: …이다	being	…인 것		

※ v-ed: 동사의 변화형 중 세 번째인 과거분사 (➡ p. 218 동사 변화표)

They enjoy **playing basketball after school**.[1]　　　　명사 역할 (enjoy의 목적어 자리)
　　　　경기하는 것 / 농구를 / 방과 후에

The cat **playing with a ball** is cute.[2]　　　　형용사 역할 (The cat 수식)
　　　　놀고 있는 / 공을 가지고

Curling is a game **played on ice**.[3]　　　　형용사 역할 (a game 수식)
　　　　경기되는 / 얼음 위에서

Catching fish in the river is fun.[4]　　　　명사 역할 (주어 자리)
잡는 것 / 물고기를 / 그 강에서

The man **catching fish** is my uncle.[5]　　　　형용사 역할 (The man 수식)
　　　　잡고 있는 / 물고기를

We don't eat fish **caught in the river**.[6]　　　　형용사 역할 (fish 수식)
　　　　잡힌 / 그 강에서

Making cookies at home is quick and easy.[7]　　　　명사 역할 (주어 자리)
만드는 것 / 쿠키를 / 집에서

Who is the woman **making cookies**?[8]　　　　형용사 역할 (the woman 수식)
　　　　만들고 있는 / 쿠키를

Cookies **made by the woman** are the best.[9]　　　　형용사 역할 (Cookies 수식)
　　　　만들어진 / 그 여자에 의해

예문역 [1]그들은 방과 후에 농구하는 것을 즐긴다. [2]공을 가지고 놀고 있는 그 고양이는 귀엽다. [3]컬링은 얼음 위에서 하는 경기이다. [4]그 강에서 물고기를 잡는 것은 재미있다. [5]물고기를 잡고 있는 남자는 나의 삼촌이다. [6]우리는 그 강에서 잡힌 물고기를 먹지 않는다. [7]집에서 쿠키를 만드는 것은 빠르고 쉽다. [8]쿠키를 만들고 있는 여자는 누구니? [9]그 여자가 만든 쿠키가 최고다.

ⓑ [v-ing, v-ed ...] 의미 덩어리

- v-ing, v-ed는 동사를 이용한 표현이므로 동사처럼 뒤에 목적어, 보어, 부사구 등이 붙을 수 있어요.
- v-ing, v-ed에 이어지는 어구 전체를 하나의 덩어리로 볼 수 있어야 합니다.

catching <u>fish</u> <u>in the river</u>
      목적어   부사구

잡는 것[잡고 있는] / 물고기를 / 그 강에서

teaching <u>children</u> <u>English</u>
      간접목적어 직접목적어

가르치는 것[가르치는] / 아이들에게 / 영어를

being <u>tall</u>
    보어

…인 것 / 키 큰

played <u>on ice</u>
     부사구

경기되는(행해지는) / 얼음 위에서

caught <u>in the river</u>
      부사구

잡힌 / 그 강에서

ⓒ 동사와 v-ing, v-ed 구분

- 하나의 문장(혹은 절) 안에 동사는 하나입니다. 동사처럼 보이는 다른 것은 v-ing, v-ed와 같은 준동사입니다.
  (본 교재에서는 편의상 동사를 v, 준동사를 v′로 표기함)

They <u>enjoy</u> **playing** basketball after school.
      v   v′

The cat **playing** with a ball <u>is</u> cute.
         v′   v

We <u>don't eat</u> fish **caught** in the river.
       v   v′

Cookies **made** by the woman <u>are</u> the best.
       v′   v

GRAMMAR COACH

암기▶ 동사의 파생어로 본다.

용법을 따져 가며 준동사(to부정사, 동명사, 현재분사, 과거분사)를 공부하는 것은 매우 복잡해요. 단순히 하나의 단어로 보는 것이 효과적인 방법입니다. 동사의 파생어처럼 생각하고, 형태와 의미를 익힙니다.

v	to-v	v-ing	v-ed
v하다	(명) v하기, v하는 것 (형) v할 (부) ① v하기 위해 ② v해서 ③ v하기에	(명) v하기, v하는 것 동명사 (형) v하고 있는, v하는 현재분사	(형) v된[당한, 받는] 과거분사

EXERCISE

정답과 해설 29쪽

A 다음 밑줄 친 부분을 우리말로 옮기세요.

1 <u>Boiling</u> water turns to steam.

_____

2 <u>Spending time with you</u> is always enjoyable.

_____

3 There are many people <u>growing their own vegetables</u>.

_____

4 I have a letter <u>written by my grandmother</u>.

_____

5 <u>Finding a coin on the street</u> is good luck.

_____

6 There are three eggs in the nest <u>built by the bird</u>.

_____

7 <u>Catching butterflies with a net</u> is fun.

_____

B 주어진 동사를 v-ing나 v-ed로 바꾸어 쓰세요.

1 Look at that bird (build) a nest in the tree!

2 I have a friend (write) novels.

3 Time (spend) on learning is an investment.

4 He used a (steal) credit card.

5 The girl (boil) water will make ramen.

6 The wallet (find) on the school playground is my teacher's.

7 There were many people (enjoy) their free time in the park.

VOCAB **A** boil 끓다, 끓이다 turn (···한 상태로) 변하다; 돌다 steam 증기, 김 spend (시간을) 보내다; (돈을) 쓰다 enjoyable 즐거운
B novel 소설 investment 투자

C

다음 문장에서 동사와 준동사를 구분하세요. (편의상 동사를 v, 준동사를 v′로 표기할 것)

1 Stores like customers using cash.
          v   v′

2 Who are the laughing children?

3 The butterfly caught in the net has blue wings.

4 I really love spending time with my family.

5 Cheap goods made in China flood the market.

6 Look at this picture taken at the Christmas party.

7 Potatoes are one of the vegetables eaten worldwide.

D

Do It Yourself

주어진 우리말을 영어로 옮기세요.   써야 안다

1 그는 돈 쓰는 것을 싫어한다. (그는 / 싫어한다 / 돈 쓰는 것을)

_____ (hate)

2 나는 어머니가 만든 케이크를 좋아한다. (나는 / 좋아한다 / 케이크를 / 내 어머니에 의해 만들어진)

_____

3 꽃을 기르는 것은 나를 행복하게 만든다. (꽃을 기르는 것은 / 만든다 / 나를 / 행복한)

_____ (grow)

4 끓인 물은 마시기에 안전하다. (끓여진 물은 / 이다 / 안전한 / 마시기에)

_____

5 그 건물에서 발견된 동전들은 100년 넘은 것들이었다.
(그 동전들 / 그 건물에서 발견된 / 이었다 / 100년 넘은)

_____ were over 100 years old.

6 점심으로 패스트푸드를 먹는 학생들이 많다.
(있다 / 많은 학생들이 / 패스트푸드를 먹는 / 점심으로)

_____ (eat)

VOCAB **C** customer 손님, 고객 cash 현금 laugh 웃다 flood 쇄도[폭주]하다, 물밀듯이 밀려들다; 홍수 worldwide 전 세계적인

UNIT 29 v-ing: 명사 역할(동명사)

A 문장의 주어, 목적어, 보어

- v-ing는 명사 역할을 하므로 문장의 주어, 목적어, be동사의 보어로 쓰일 수 있어요.
- v-ing(동명사): v하는 것, v하기

Buying things online saves time and money.[1]
Eating lots of vegetables is good for your health.[2]
Being tall is an advantage in basketball.[3]

★ 주어 역할: v하는 것은

★ being ...: ···인 것

He should stop **using credit cards**.[4]
Amanda always enjoys **going to the movies**.[5]

★ 목적어 역할: v하는 것을

My sister's hobby is **buying things online**.[6]
Seeing is **believing**.[7]

★ 보어 역할: v하는 것(이다)

B 전치사의 목적어

- 전치사와 어울려 함께 쓰는 명사, 대명사를 전치사의 목적어라고 해요.
- 명사 역할을 하는 v-ing 또한 전치사의 목적어로 쓰일 수 있습니다.
- 전치사에 명사적 의미(···하는 것)를 더해 해석하세요.

I will pay **by credit card**.[8]
The bill was paid **by him**.[9]
He learned English **by watching American dramas**.[10]

by+명사 (···로)
by+대명사 (···에 의해)
by+v-ing (···에 의해 / v하는 것)

She is good **at painting**.[11]
We arrived in Madrid **after driving all night**.[12]

at+v-ing (···에 / v하는 것)
after+v-ing (··· 후에 / v하는 것)

GRAMMAR COACH

암기▶ [v-ing ...]는 단수

[v-ing ...]가 주어로 쓰이는 경우, 하나의 행위로 보고 단수로 취급합니다. [v-ing ...] 안의 복수명사를 보고 복수로 착각하지 않도록 주의하세요.
Buying things online <u>saves</u> time and money.
Eating lots of vegetables <u>is</u> good for your health.
Being tall <u>is</u> an advantage in basketball.

VOCAB save 절약하다; 저축하다; 구하다   advantage 장점 (↔ disadvantage 단점)   bill 계산서; 청구서   all night 밤새도록

예문역 [1]온라인으로 물건을 사는 것은 시간과 돈을 절약해 준다. [2]많은 채소를 먹는 것은 네 건강에 좋다. [3]키가 큰 것은 농구에서 장점이다. [4]그는 신용카드를 사용하는 것을 그만두어야 한다. [5]Amanda는 항상 영화 보러 가는 것을 즐긴다. [6]내 언니의 취미는 온라인으로 물건을 사는 것이다. [7]보는 것이 믿는 것이다. [8]나는 신용카드로 지불할 것이다. [9]그 계산서는 그에 의해 지불되었다. [10]그는 미국 드라마를 봄으로써 영어를 배웠다. [11]그녀는 그림 그리는 것에 능숙하다. (그림을 잘 그린다) [12]우리는 밤새도록 운전한 후에 마드리드에 도착했다.

A 다음 문장에서 [v-ing ...] 의미 덩어리를 찾아 우리말로 옮기세요.

1 I enjoy reading English magazines. _____

2 My cat's favorite activity is sleeping. _____

3 Going out with friends is fun. _____

4 Thank you for helping me. _____

5 Getting a good job is not easy. _____

6 My father likes cooking for the family. _____

7 You should stop drinking so much coffee. _____

8 The old man dreamed of being young. _____

9 My grandfather avoids driving at night. _____

10 His hobby is playing computer games. _____

11 Madison is good at cooking Korean food. _____

12 Riding a motorcycle without a helmet is dangerous. _____

B v-ing를 사용하여 주어진 우리말 표현을 영어로 옮기세요.

1 친구들과 잡담하는 것 (chat) _____

2 한국을 방문하는 것 _____

3 한국 드라마를 보는 것 _____

4 충분한 물을 마시는 것 _____

5 진정한 친구들을 가진 것 (true) _____

6 밤에 오토바이를 타는 것 _____

7 이탈리아 음식을 요리하는 것 _____

8 화난 내용의 이메일을 밤에 보내는 것 (angry emails) _____

VOCAB **A** magazine 잡지 activity 활동 young 젊은; 어린 avoid 피하다

C

B의 표현을 사용하여 주어진 우리말을 영어로 옮기세요. 써야 안다

1 친구들과 잡담하는 것은 재미있다.

_____ (fun)

2 Jennifer는 한국 드라마를 보는 것을 즐긴다.

_____

3 밤에 오토바이를 타는 것은 위험하다.

_____

4 그들은 처음으로 한국을 방문한 것을 기억한다.

_____ for the first time.

5 충분한 물을 마시는 것은 너의 건강에 좋다.

_____

6 우리는 화난 내용의 이메일을 밤에 보내기 전에 한 번 더 생각해야 한다.

_____ (think twice)

7 그녀가 가장 좋아하는 일은 그녀의 친구들을 위해 이탈리아 음식을 요리하는 것이다.

_____ (favorite activity)

8 진정한 친구들을 가진 것은 당신의 삶을 더 좋게 만든다.

_____ (better)

> A friend in need is
> a friend indeed.
>
> 어려울 때 친구가 진정한 친구다.

UNIT 30 v-ing: 형용사 역할 1(현재분사)

A 명사 수식

- v-ing는 명사를 꾸며주는 형용사 역할을 합니다.
- v-ing(현재분사): v하고 있는, v하는
- 한 단어일 때는 주로 명사의 앞에 오고, 다른 말이 붙어 긴 경우에는 주로 명사의 뒤에 와요.

happy people[1]	the **tall** building[2]	★ 형용사+명사
dancing people[3]	the **shining** building[4]	★ v-ing+명사

a **running** cat[5]　　　　　　　　　　　　★ v-ing+명사: v하는 명사

a cat **running after a mouse**[6]　　　　★ 명사+v-ing ...: v하는 명사

a **dancing** bear[7]

a bear **dancing in the circus**[8]

a **crying** baby[9]

a baby **crying for milk**[10]

B 문맥으로 역할 구분

- v-ing가 명사 역할을 하는지, 형용사 역할을 하는지는 문맥과 자리로 구분합니다.

Driving a sports car is great fun.[11]　　　★ 주어 자리: v하는 것은 (명사)

The woman **driving the sports car** is my sister.[12]　　★ The woman 수식: v하고 있는 (형용사)

I hate **wearing glasses**.[13]　　★ 목적어 자리: v하는 것을 (명사)

Do you know the man **wearing glasses**?[14]　　★ the man 수식: v하고 있는 (형용사)

VOCAB shine 빛나다　run after 뒤쫓다

예문역 [1]행복한 사람들 [2]높은 빌딩 [3]춤추고 있는 사람들 [4]빛나는 빌딩 [5]달려가는 고양이 [6]쥐를 뒤쫓는 고양이 [7]춤추고 있는 곰 [8]서커스에서 춤추고 있는 곰 [9]울고 있는 아기 [10]우유를 달라고 울고 있는 아기 [11]스포츠카를 운전하는 것은 아주 재밌다. [12]스포츠카를 운전하고 있는 그 여자는 내 누나이다. [13]나는 안경 쓰는 것을 아주 싫어한다. [14]너는 안경을 쓰고 있는 그 남자를 아니?

EXERCISE

정답과 해설 30쪽

A

밑줄 친 부분을 우리말로 옮기세요.

1 Can you see the <u>flying</u> birds? _____

2 I remember <u>flying kites in my childhood</u>. _____

3 The boys <u>playing soccer</u> are having a lot of fun. _____

4 My brother stopped <u>playing computer games</u>. _____

5 My mother loves <u>shopping for clothes</u>. _____

6 The number of people <u>shopping online</u> is growing. _____

7 <u>Working too much</u> made me sad and stressed. _____

8 <u>Working</u> mothers worry about their children. _____

9 People <u>buying goods on the Internet</u> are often disappointed. _____

10 Grandparents enjoy <u>buying presents for their grandchildren</u>. _____

B

Do It Yourself

주어진 우리말을 영어로 옮기세요. 써야 안다

1 나는 동물원에서 날아다니는 다람쥐들을 보았다.
_____ at the zoo. (squirrels)

2 밤에 짖는 그 개가 나를 깨웠다.
_____ woke me up. (bark)

3 공원에서 노는 남자아이들은 매우 즐거워 보인다.
_____ look very joyful.

4 밤하늘에서 반짝이는 저 별들을 봐라.
Look at _____. (shine)

5 음악에 맞추어 춤추는 많은 사람들이 있었다.
There were _____. (many, to music)

6 길로 뛰어드는 아이들은 사고를 유발할 수 있다.
_____ can cause accidents. (into the street)

7 온라인에서 식품을 사는 사람들의 수가 늘고 있다.
_____ is increasing. (the number of)

VOCAB **A** kite 연 childhood 어린 시절 grow 늘어나다, 증가하다(=increase); 자라다 stressed 스트레스 받는 goods 상품, 제품 disappointed 실망한, 낙담한

UNIT 31 v-ing: 형용사 역할 2(현재분사)

A 주격보어

- v-ing는 주어가 어떤 상태인지를 설명하는 형용사 역할을 합니다.

My mom is **singing merrily**.[1]
Jane sat **smiling at me**.[2]
Tom stood **watching the parade**.[3]

★ (주어가) v하고 있는, v하는: 주격보어

B 목적격보어

- v-ing는 목적어가 어떤 상태인지를 설명합니다.

I heard someone **calling my name**.[4]
We saw a panda **eating bamboo leaves**.[5]
I felt my heart **beating fast**.[6]
He often found her **weeping alone**.[7]

★ (목적어가) v하고 있는, v하는: 목적격보어

GRAMMAR COACH

암기 대표 표현

목적격보어로 v-ing를 자주 쓰는 동사들과 그 표현을 암기해 두세요. doing 자리에 여러 동사의 v-ing가 들어갑니다. (➡ p. 251 목적격보어로 쓰인 준동사)

| see her doing | find her doing | watch her doing | hear her doing |
| feel it doing | keep her doing | leave her doing | |

이해 진행형, 현재분사

진행형은 be동사와 형용사 역할의 v-ing(현재분사)의 결합이에요. 형용사 역할의 v-ing의 의미는 모두 같습니다(v하는, v하고 있는).

Jane was **smiling** at me.   진행형에 쓰이는 v-ing
Do you know the girl **smiling** at me?   명사를 수식하는 v-ing
Jane sat **smiling** at me.   주어나 목적어의 상태를 말하는 v-ing

VOCAB merrily 즐겁게   parade 퍼레이드, 행렬   bamboo 대나무   leaf (*pl.* leaves) 나뭇잎   heart 심장   beat (심장·맥박이) 뛰다   weep 울다, 눈물을 흘리다   alone 혼자
예문역 [1]엄마는 즐겁게 노래를 부르고 있다. [2]Jane은 나에게 미소를 지으며 앉아 있었다. [3]Tom은 퍼레이드를 보며 서 있었다. [4]나는 누군가가 내 이름을 부르는 것을 들었다. [5]우리는 판다가 대나무 잎을 먹는 것을 보았다. [6]나는 내 심장이 빠르게 뛰는 것을 느꼈다. [7]그는 종종 그녀가 혼자 울고 있는 것을 발견했다.

A 다음 문장에서 [v-ing ...] 의미 덩어리를 찾아 우리말로 옮기세요. (누가 v하는지 밝힐 것)

1 We heard birds <u>singing in the tree</u>.   _____
   (새들이) 나무에서 지저귀는

2 Amy left George waiting outside in the rain.   _____

3 She stood looking into the shop window.   _____

4 I felt something crawling up my back.   _____

5 Jacob watched the fish swimming in the river.   _____

6 They sat waiting for the train to arrive.   _____

7 He saw smoke rising from the oven.   _____

B
Do It Yourself
주어진 단어와 표현을 바르게 배열하여 문장을 완성하세요.

1 _____ in the rain.
   (standing / remained / the man)

2 She _____ .
   (her son / playing with toys / watched)

3 I'm very sorry _____ .
   (you / kept / waiting so long / I)

4 _____ on the beach.
   (sunglasses / lay / Barry / wearing)

5 _____ in the kitchen.
   (someone / heard / he / laughing)

6 _____ when she got home.
   (found / sleeping / she / everyone)

7 She _____ .
   (tears / down her cheeks / running / felt)

VOCAB **A** crawl 기어가다 back 등; (등)허리 smoke 연기 rise 올라가다, 오르다 **B** remain 계속[여전히] …이다; 남다 tear (주로 복수로) 눈물, 울음 cheek 볼, 뺨

C

Do It Yourself

v-ing를 사용하여 주어진 우리말을 영어로 옮기세요.

1 나는 음악을 들으면서 걸었다.

_____ (listen to)

2 나는 한 남자아이가 뛰어서 길을 건너고 있는 것을 보았다.

_____ (across the street)

3 그들은 빗방울이 지붕에 떨어지는 소리를 들었다.

_____ (raindrops, fall)

4 Amy는 그녀의 스마트폰으로 영화를 보면서 앉아 있었다.

_____ (on her smartphone)

5 그는 어떤 손이 그의 어깨를 만지고 있는 것을 느꼈다.

_____ (a hand, touch, shoulder)

6 그녀는 그녀의 아이들이 컴퓨터 게임을 하도록 둔다.

_____ (kids, leave)

7 나는 곰들이 강에서 물고기를 잡고 있는 것을 보았다.

_____ (watch)

UNIT 32 v-ed (과거분사)

A 명사 수식

- v-ed(과거분사)는 명사를 꾸며주는 형용사 역할을 합니다.
- 한 단어일 때는 주로 명사의 앞에 오고, 다른 말이 붙어 긴 경우에는 주로 명사의 뒤에 와요.

the **broken** window[1]
the window **broken by Andy**[2]
a **used** car[3]
a car **used for ten years**[4]
wasted money[5]
money **wasted on unnecessary things**[6]

★ v-ed: v된[당한]
   v-ed+명사
   명사+v-ed ...

B 주격보어, 목적격보어

- v-ed는 주어나 목적어가 어떤 상태인지를 설명합니다.

An old car lay **covered with dust**.[7]
Sally stood **surrounded by her fans**.[8]

★ (주어가) v된[당한]: 주격보어

I heard my name **called**.[9]
I felt my shoulder **touched by someone**.[10]
I found my car **covered with snow**.[11]
You should keep the door **locked**.[12]
I saw an old man **carried to an ambulance**.[13]

★ (목적어가) v된[당한]: 목적격보어

GRAMMAR COACH

암기 대표 표현

목적격보어로 v-ed를 자주 쓰는 동사들과 그 표현을 암기해 두세요. done 자리에 여러 동사의 v-ed형이 들어가 다양한 표현을 만듭니다. (➡ p. 251 목적격보어로 쓰인 준동사)

see it done   watch it done   hear it done   keep it done
leave it done   feel it done   find it done

VOCAB break 깨다, 부수다   waste 낭비하다, 허비하다   unnecessary 필요하지 않은   dust 먼지   surround 둘러싸다, 에워싸다   lock 잠그다
예문역 [1]깨진 창문 [2]Andy에 의해 깨진 창문 [3]중고차 [4]10년 동안 사용된 차 [5]낭비된 돈 [6]불필요한 것에 낭비된 돈 [7]낡은 차가 먼지에 덮인 채 놓여 있었다. [8]Sally는 팬들에 둘러싸인 채 서 있었다. [9]나는 내 이름이 불리는 것을 들었다. [10]나는 내 어깨가 누군가에 의해 만져지는 것을 느꼈다. [11]나는 내 차가 눈에 덮인 것을 발견했다. [12]너는 문을 잠가 두어야 한다. [13]나는 한 노인이 구급차로 실려 가는 것을 보았다.

C 과거형과 과거분사의 구분

- v-ed는 과거형일 수도 있고 과거분사일 수도 있어요. 둘 중 어느 것인지는 문맥으로 판단합니다.
- 판단이 잘 안 될 때는 동사는 하나라는 원칙을 적용하세요. 다른 동사가 있으면 과거분사입니다.

Emily **named** her dog "Happy."[14]   ★ 과거형: 이름 지었다

Emily <u>had</u> a dog **named** "Happy."[15]   ★ 과거분사: …라고 이름 지어진

My grandfather **built** a house.[16]   ★ 과거형: 지었다

We <u>live</u> in a house **built** by my grandfather.[17]   ★ 과거분사: 지어진

Casey **invited** all her friends to the party.[18]   ★ 과거형: 초대했다

Some people **invited** to the party <u>arrived</u> late.[19]   ★ 과거분사: 초대된

GRAMMAR COACH

이해 ▶ 수동태, 과거분사

수동태는 be동사와 v-ed(과거분사)의 결합입니다. 어떻게 쓰이든 v-ed의 의미는 같으니, 하나의 의미로 기억하세요(v된, v당한).

My car was **covered** with dust.   이었다 / cover된 → cover되었다(수동태)

Look at the car **covered** with dust.   명사를 수식하는 v-ed

I found my car **covered** with dust.   주어나 목적어의 상태를 말하는 v-ed

암기 ▶ 이미 완료된

과거분사는 행위를 당하는 것이 아니라, 어떤 것이 완료된 것을 나타내기도 합니다.

leaves **fallen** on the street   (이미) 떨어진

a **retired** teacher   (이미) 은퇴한

예문역 [14]Emily는 그녀의 개를 'Happy'라고 이름 지었다. [15]Emily에게는 'Happy'라고 이름 지어진 개 한 마리가 있었다. [16]나의 할아버지는 집을 한 채 지으셨다. [17]우리는 나의 할아버지에 의해 지어진 집에서 산다. [18]Casey는 그녀의 모든 친구들을 파티에 초대했다. [19]파티에 초대된 몇몇 사람들은 늦게 도착했다.

EXERCISE

A 다음 문장에서 [v-ed ...] 의미 덩어리를 찾아 우리말로 옮기세요.

1 <u>Used</u> books are less expensive.
  사용된, 중고의

2 Shoes <u>made in Italy</u> are expensive.
  이탈리아에서 만들어진

3 The steak cooked by Bill is the best. _____

4 The food given to her was cold. _____

5 The money left on the table is mine. _____

6 The email sent by him contains important information. _____

7 Malaria is a disease carried by mosquitoes. _____

8 The man drove a stolen car. _____

9 They heard the child praised by her teacher. _____

10 Jacob felt the house shaken by the earthquake. _____

B 다음 밑줄 친 말이 동사인지, 과거분사인지 구분하세요. (동사: 동, 과거분사: 형)

1 Ryan <u>used</u> a pot to cook spaghetti.

2 The note <u>left</u> by Nick is on the table.

3 Suddenly the car <u>moved</u> forward.

4 He <u>left</u> some money for you.

5 Some people live <u>buried</u> in the past.

6 Books <u>used</u> by schools are called textbooks.

7 The dog <u>buried</u> its bone in the ground.

8 They felt the car <u>moved</u> by the strong wind.

VOCAB **A** contain 포함하다, 들어 있다 disease 질병 mosquito 모기 praise 칭찬하다 **B** pot 냄비, 솥 suddenly 갑자기 forward 앞으로 bury 묻다 past 과거 bone 뼈

C

주어진 단어와 표현을 바르게 배열하여 문장을 완성하세요.

1 Antarctica is _____.

(with ice / covered / a huge island)

2 The woman _____.

(crossed / her arms / kept)

3 _____ all winter.

(frozen / the pond / stayed)

4 She _____.

(written / a poem / by her friend / read)

5 _____ by the crowd.

(the singer / heard / I / cheered)

D

주어진 우리말을 영어로 옮기세요. 써야 안다

1 삶은(삶아진) 채소들은 부드럽다.

_____ (soft)

2 그는 중국에서 만들어진 셔츠를 하나 샀다.

_____

3 나는 탁자 위에 남겨진 상자를 열었다.

_____

4 Jimmy는 생각에 잠긴(묻힌) 채 걸었다.

_____ (bury, in thought)

5 그는 그의 컴퓨터가 고장 났다는 것을 알았다.

_____ (break)

6 시험을 보는 동안에는 너의 책들을 덮은 채로 두어야 한다.

You must _____ during the test. (keep, close)

VOCAB **C** Antarctica 남극 대륙   huge 거대한   island 섬   cross (팔·다리를) 꼬다, 서로 겹치게 놓다; 건너다   frozen 냉동된, 얼어붙은
poem 시   cheer 환호하다; 응원하다   crowd 군중

Do It Yourself

A 네모 안에서 문맥에 맞는 말을 고르세요.

1 The boys playing / played soccer are having fun.

2 The fish catching / caught in the net has a blue tail.

3 Many people shop / shopping online to save time.

4 I heard my name calling / called .

5 I'm sorry I kept you waiting / waited so long.

6 I felt my shoulder touching / touched by someone.

7 His car broke / broken down, so he took a taxi to work.

8 Children doing / done little exercise become overweight easily.

9 I saw someone stealing / stolen my bike.

10 The 10,000-won bill finds / found on the classroom floor is mine.

B v-ing, v-ed를 사용하여 다음 문장을 바르게 고쳐 쓰세요.

1 He enjoys reads fashion magazines.

2 Cookies making in the bakery are the best.

3 Time spend on games is a waste.

4 Laugh aloud takes away stress.

5 We saw an eagle flew high in the sky.

6 Who is that person uses my computer?

7 He always keeps the windows of his car close.

VOCAB **A** tail 꼬리 **B** waste 낭비 aloud 큰 소리로, 소리 내어 take away (감정·통증 등을) 없애 주다

C v-ing, v-ed를 사용하여 주어진 우리말을 영어로 옮기세요. 써야 안다

1 그녀는 인도를 처음 방문했던 것을 기억한다.

_____ for the first time.

2 내 남동생은 컴퓨터 게임하는 것을 중단했다.

My brother _____.

3 혼자 사는 사람들이 많다. (있다 / 많은 사람들이 / 혼자 사는)

_____ (there, alone)

4 Liz는 면 요리를 잘한다. (Liz는 / 이다 / 잘하는 / 면을 요리하는 것)

_____ (good at, noodles)

5 중국에서 만들어진 휴대폰들은 싸다. (휴대폰들은 / 중국에서 만들어진 / 이다 / 싼)

_____ (cell phones)

6 일을 너무 많이 하는 것이 나를 피곤하게 만들었다.
(일하는 것이 / 너무 많이 / 만들었다 / 나를 / 피곤한)

_____

7 그는 그 건물로부터 검은 연기가 올라오고 있는 것을 보았다.

_____ (see, dark smoke)

8 그녀는 영어 잡지를 읽는 것으로 영어를 배웠다.
(그녀는 / 배웠다 / 영어를 / 영어 잡지를 읽음으로써)

_____ (by)

준동사 쉽게 보기

동사의 파생어로 본다

용법을 따져 가며 준동사를 공부하는 것은 매우 복잡합니다.
준동사를 동사에서 파생된 하나의 단어로 보는 것이 효과적이에요.
to-v, v-ing, v-ed를 동사에서 나온 파생어처럼 생각하고 형태와 의미를 익히세요.

v: v하다 (동사원형)	v-ed: v했다 (과거형)	to-v: (명) v하기[하는 것] (형) v할 (부) v하기 위해	v-ing: (명) v하기[하는 것] (형) v하고 있는[하는]	v-ed: (형) v된[당한, 받는]
use	used	to use	using	used
cook	cooked	to cook	cooking	cooked
play	played	to play	playing	played
call	called	to call	calling	called
enjoy	enjoyed	to enjoy	enjoying	enjoyed
boil	boiled	to boil	boiling	boiled
visit	visited	to visit	visiting	visited
invite	invited	to invite	inviting	invited
cover	covered	to cover	covering	covered
move	moved	to move	moving	moved
make	made	to make	making	made
break	broke	to break	breaking	broken
build	built	to build	building	built
grow	grew	to grow	growing	grown
catch	caught	to catch	catching	caught
write	wrote	to write	writing	written
sell	sold	to sell	selling	sold
bury	buried	to bury	burying	buried
steal	stole	to steal	stealing	stolen
wear	wore	to wear	wearing	worn

CHAPTER

8

GRAMMAR COACH

접속사·비교

명쾌한 개념 주어, 동사+접속사+주어, 동사

UNIT **33** and, but, or

UNIT **34** 부사절을 이끄는 접속사

UNIT **35** 명사절을 이끄는 접속사 1

UNIT **36** 명사절을 이끄는 접속사 2

UNIT **37** 비교

주어, 동사 + 접속사 + 주어, 동사

A 문장의 기본 단위는 주어, 동사(SV)

- 문장의 기본 단위는 주어, 동사(SV)이고, 이것이 연결되면서 더 긴 문장이 됩니다.
- 문장과 문장을 연결해서 더 긴 문장을 만드는 말을 접속사라고 해요.

It began to rain suddenly. + We hurried home.
   SV   SV

→ It began to rain suddenly, **and** we hurried home.[1]
   SV   접   SV

★ S(Subject): 주어
V(Verb): 동사
(본 교재에서는 주어, 동사를 대문자 S, V로 표기함)

Mark came home late. + He had too much work to do.
   SV   SV

→ Mark came home late **because** he had too much work to do.[2]
   SV   접   SV

My mom was cooking dinner. + I came home.
     SV   SV

→ My mom was cooking dinner **when** I came home.[3]
     SV   접   SV

I believe ... + You have a bright future.
   SV   SV

→ I believe **that** you have a bright future.[4]
   SV   접   SV

★ that: …라는 것

Everyone knows ... + English is important.
    SV   SV

→ Everyone knows **that** English is important.[5]
    SV   접   SV

GRAMMAR COACH

이해 ▶ 절

접속사는 문장과 문장을 연결하여 더 큰 문장을 만들 수 있습니다. 이때, 더 큰 문장의 일부가 되는 작은 문장들을 절(clause)이라고 해요. 위의 예에서 접속사로 연결된 각각의 SV 단위가 절입니다.

예문역 [1] 비가 갑자기 내리기 시작했고 우리는 서둘러 집에 갔다. [2] Mark는 할 일이 너무 많았기 때문에 집에 늦게 돌아왔다. [3] 내가 집에 돌아왔을 때 엄마는 저녁을 요리하고 계셨다. [4] 나는 네가 밝은 미래를 가지고 있다고 믿는다. [5] 모든 사람이 영어가 중요하다는 것을 안다.

A 접속사의 앞을 사선으로 구분하고, 각 절의 주어, 동사를 표시하세요. (주어는 S, 동사는 V로 표기할 것)

1 <u>Ava</u> <u>was</u> not at home / **when** <u>Anthony</u> <u>visited</u> her.
    S   V   S   V

2 I want to travel around the world before I die.

3 Anthony loves Ava, but she doesn't like him.

4 We laughed when we heard his jokes.

5 We didn't go swimming because it was cold.

6 Mom prepared dinner while we were doing our homework.

7 Everyone thinks that John told a lie.

8 Most people know that they have some bad habits.

9 He told us that we should try to break our bad habits.

10 I don't remember when we first met.

11 She doesn't understand why everyone dislikes her.

12 I got hungry at night and went out to buy something to eat, but I found all the stores closed.

VOCAB die 죽다 prepare 준비하다 tell a lie 거짓말하다 dislike 싫어하다, 증오하다

A and, but, or

- and, but, or는 절과 절을 연결하는 가장 기본적인 접속사입니다.
- 반복되는 어구는 쓰지 않아도 알 수 있으므로 보통 생략합니다.

The bread was delicious, **and** the soup was perfect.[1]

Oranges are sweet, **but** lemons are sour.[2]

You can stay here, **or** you can go home.[3]

★and: 그리고, 그런 다음

★but: 그러나, 하지만

★or: 혹은, 또는, 아니면

I slept for just an hour **and** (I) went to work.[4]

Alex likes movies, **but** Grace doesn't (like movies).[5]

★반복되는 주어 생략

★반복되는 동사, 목적어 생략

- and, but, or의 경우 단어와 단어, 구와 구를 연결하는 경우도 흔합니다.

The model was tall **and** beautiful.[6]

She is wearing a red hat **and** a blue jacket.[7]

The weather is sunny **but** cold.[8]

Do you want pie **or** ice cream for dessert?[9]

VOCAB perfect 완벽한, 완전한   sour (맛이) 신   dessert 디저트, 후식

예문역 [1]빵은 맛있었고 수프는 완벽했다. [2]오렌지는 달지만 레몬은 시다. [3]너는 여기에 머물거나 집에 갈 수 있다. [4]나는 한 시간만을 자고 출근했다.
[5]Alex는 영화를 좋아하지만 Grace는 그렇지 않다. [6]그 모델은 키가 컸고 아름다웠다. [7]그녀는 빨간 모자와 파란 재킷을 착용하고 있다. [8]날씨는
화창하지만 춥다. [9]너는 디저트로 파이를 원하니 아니면 아이스크림을 원하니?

EXERCISE

A   and, but, or가 연결하는 어구를 밑줄로 표시하세요.

1   I love <u>fruit</u> **and** <u>vegetables</u>.

2   The movie was very funny but too long.

3   My mom or dad will pick us up.

4   My brother loves meat, but he hates vegetables.

5   Did you cook this food or buy it?

6   Tara picked up the book and put it on the desk.

7   Should I do it now or wait until tomorrow?

8   I lost my notebook, but my friend found it.

9   The boys wore blue, and the girls wore green.

10   You can walk up the mountain or take the cable car.

B

Do It Yourself

and, but, or를 사용하여 주어진 우리말을 영어로 옮기세요.

1   계란은 건강에 좋고 맛이 있다. (계란은 / 이다 / 건강에 좋은 / 그리고 맛있는)

_____ (healthy)

2   너 아니면 내가 그것을 해야 한다. (너 혹은 내가 / 해야 한다 / 그것을)

_____ (have to)

3   Mary는 키가 크지만, 그녀의 여동생은 키가 작다. (Mary는 키가 크다 / 그러나 그녀의 여동생은 키가 작다)

_____

4   나는 한 시간 동안 책을 읽고 잠자리에 들었다. (나는 읽었다 / 책을 / 한 시간 동안 / 그리고 잠자리에 들었다)

_____ (go to bed)

5   내 아버지는 커피를 좋아하지만, 어머니는 그렇지 않다.
(내 아버지는 / 좋아한다 / 커피를 / 그러나 내 어머니는 그렇지 않다)

_____

6   너는 그 카메라를 샀니 아니면 그것을 빌렸니? (너는 / 샀니 / 그 카메라를 / 아니면 빌렸니 / 그것을)

_____ (borrow)

A 기본적인 접속사

• 접속사는 시간, 이유, 목적, 조건 등을 나타내는 부사절을 이끕니다. 다음은 자주 쓰이는 것들입니다.

Mozart wrote music / **when** he was only five.[1]

I watched TV / **while** Eva was playing her guitar.[2]

Do your homework / **before** you watch TV.[3]

I'll go to bed / **after** I finish this report.[4]

I will wait for you / **until** you come.[5]

I didn't go to work / **because** I was sick.[6]

I am glad / **that** you like it.[7]

If you ask him, / he will help you.[8]

Although it was hot, / she was wearing a jacket.[9]

when: …할 때
while: …하는 동안
before: … 전에
after: … 후에
until: …할 때까지
because: …해서, …때문에
that: …해서(=because, 주로 감정 표현 뒤)
if: …하면, …이면
although: …하지만, …인데도

B 뜻이 여러 개인 접속사

• as, since, while은 여러 가지 뜻을 갖고 있어요. 따라서 문맥을 통해 뜻을 파악해야 합니다.

I saw Peter / **as** I was going to school.[10]

Jason didn't go to work / **as** he was really sick.[11]

You must do / **as** Mom says.[12]

as: …할 때(=when)
as: …때문에(=because)
as: …처럼, …대로(=like)

Our TV was stolen / **while** we were sleeping.[13]

I like white / **while** my girlfriend prefers black.[14]

while: …하는 동안
while: 반면에, …이지만

I have known her / **since** she was a child.[15]

Since we have no money, / we can't buy it.[16]

since: …이래로 계속
since: …때문에(=because)

예문역 [1]모차르트는 음악을 썼다 / 겨우 5살 때. [2]나는 TV를 봤다 / Eva가 기타를 치는 동안. [3]숙제를 해라 / TV를 보기 전에. [4]나는 잘 것이다 / 이 보고서를 끝낸 후에. [5]나는 너를 기다릴 것이다 / 네가 올 때까지. [6]나는 출근하지 않았다 / 아팠기 때문에. [7]나는 기쁘다 / 네가 그것을 마음에 들어해서. [8]네가 그에게 부탁한다면 / 그는 너를 도와줄 것이다. [9]날씨가 더웠지만 / 그녀는 재킷을 입고 있었다. [10]나는 Peter를 봤다 / 내가 학교에 가고 있을 때. [11]Jason은 출근하지 않았다 / 정말로 아팠기 때문에. [12]너는 해야 한다 / 엄마가 말하는 대로. [13]우리 TV를 도난당했다 / 우리가 자고 있는 동안. [14]나는 흰색을 좋아한다 / 반면에 내 여자친구는 검정색을 선호한다. [15]나는 그녀를 알아 왔다 / 그녀가 어릴 때부터 계속. [16]우리는 돈이 없기 때문에 / 그것을 살 수 없다.

A 적절한 접속사를 골라 문장을 완성하세요.

> when   before   after   until   that   if   although

1   Drink your coffee _____ it gets cold.

2   I'm glad _____ you got a job.

3   I'll call you back _____ I finish my homework.

4   There was no one around _____ I went to the park.

5   You must stay here _____ I come back.

6   _____ he was sick, my father went to work.

7   _____ you get up late, you will be late for school.

B 네모 안에서 적절한 접속사를 고르세요.

1   I don't like him, as / while he often lies.

2   He fell asleep while / since he was reading a book.

3   Do in Rome as / since the Romans do.

4   Since / While it snowed a lot, Patrick went to work by subway.

5   The dog was hit by a car since / as it crossed the street.

6   Eric was dressed in brown while / as Mary was wearing blue.

7   It has been 10 years while / since the couple got married.

C

주어진 단어와 표현을 바르게 배열하여 문장을 완성하세요.

1 You should be quiet _____.
(return / until / I)

2 _____, I had a strange dream.
(sleeping / I / while / was)

3 I am sorry _____.
(your mother / that / sick / is)

4 _____, you should leave now.
(you / by six / to get home / want / if)

5 _____, we stayed home all day.
(cold / it / as / outside / was)

6 _____, she didn't believe it.
(it / true / was / although)

7 I often get up late, _____.
(I / the alarm clock / since / can't hear)

D

주어진 우리말을 영어로 옮기세요. 써야 안다

1 나는 네가 그 시험에 합격해서 기쁘다. (나는 기쁘다 / …해서 / 네가 그 시험에 합격했다)
_____ (glad, pass)

2 나는 열심히 공부했지만 시험에 합격하지 못했다.
(나는 시험에 합격하지 못했다 / …했지만 / 나는 열심히 공부했다)
_____

3 식사를 하는 동안에는 전화를 사용하지 마라.
(네 전화를 사용하지 마라 / …하는 동안 / 네가 식사를 하고 있다)
_____ (eat)

4 우리는 가격이 떨어질 때까지 집을 사지 않을 거야.
(우리는 집을 사지 않을 거야 / …할 때까지 / 가격이 떨어지다)
_____ (the prices, fall)

5 나는 선생님이 나에게 말씀하신 대로 했다. (나는 했다 / … 대로 / 나의 선생님이 나에게 말했다)
_____

6 네가 돈이 필요하면, 내가 좀 빌려 줄게.
_____ (lend, some)

7 어떤 책들은 재미있고, 반면에 다른 책들은 지루하다.
_____ (interesting, others, boring)

35 명사절을 이끄는 접속사 1

A 명사절

- 접속사 that, whether와 의문사(what, who 등)는 명사 역할을 하는 절을 이끌어요.

that he wants a new car	that: …라고, …라는 것
whether he wants a new car	whether: …인지 어떤지
what he wants	what: (…하는) 무엇
who wants a new car	who(m): 누가/누구를 (…하는지)
why he wants a new car	why: 왜 (…하는지)
when he wants to travel abroad	when: 언제 (…하는지)
where he wants to travel	where: 어디서[어디로] (…하는지)
how he wants to travel abroad	how: 어떻게[얼마나] (…하는지)

B 목적어 자리

- 명사 역할의 절이 가장 많이 쓰이는 자리는 동사의 목적어 자리예요.
- think[believe, know, wonder, say, ask, tell …]+명사절

Everyone believed **the story**.[1]	주어 / 동사 / 목적어(명사)
Everyone believed / **that** he was right.[2]	주어 / 동사 / 목적어(명사절)
I wonder / **whether** Bill likes me (or not).[3]	
I don't know / **what** you want to do.[4]	
She didn't say / **when** she would come back.[5]	

He told me **his secret**.[6]	주어 / 동사 / 간접목적어 / 직접목적어(명사)
He told me / **where** he hid his money.[7]	주어 / 동사 / 간접목적어 / 직접목적어(명사절)
He asked me / **who(m)** I respect most.[8]	
He asked me / **if** I could speak English.[9]	★if=whether

GRAMMAR COACH

이해 ▶ **단어로 보기**

- 명사절을 이끄는 말들을 문법적으로 분류하면 접속사와 의문사입니다.
- 하지만 문법적 분류보다는 의미를 중심으로 익히는 것이 더 효과적입니다. 접속사와 의문사를 하나의 단어로 보고 의미를 잘 기억하세요. 문법적 분류는 사용하다 보면 차츰 이해할 수 있어요.

예문역 [1]모든 사람들이 그 이야기를 믿었다. [2]모든 사람들이 믿었다 / 그가 옳다는 것을. [3]나는 궁금하다 / Bill이 나를 좋아하는지 (아닌지). [4]나는 모른다 / 네가 무엇을 하기를 원하는지. [5]그녀는 말하지 않았다 / 그녀가 언제 돌아올 것인지. [6]그는 내게 그의 비밀을 말했다. [7]그는 내게 말했다 / 그가 어디에 돈을 숨겼는지. [8]그는 내게 물었다 / 내가 누구를 가장 존경하는지. [9]그는 내게 물었다 / 내가 영어를 말할 수 있는지 어떤지.

A 다음 문장에서 명사절을 찾아 우리말로 옮기세요.

1 Doctors say <u>that we should drink a lot of water</u>.
　　　　　　　우리가 물을 많이 마셔야 한다고

2 I know who her boyfriend is.

3 I wonder whether you can help me.

4 Can you guess what I bought for your birthday?

5 I don't remember where I put my glasses.

6 They told me that my mom was very angry.

7 He will show you how this machine works.

8 Do you know if we have to work on Christmas Eve?

B 주어진 단어와 표현을 바르게 배열하여 문장을 완성하세요.

1 I can't remember ＿＿＿＿＿＿＿＿＿＿＿＿＿＿＿＿＿.
　　　　　　　　　　(he / said / what / to me)

2 This map shows ＿＿＿＿＿＿＿＿＿＿＿＿＿＿＿＿＿.
　　　　　　　　　　(Central Park / is / where)

3 We don't know ＿＿＿＿＿＿＿＿＿＿＿＿＿＿＿＿＿.
　　　　　　　　　(will accept / if / our invitation / he)

4 Can you tell me ＿＿＿＿＿＿＿＿＿＿＿＿＿＿＿＿?
　　　　　　　　　　(he / for China / left / when)

5 Please ＿＿＿＿＿＿＿＿＿＿＿＿＿＿＿ for you.
　　　　　　(me / have to wait / I / tell / how long)

6 The teacher ＿＿＿＿＿＿＿＿＿＿＿＿＿＿＿＿ to be a musician.
　　　　　　　　(asked / I / why / me / wanted)

7 The police officer ＿＿＿＿＿＿＿＿＿＿＿＿＿＿＿＿.
　　　　　　　　　(him / were very slippery / told / the roads / that)

8 The police officer ＿＿＿＿＿＿＿＿＿＿＿＿＿＿＿＿.
　　　　　　　　　(asked / he / whether / had a driver's license / him)

VOCAB **A** guess 추측하다, 알아맞히다　work 작동하다; 일하다　**B** accept 받아들이다　invitation 초대, 초청; 초대장　musician 음악가
slippery 미끄러운　driver's license 운전면허증

C

Do It Yourself

주어진 우리말을 영어로 옮기세요.

1 나는 네가 틀렸다고 생각해. (나는 생각해 / …라고 / 네가 틀렸다)

_____

2 그녀는 나의 생일이 언제인지 안다. (그녀는 안다 / 언제 / 내 생일이다)

_____

3 나는 그에게 어떻게 그 문을 열었는지 물었다. (나는 그에게 물었다 / 어떻게 / 그가 그 문을 열었다)

_____

4 그 호수가 얼마나 깊은지는 아무도 모른다. (아무도 모른다 / 얼마나 깊은 / 그 호수가 …이다)

No one knows _____.

5 그 선생님은 내가 영문법을 빨리 배웠다고 내게 말씀하셨다.
(그 선생님은 내게 말씀하셨다 / …라고 / 내가 영문법을 빨리 배웠다)

_____

6 나는 내가 왜 화학을 공부해야 하는지 이해가 안 된다.
(나는 이해가 안 된다 / 왜 / 내가 화학을 공부해야 한다)

_____ (understand, chemistry)

7 나는 우리가 학교에서 너무 많은 과목을 공부한다고 생각한다.
(나는 생각한다 / …라고 / 우리가 학교에서 너무 많은 과목을 공부한다)

_____ in school. (subject)

A 주어

- 명사 역할의 절은 문장의 주어 자리에도 흔히 쓰이는데, 이런 경우 문장이 복잡해집니다.
- 문장 전체의 주어가 어디까지이고 동사가 무엇인지 판단을 잘 해야 합니다.

That smoking causes cancer / is clear.
　　　　　주어　　　　　　　　동사

Why the game was canceled / is not known.

- 문장의 균형상 주어로 쓰인 명사절은 뒤로 가고 그 자리에 It을 쓰는 경우가 많아요. 특히 that절은 대부분 문장 뒤로 갑니다.

It is clear / **that** smoking causes cancer.[1]
　　=

★ It=that[why] ...

It is not known / **why** the game was canceled.[2]

B be동사의 보어

- 명사절은 be동사의 보어 자리에 쓰일 수 있어요.

The problem is / **that** I feel tired all the time.[3]
　　　　　　　=

★ 주어=명사절

The question is / **whether** he will accept our offer.[4]
The question is / **how** you will get the money.[5]

GRAMMAR COACH

암기 It은 that절, to-v를 부른다.

- 갑자기 나온(앞의 말을 받지 않는) It은 뒤에 명사 역할의 절이나 구가 온다는 신호입니다. 가장 많이 나오는 것은 that절과 to-v예요. 긴 절이나 구를 주어로 쓸 때는 일단 It을 쓴 후, 뒤에 절이나 구를 쓰세요.
- It을 가주어(가짜 주어), 뒤의 'to-v/that ...'을 진주어(진짜 주어)라고 합니다.

It ... that[whether, why] ...
It ... to-v ... (➡ p. 130 Unit 25)

VOCAB cause 일으키다, 초래하다; 원인　cancer 암　cancel 취소하다　all the time 항상　offer 제안; 제안하다
예문역 [1]흡연이 암을 초래하는 것은 분명하다.　[2]그 게임이 왜 취소되었는지는 알려지지 않고 있다.　[3]문제는 내가 항상 피곤함을 느낀다는 것이다.
[4]문제는 그가 우리의 제안을 받아들일지 어떨지이다.　[5]문제는 네가 그 돈을 어떻게 구하느냐이다.

EXERCISE

A 다음 문장에서 명사절을 찾아 우리말로 옮기세요.

1 It is strange that no one came to the meeting.
아무도 그 모임에 오지 않은 것

2 How it happened is a mystery to everyone.

3 Whether she understood it is not clear.

4 The problem is that we don't have enough money.

5 What happened to the man is not known.

6 Where you learned English doesn't matter.

7 The question is whether we should order dessert.

B 주어진 우리말 표현을 영어로 옮기세요.

1 그 도둑이 어떻게 내 집으로 들어왔는지
_____ (the thief, get into)

2 그의 가족에게 무엇이 일어났는지
_____ (happen)

3 왜 그가 그의 가족을 부양해야 하는지
_____ (have to, support)

4 우리가 그 게임을 이기든 지든
_____ (win or lose)

5 그가 그의 모든 돈을 도박에서 낭비한 것
_____ on gambling (waste)

C Do It Yourself
B의 표현을 사용하여 주어진 우리말을 영어로 옮기세요.

1 왜 그가 그의 가족을 부양해야 하는지는 분명치 않다.
_____ (clear)

2 그의 가족에게 무엇이 일어났는지는 알려지지 않고 있다.
_____ (known)

3 그가 그의 모든 돈을 도박에서 낭비한 것은 사람들에게 충격을 주었다.
_____ (shock people)

4 우리가 그 게임을 이기든 지든 중요하지 않다.
_____ (matter)

5 그 도둑이 어떻게 내 집으로 들어왔는지 알 수 없다.
_____ (a mystery)

A 비교 표현

- 형용사, 부사는 다른 것과 비교한 정도를 표현할 때 형태가 달라집니다.
  ① 비교급(더 …한, 더 …하게): -er, more …
  ② 최상급(가장 …한, 가장 …하게): -est, most …

tall–tall**er**–tall**est**	(키가) 큰–더 큰–가장 큰
hard–hard**er**–hard**est**	열심히–더 열심히–가장 열심히
difficult–**more** difficult–**most** difficult	어려운–더 어려운–가장 어려운
slowly–**more** slowly–**most** slowly	천천히–더 천천히–가장 천천히

B 동등하게 …한/하게 (as … as)

- 두 비교 대상이 동등할 때는 'X as … as Y'로 표현해요.
- X as … as Y: X가 Y만큼 …한[하게]
- 뒤의 as 앞에서 끊으면 의미가 분명해집니다.

Charles is **as strong** / **as** Peter.[1]	힘센 / Peter만큼
My car is **as powerful** / **as** yours.[2]	힘이 좋은 / 너의 것만큼
Charles loves sports **as much** / **as** Peter.[3]	많이 / Peter만큼
My car can go **as fast** / **as** yours.[4]	빨리 / 너의 것만큼

Charles is **not as strong** / **as** Peter.[5]	★ 부정할 때는 not을 붙임
Charles **doesn't** love sports **as much** / **as** Peter.[6]	

C 더 …한/하게 (-er/more … than)

- 둘 중 어느 한 쪽의 정도가 더한 것을 나타낼 때는 'X 비교급+than Y'를 씁니다.
- X 비교급+than Y: X는 Y보다 더 …한[하게]
- than 앞에서 끊으면 의미가 분명해집니다.

Charles is **stronger** / **than** Peter.[7]	더 힘센 / Peter보다
My car is **more powerful** / **than** yours.[8]	더 힘이 좋은 / 너의 것보다

Charles loves sports **more / than** Peter.⁹   더 많이 / Peter보다

My car goes **faster / than** yours.¹⁰   더 빨리 / 너의 것보다

- 정도가 덜한 경우에는 less를 씁니다(덜 …한/하게).

Peter is **less strong / than** Charles.¹¹   덜 힘센 / Charles보다

Peter loves sports **less / than** Charles.¹²   덜 / Charles보다

D 가장 …한/하게 (the -est/most …)

- 여럿 중에서 정도가 가장 높음을 나타낼 때는 'the -est/most …'를 씁니다.
- 뒤에는 보통 범위를 나타내는 표현이 따라옵니다.

This is **the longest** road in America.¹³

Tokyo is **the most expensive** city in the world.¹⁴

This is **the best** movie that I have seen in years!¹⁵   ★ that: …한 (무엇) (➡ p. 205 관계대명사)

My mother drives **(the) most carefully** in my family.¹⁶   ★ 부사의 최상급에는 the를 붙일 수도,

He runs **(the) fastest** of us all.¹⁷   안 붙일 수도 있음

GRAMMAR COACH

암기 ▶ 기본 형태 암기

비교급, 최상급의 일반적인 규칙과 많이 쓰이는 형용사와 부사의 불규칙 형태를 우선 암기해 둡니다.
이를 벗어나는 것은 단어를 접하면서 차츰 익히세요. (➡ p. 216, 217 Spelling Rules)

① 짧은 단어(대부분의 1음절어, 2음절어 일부)는 단어 뒤에 '-er/-est'를 붙이고, 긴 단어(2음절어 일부,
3음절 이상)는 단어 앞에 'more/most'를 씁니다.

② good/well–better–best   bad/ill–worse–worst   many/much–more–most

little–less–least   late–later–latest (시간)   late–latter–last (순서)

                                  최신의   후자의 마지막의

이해 ▶ 접속사 as, than

두 가지를 비교할 때 쓰이는 as, than은 문법적으로 접속사일 때가 많습니다. 뒤에 동사가 없는 이유는 앞의
동사와 같기 때문에 생략한 것입니다.

Charles **is** as strong **as** Peter (is).

Charles **loves** sports more **than** Peter (does).   does는 loves를 대신하는 동사

예문역 ¹Charles는 Peter만큼 힘이 세다. ²내 차는 너의 차만큼 힘이 좋다. ³Charles는 Peter만큼 많이 스포츠를 사랑한다. ⁴내 차는 너의 차만큼 빨리 갈 수 있다. ⁵Charles는 Peter만큼 힘이 세지 않다. ⁶Charles는 Peter만큼 많이 스포츠를 사랑하지 않는다. ⁷Charles는 Peter보다 힘이 더 세다. ⁸내 차는 너의 차보다 힘이 더 좋다. ⁹Charles는 Peter보다 스포츠를 더 많이 사랑한다. ¹⁰내 차는 너의 차보다 더 빨리 간다. ¹¹Peter는 Charles보다 덜 힘이 세다. ¹²Peter는 Charles보다 스포츠를 덜 사랑한다. ¹³이것은 미국에서 가장 긴 도로이다. ¹⁴도쿄는 세계에서 (물가가) 가장 비싼 도시이다. ¹⁵이것은 내가 수년간 본 것 중 가장 훌륭한 영화이! ¹⁶내 어머니는 가족 중에서 가장 조심스럽게 차를 운전하신다. ¹⁷그는 우리 모두 중 가장 빠르게 달린다.

A ‘as ... as’ 표현을 사용하여 문장을 완성하세요.

1 Steve는 Mark만큼 키가 크다. (키가 큰 / Mark만큼)
Steve is _____ Mark.

2 Richard는 너만큼 학교에 일찍 온다. (일찍 / 너만큼)
Richard comes to school _____.

3 내 차는 그녀의 차만큼 비싸다. (비싼 / 그녀의 차만큼)
My car is _____.

4 Greg는 Mick만큼 많은 돈을 번다. (많은 돈을 / Mick만큼)
Greg makes _____.

5 Andy는 너만큼 농구를 잘한다. (농구를 잘한다 / 너만큼)
Andy _____.

6 오늘은 어제만큼 덥지 않다. (덥지 않다 / 어제만큼)
Today _____.

7 Victor는 네가 생각하는 것만큼 게으르지 않다. (게으르지 않다 / 네가 생각하는 것만큼)
Victor _____.

8 그 시험은 우리가 생각했던 것만큼 어렵지는 않았다. (어렵지 않았다 / 우리가 생각했던 것만큼)
The test _____.

B 비교급을 사용하여 문장을 완성하세요.

1 Yesterday I felt tired. Today I feel more tired.
→ I feel _____more tired today than yesterday_____.

2 My bed is comfortable, but yours is more comfortable.
→ Your bed _____.

3 Brian got a ‘B’ on the test, but Bob got a ‘C’.
→ Brian got _____ on the test. (grade)
→ Bob got _____ on the test.

4 Doctors say beef is not as healthy as chicken.
→ Doctors say chicken _____.

5 I didn’t expect the pizza to be so delicious.
→ The pizza _____ I expected.

6 You aren’t doing as much work as the other team members.
→ You are doing _____.
→ The other team members are doing _____.

C

주어진 단어, 표현과 최상급을 사용하여 문장을 완성하세요.

1   The Nile is ___the longest river in the world___ .
      (long river, the world)

2   Who is _____?
                        (famous Korean person, history)

3   He is _____. Everyone likes him.
                        (popular guy, that I know)

4   What is _____? — It's Burj Khalifa in Dubai.
                        (tall building, the world)

5   This TV show is _____. I love it!
                        (that I've seen this year, interesting program)

D

다음 문장을 바르게 고쳐 쓰세요.

1   My cell phone is small than yours.

2   This question is difficult than the others.

3   Jake works hard than Harry.

4   Halla Mountain is the tall mountain in South Korea.

5   My father makes little money than my mother.

6   She always dresses in the last fashions.

7   My teacher always comes to school early than the students.

8   Jinny isn't a good student. Her marks are bad than mine.

A 다음 문장에서 절을 구분하고(/), 각 절의 주어, 동사를 밑줄로 표시하세요.

1 I study hard / **because** I want to pass the exam.

2 You can't watch TV until you finish your homework.

3 Korea has developed a lot since I last came here.

4 I asked him to stay although it was getting late.

5 She cried as she heard the sad news.

6 This book is more interesting than I thought.

7 It isn't clear how he knew my email address and phone number.

8 The boy asked his mother what she was making for dinner.

9 Although my grandmother is nearly 80, she still enjoys sports.

10 This is the most interesting book that I have ever read.

B 네모 안에서 문맥에 맞는 접속사를 고르세요.

1 Since / Although I tried, I couldn't solve the problem.

2 You've changed a lot when / since you graduated from middle school.

3 As / While she is famous in Asia, she is unknown in Europe.

4 Some kids never do as / because they are told.

5 If / Although you are tired, get some sleep.

6 Do you know how / when the last train leaves?

7 Lucy told me how much / how often she loved Andrew.

8 Polly says that / what she isn't feeling very well.

9 She doesn't understand who / why Andrew is angry with her.

10 Mary asked Bill that / if he wanted to study together.

VOCAB **A** develop 성장하다, 발달하다   last 마지막에, 마지막으로   clear 분명한, 확실한; 깨끗한   **B** change 변하다, 바꾸다   graduate 졸업하다   unknown 알려지지 않은, 무명의

C 적절한 접속사를 사용하여 주어진 우리말을 영어로 옮기세요. 써야 안다

1 네가 이 집을 좋아해서 기쁘다.

I'm glad _____.

2 경찰이 도착할 때까지 아무것도 만지지 마라.

Don't touch anything _____. (the police)

3 우리는 서두르지 않으면 거기에 제시간에 도착하지 못할 거야.

_____, we won't get there in time. (hurry)

4 그녀는 나에게 내가 그녀를 좋아하는지 물었다.

She asked me _____.

5 누가 너에게 이 편지를 보냈는지 내게 말해라.

Tell me _____.

6 당신이 그 상자 안에 무엇을 가지고 있는지 내게 보여 주세요.

Please show me _____.

7 너는 내가 학교에서 얼마나 인기 있는지를 몰라.

You don't know _____. (popular, at my school)

8 내 여동생은 내 어머니만큼 키가 크다.

My sister is _____.

9 내 어머니는 나이보다 젊어 보이신다.

My mother _____. (her age)

10 Polly는 나보다 우리 선생님을 더 존경한다. (Polly는 우리 선생님을 더 존경한다 / 내가 존경하는 것보다)

_____

11 이것은 내가 지금까지 본 것 중 가장 아름다운 그림이다. (이것은 가장 아름다운 그림이다 / 내가 지금까지 본)

_____ (ever)

접속사 쉽게 보기

의미가 중심, 단어로 본다

문법적으로는 접속사를 몇 가지로 분류하지만, 이러한 용어에는 그다지 신경 쓸 필요가 없어요.
접속사는 절과 절을 연결해 주는 말이므로 구조적인 분석보다는 오히려 의미상 앞, 뒤를 적절히 연결하는 것이 중요합니다.
접속사를 단어처럼 보고 의미를 중심으로 공부하세요. 문법적 분류는 사용하다 보면 차츰 이해할 수 있게 돼요.

because	…해서, …때문에	
although, though	…하지만, …인데도	
until	…할 때까지	
before	… 전에	
after	… 후에	
while	① …하는 동안	② 반면에, …이지만
as	① …할 때, …하면서 (=when) ③ …처럼, …대로 (=like)	② …해서, …때문에 (=because)
since	① … 이래로 계속	② …해서, …때문에 (=because)
when	① …할 때	② 언제
if	① …하면, …이면	② …인지 어떤지 (=whether)
that	① …라고, …라는 것	② …해서 (주로 감정 표현 뒤)
whether	…인지 어떤지	
what	무엇이, 무엇을	
who	누가, 누구를	
why	왜	
where	어디서, 어디로	
how	어떻게, 얼마나	

참고 **문법적 분류**

- 등위접속사: 문법적 구조가 같은 것을 연결하는 접속사 (and, but, or)
- 종속접속사: 문장 내에서 명사, 부사의 역할을 하는 절을 이끄는 접속사 (that, when, whether, if 등)
- who, what, when, where, why, how는 의문사이며 명사절을 이끄는 접속사 역할을 함

CHAPTER

9

전치사

명쾌한 개념 '전치사+명사' 덩어리

Ⓐ 명사 앞

- 전치사는 **명사, 대명사** 앞에 붙어 장소, 시간 등의 의미를 나타내요.
  (前: 앞 전 置: 둘 치 → 앞에 두는 말 → 명사, 대명사 앞에 붙는다는 의미)
- 항상 '전치사+명사/대명사'로 쓰입니다. 이를 전치사구라고 해요.

to Africa 아프리카**로**	**at** the bus stop 버스 정류장**에**
on the wall 벽**에**	**with** my parents 나의 부모님**과**

Ⓑ 전치사구의 역할, 자리

- 전치사구는 형용사 역할을 하며, 꾸며주는 말 뒤에 옵니다.
- 전치사구는 부사 역할을 하며, 주로 문장의 끝에 옵니다.

He looked at the pictures **on the wall**.[1]   사진들 / 벽에 있는
The man **at the bus stop** is my teacher.[2]   남자 / 버스 정류장에 있는

He put the pictures **on the wall**.[3]   걸었다(두었다) / 벽에
I met my teacher **at the bus stop**.[4]   만났다 / 버스 정류장에서

Ⓒ 전치사구 구분

- 여러 개의 전치사구가 한 문장에 쓰이는 경우도 많은데, 이러면 문장이 복잡해져요.
- 평소에 전치사구를 묶는 연습을 해야 합니다. 이러면 문장의 구조를 쉽게 파악할 수 있어요.

The gift [**on** the table] is [**from** my grandparents].[5]
Our plane stopped [**in** Tokyo] [**on** its way] [**to** New York].[6]

GRAMMAR COACH

암기 ▶ 어순과 덩어리

영어의 전치사는 우리말에서 명사 뒤에 붙는 '…에, …로, …와' 등에 해당하는 말입니다. 우리말과 어순이 반대라 착각하기 쉬워요. 항상 전치사를 이어지는 명사와 묶어 한 덩어리로 보세요. 그러면 어순을 바르게 익힐 수 있습니다.

이해 ▶ 전치사의 목적어

전치사와 함께 쓰이는 명사, 대명사를 전치사의 목적어라고 하는데, 동사의 목적어와 형태가 같아요. 명사는 그대로, 대명사는 목적격(me, him, her, you, us …)을 씁니다.

예문역 [1]그는 벽에 있는 사진들을 보았다. [2]버스 정류장에 있는 남자는 우리 선생님이다. [3]그는 사진들을 벽에 걸었다. [4]나는 우리 선생님을 버스 정류장에서 만났다. [5]탁자 위에 있는 선물은 내 조부모님으로부터 받은 것이다. [6]우리가 탄 비행기는 뉴욕으로 가는 도중에 도쿄에서 멈췄다.

EXERCISE

A 다음 문장에서 전치사구를 <u>모두</u> 찾아 밑줄로 표시하고 의미를 쓰세요.

1 The cafeteria serves lunch from noon to 1:30.

2 We had lunch in the park by the river.

3 Baseball season starts in April and lasts until October.

4 He can hold his breath under water for five minutes.

5 They moved to Jeju Island after their marriage.

6 It's too cold in winter to play outside.

7 Many people came to the theater to see the movie star.

8 The show on television tonight is about wild tigers.

9 The plant in the corner gets little sunlight.

10 She bought a dress with a flower pattern for the party.

B **Do It Yourself**
전치사를 사용하여 주어진 우리말 표현을 영어로 옮기세요.

1 풀밭 위에 앉다 (앉다 / 풀밭 위에)
_____sit on the grass_____ (on)

2 세 시간 동안 기다리다 (기다리다 / 세 시간 동안)
_____ (for)

3 새벽 2시까지 공부하다 (공부하다 / 새벽 2시까지)
_____ in the morning (until)

4 Anna를 내 부모님에게 소개하다 (소개하다 / Anna를 / 내 부모님에게)
_____ (to)

5 Dylan으로부터 돈을 빌리다 (빌리다 / 돈을 / Dylan으로부터)
_____ (from)

6 창가에 있는 탁자 (탁자 / 창가의)
_____ (by)

7 도서관으로 가는 길 (길 / 도서관으로)
_____ (to, the way)

8 그 산 위의 무지개 (무지개 / 그 산 위의)
_____ (over)

VOCAB **A** last 계속되다   hold one's breath 숨을 참다   show (텔레비전) 프로그램   wild 야생의

A 기본 의미

- 전치사 의미의 기본은 공간, 시간입니다.

장소, 시간	**in** … 안에; (비교적 긴 시간) …에 **at** (특정 지점) …에; (특정 시각) …에 **from** (공간, 시간상) …로부터	**on** (접촉) …에, … 위에; (날, 요일 등) … 때에 **for** … 동안; …를 향해 **to** (공간, 시간상) …로, …까지

B 의미의 확장

- 전치사는 여러 의미로 쓰이기 때문에 한 번에 다 알기 어렵습니다. 기본 의미를 바탕으로 차츰 확장해 가야 해요.
- 일단 가장 빈도가 높은 전치사와 그 의미를 정리합니다.

at : …에, …로 (기본 의미는 한 점, 한 지점)

meet **at** the station, **at** 2 o'clock	장소, 시간의 한 지점
at full speed, **at** a high price	속도, 비율 등의 한 지점
be good **at** soccer, be poor **at** math	능력의 한 지점, 특정 능력

on : …에, … 위에, …에 접촉하여, …에 의존하여 (기본 의미는 접촉, 부착)

a map **on** the wall	(공간상) 붙은
on Monday, **on** my birthday	(시간상) 날짜, 요일 등
depend **on** him, live **on** rice 그에게 의존하다 쌀을 주식으로 하다	접촉 → 바탕을 둔, 의존하는
on vacation, **on** business	접촉 → …의 상태로, …의 용무로

in : … 안에, …의 상태인 (기본 의미는 공간 속)

live **in** Boston, the clothes **in** the closet 벽장 속에	(공간상) … 안에
in July, **in** 2020, **in** summer	(시간상) 월, 해, 계절 등
be **in** love with, **in** danger	… 안에 → …의 상태 안에

from : …로부터 (기본 의미는 출발점, 시발점)

the train **from** Busan, **from** Monday to Friday	(공간, 시간의 출발점) …로부터, …부터
an email **from** Sally, get tired **from** work	(출처, 원인) …로부터, … 때문에
far **from** his house, free **from** care 걱정이 없는	…로부터 → (분리) 떨어져, 벗어나

to : …로, …까지 (기본 의미는 도착지)

from Paris **to** London, from five **to** ten	(공간, 시간상 도착점) …로, …까지
talk **to** him, the key **to** the door	(방향, 대상) …에게, …로
change **to** green	(상태 변화) …로

for : …로, …를 위한, … 동안 (기본 의미는 이동의 목적지, 목적)

a plane **for** Alaska	(목적지) …로 향하는
stay **for** three hours	(시간) … 동안
cook dinner **for** Jane, movies **for** children	(목적) …를 위한, …를 위하여
I'm **for** the plan. 나는 그 계획에 찬성한다.	찬성, 지지

of : …의, … 중에, …에 대한

the cover **of** the book	(소유) …의
some **of** my friends	(소속) … 중에
the story **of** his experiences	(대상) …에 관한

with : …와 함께, …를 가진, …로 (기본 의미는 '함께 있음')

have dinner **with** a friend	…와 같이, …와 함께
mix the flour **with** milk	(함께 결합되는) …와
write **with** a pencil	(행동을 함께 하는 도구) …로
a book **with** a red cover	(소유) …를 가진

by : … 옆에, …까지, …로 (기본 의미는 시간, 공간상의 근접)

sit **by** her, pass **by** the station	(공간상 근접) … 옆에, … 옆을 지나
by five o'clock, **by** next weekend	(시간상 근접) …까지
send it **by** airmail, travel **by** train	(수단) …로

EXERCISE

정답과 해설 37쪽

A

빈칸에 적절한 전치사를 사용하여 문장을 완성하세요.

> at   on   in   from   of   for(2회)   by

1 I like to travel _____ train.

2 Vegetables are good _____ your health.

3 She is really good _____ sports.

4 They are _____ big trouble.

5 What is the role _____ teachers in education?

6 You can watch TV _____ an hour after dinner.

7 Yesterday I received a gift _____ my grandmother.

8 Can you walk _____ the ice?

B

네모 안에서 적절한 전치사를 고르세요.

1 He sold the old house in / at a good price.

2 He looked very handsome in / on his uniform.

3 Joel went to China at / on business.

4 There are lots of flies on / in the ceiling.

5 I bought my girlfriend some roses to / for her birthday.

6 I always wear these shoes with / by this dress.

7 Tim gets his good looks from / by his mother.

8 We have to move out by / in the end of this month.

9 My cat washes her kittens with / in her tongue.

10 My parents are finally free from / for debt.

VOCAB A receive 받다 B fly 파리 ceiling 천장 look (pl. looks) 외모 kitten 새끼 고양이 tongue 혀 debt 빚, 부채

C

Do It Yourself
적절한 전치사를 사용하여 주어진 우리말 표현을 영어로 옮기세요.

1 오른쪽으로 _____

2 건강이 좋은/안 좋은 _____

3 하늘로부터 _____

4 행복의(으로 가는) 비결 (the keys) _____

5 그 꽃병에 (vase) _____

6 거실의 바닥에 (living room) _____

7 검은 반점이 있는 (spots) _____

8 그것을 내일까지 끝내다 _____

D

Do It Yourself
C의 표현을 사용하여 주어진 우리말을 영어로 옮기세요. 써야 안다

1 그는 건강이 좋지 않다. (그는 / …이 아니다 / 건강한)

_____

2 돈은 하늘에서 떨어지지 않는다. (돈은 / 떨어지지 않는다 / 하늘로부터)

_____ (fall)

3 너는 그것을 내일까지 끝낼 수 있니? (너는 끝낼 수 있니 / 그것을 / 내일까지)

_____

4 열쇠를 오른쪽으로 돌려라. (돌려라 / 그 열쇠를 / 오른쪽으로)

Turn _____.

5 꽃병에 있는 꽃들은 튤립이다. (그 꽃들은 / 그 꽃병에 있는 / 이다 / 튤립)

_____ (tulips)

6 거실 바닥에 있는 책들을 치워라. (치워라 / 책들을 / 바닥에 있는 / 거실의)

_____ (pick up)

7 검은 반점이 있는 저 하얀 개는 내 것이다. (저 하얀 개는 / 검은 반점이 있는 / 이다 / 내 것)

_____ (mine)

8 행복의 비결 중 하나는 좋은 건강이다. (비결 중 하나는 / 행복으로 가는 / 이다 / 좋은 건강)

_____ (one of)

UNIT 39 그 외 자주 쓰이는 전치사

A 기본 전치사 외에 자주 쓰이는 전치사

He knows everything **about** this area.[1]	…에 대해
Mr. Lee runs **about** ten kilometers every day.[2]	약, 대략
You look **like** your grandmother.[3]	… 같은
Oscar is famous **as** a writer.[4]	…로서
The burglar got in **through** the window.[5]	…를 통해
I traveled all **through** the summer vacation.[6]	… 동안 내내
What did you do **during** the summer vacation?[7]	… 동안
A group of boys ran **along** the street.[8]	…를 따라
A group of girls ran **across** the street.[9]	…를 가로질러
The earth moves **around** the sun.[10]	…의 주위에
I don't eat **between** meals.[11]	…의 사이에
I'm **against** the plan.[12]	…에 반대하는(↔ for)
Fishing in this river is **against** the law.[13]	…에 위반되는
We cannot live **without** food or water.[14]	… 없이
You have to reply **within** seven days.[15]	… 이내에

VOCAB burglar 도둑, 강도 law 법 reply 대답하다; 답장을 보내다

예문역 [1] 그는 이 지역에 대해 모든 것을 알고 있다. [2] 이 선생님은 매일 약 10킬로미터를 달린다. [3] 너는 너의 할머니를 닮았다. [4] Oscar는 작가로서 유명하다. [5] 도둑은 창문을 통해 들어왔다. [6] 나는 여름 방학 내내 여행했다. [7] 너는 여름 방학 동안 무엇을 했니? [8] 한 무리의 소년들이 길을 따라 뛰었다. [9] 한 무리의 소녀들이 길을 가로질러 뛰었다. [10] 지구는 태양의 주위를 돈다. [11] 나는 식사 사이에 (음식을) 먹지 않는다. [12] 나는 그 계획에 반대한다. [13] 이 강에서 낚시하는 것은 법에 위반된다. [14] 우리는 음식이나 물 없이 살 수 없다. [15] 너는 7일 이내에 답해야 한다.

EXERCISE

A 다음 문장에서 전치사구를 모두 찾아 밑줄로 표시하고 의미를 쓰세요.

1 The students sat around the teacher.

2 The boys swam across the river.

3 They kept silent during the meal.

4 He came home about midnight.

5 The old couple walked along the river.

6 Bears sleep through the winter.

7 Jennifer left home without her keys.

8 He sat down between Grace and me.

9 I always keep my phone within arm's reach.

10 Are you for the proposal or against it?

11 He talks about the economy like an expert.

B
Do It Yourself
주어진 표현과 적절한 전치사를 사용하여 문장을 완성하세요. 써야 안다

| the love | electricity | the law | a hole | two big men |

1 Dogs got into the backyard _____ in the fence.

2 There is nothing _____ of a mother for her children.

3 I was sandwiched _____ on the bus.

4 Don't talk on your cell phone while you're driving. It is _____.

5 They were _____. They used wood to heat and cook.

VOCAB **A** silent 침묵을 지키는, 조용한   proposal 제안 (propose 제안하다)   economy 경제; 경기   expert 전문가   **B** fence 울타리, 담 sandwich …을 사이에 끼우다, (억지로) 끼워 넣다

CHAPTER 9 전치사   191

UNIT 40 전치사 + v-ing

A by [for / without ...] v-ing

- 전치사의 뒤에 동사적인 의미를 쓸 때는 동사에 -ing를 붙여 씁니다.
- 전치사 + 명사[대명사, v-ing] (➡ p.148 v-ing: 명사 역할)

I keep healthy **by jogging every morning.**[1]
I save money **by walking to school.**[2]

★ by v-ing: v함으로써

Thank you **for coming.**[3]
I apologize **for being late.**[4]

★ for v-ing: v에 대해, v한 것 때문에

Always brush your teeth **before going to bed.**[5]
After doing my homework, I went to bed.[6]

★ before[after] v-ing: v하기 전에[후에]

He left **without paying his bill.**[7]
She went to bed **without taking a shower.**[8]

★ without v-ing: v하지 않고

GRAMMAR COACH

이해 ▶ 의미 풀이

전치사의 의미에 명사 역할의 v-ing의 의미(v하는 것 ➡ p.148)를 붙여 이해합니다.

by jogging: …함으로써 + 조깅하기 → 조깅함으로써
for being late: … 때문에 + 늦은 것 → 늦은 것 때문에(늦은 것에 대해)
without taking a shower: … 없이 + 샤워하는 것 → 샤워하지 않은 채

VOCAB save 절약하다 apologize 사과하다 (apology 사과) brush one's teeth 이를 닦다 pay one's bill 지불하다, 계산을 하다
예문역 [1]나는 매일 아침 조깅함으로써 건강을 유지한다. [2]나는 학교에 걸어감으로써 돈을 절약한다. [3]와 줘서 고마워. [4]늦은 것에 대해 사과드려요. [5]잠자리에 들기 전에 항상 이를 닦아라. [6]나는 숙제를 한 후 잠자리에 들었다. [7]그는 계산하지 않고 나갔다. [8]그녀는 샤워하지 않고 잠자리에 들었다.

EXERCISE

A 다음 문장에서 전치사구를 <u>모두</u> 찾아 밑줄로 표시하고 의미를 쓰세요.

1   I'm not very good <u>at dancing</u>.
                       춤에(춤추는 것에)

2   The policeman gave me a ticket for speeding.

3   The angry woman left without saying a word.

4   Ellen has a good idea about recycling paper.

5   The poor man went to jail for stealing some bread.

6   Everyone was against closing the factory.

7   I earn my pocket money by washing my father's car.

B   **Do It Yourself**
주어진 동사와 적절한 전치사를 사용하여 문장을 완성하세요.   써야 안다

| do | watch | tell | stop | leave |

1   You're good _____ many things.

2   Please switch off the lights _____ the room.

3   Please forgive me _____ you a lie.

4   I drove for five hours _____. I was very tired.

5   You can improve your English _____ English TV programs.

VOCAB **A** speed 과속하다; 속도   recycle 재활용하다   jail 감옥   factory 공장   earn 벌다, 얻다   pocket money 용돈   **B** switch off (스위치 등을 눌러서) (…을) 끄다   forgive 용서하다   improve 향상시키다, 더욱 좋게 하다

A 주어진 우리말 표현을 영어로 옮기세요.

1 자정까지 공부하다 _____

2 버스 정류장에서 _____

3 벽에 _____

4 한 빈 방에서 _____

5 10시까지 집에 오다 _____

6 업무차 (일을 보려고) _____

7 영어로 이메일을 쓰다 _____

8 세 시간 동안 _____

9 친구들과 저녁 식사를 하다 _____

10 버스로 가다 _____

11 너의 건강을 위해 _____

12 내 부모님으로부터 _____

13 좋은 가격에 _____

14 컴퓨터에 관해서 _____

15 그 계획에 반대하는 _____

16 작가로서 _____

17 길을 가로질러 _____

18 음식과 물 없이 _____

B 다음 문장을 바르게 고쳐 쓰세요.

1 We went to Jeju Island with boat last weekend.

2 You can cure a headache by take aspirin.

3 The clerk was carrying a box in his back.

4 I'm against build a dam in this river.

5 This knife is on cutting bread.

6 The moon moves across the earth.

7 I got sick after go outside in the cold weather.

C 적절한 전치사를 사용하여 주어진 우리말을 영어로 옮기세요. 써야 안다

1 우리는 그 호수 옆의 공원에서 점심을 먹었다. (우리는 점심을 먹었다 / 공원에서 / 그 호수 옆의)

_____

2 그는 진짜 요리를 잘한다. (그는 진짜 능하다 / 요리에)

_____ (good, cooking)

3 너는 너의 숙제를 끝낸 후 한 시간 동안 TV를 볼 수 있다.
(너는 TV를 볼 수 있다 / 한 시간 동안 / 너의 숙제를 끝낸 후)

_____ (finish)

4 그는 그의 집을 낮은 가격에 팔았다. (그는 그의 집을 팔았다 / 낮은 가격에)

_____ (low)

5 Daniel은 휴가차 홍콩에 갔다. (Daniel은 갔다 / Hong Kong에 / 휴가차)

_____ (vacation)

6 너는 전화로 표를 예매할 수 있다. (너는 표를 예매할 수 있다 / 전화로)

_____ (reserve)

7 Mark는 이 도시에 관한 모든 것을 안다. (Mark는 모든 것을 안다 / 이 도시에 관한)

_____

8 그녀는 가수로 유명하다. (그녀는 유명하다 / 가수로서)

_____

9 그 남자아이들은 헤엄쳐 그 강을 건넜다. (그 남자아이들은 헤엄쳤다 / 그 강을 가로질러)

_____

10 당신은 그 계획에 찬성하나요, 아니면 반대하나요?

_____

11 모든 사람이 그 공장을 폐쇄하는 것에 찬성했다. (모든 사람이 찬성했다 / 그 공장을 폐쇄하는 것에)

_____ (close)

12 그들은 한 마디 말도 없이 TV를 보았다. (그들은 TV를 보았다 / 한 마디도 하지 않은 채)

_____ (say a word)

Never discourage anyone who makes continual progress, no matter how slow.

꾸준히 발전하는 사람의 사기를 꺾지 마라, 아무리 느리다 해도. – *Ritu Ghatourey*

GRAMMAR COACH

CHAPTER

10

관계대명사

구체적인 설명의 신호

Ⓐ 앞의 명사를 구체화한다.

- 명사를 수식하는 말에는 형용사, 형용사 역할의 준동사, 전치사구가 있습니다.
- who, that, which가 이끄는 절도 앞의 명사를 수식하는 형용사 역할을 해요.

Look at the **cute** girl.[1]
Look at the girl **wearing a red hat**.[2]
Look at the girl **who is wearing a red hat**.[3]

★ 형용사의 수식
★ v-ing ...의 수식
★ who ...의 수식

Linda bought a dress **with a flower pattern**.[4]
Linda loves the dresses **made by her mother**.[5]
Linda loves the dresses **that her mother makes**.[6]

★ 전치사구의 수식
★ v-ed ...의 수식
★ that ...의 수식

- who, that, which는 앞에 막연히 언급한 명사가 구체적으로 어떠한지 설명하겠다는 신호입니다.
  이를 관계대명사라고 불러요.
- who[that]는 앞의 사람을 설명한다는 신호이고, which[that]는 앞의 사물을 설명한다는 신호입니다.

Look at the girl **who** is wearing a red hat.
　　　　　어떤 여자아이? – 빨간 모자를 쓰고 있는
Linda loves the dresses **that** her mother makes.
　　　　　어떤 드레스들? – 그녀의 어머니가 만드는
I saw a man **that** looks like your father.
　　　　　어떤 남자? – 너의 아버지와 닮은
Is this the KTX train **which** stops at Cheonan?
　　　　　어떤 KTX 열차? – 천안에 서는

GRAMMAR COACH

이해 관계사 학습법

- 개념 이해, 해석부터 시작: 관계사가 쓰인 문장은 구조가 복잡해서 이해하기가 쉽지 않습니다.
  먼저 해석 연습을 통해 관계사를 왜 쓰는지, 어떻게 해석하는지를 익히는 것이 이해하기에
  쉬워요.
- 관계대명사를 철저히: 관계사에는 관계대명사와 관계부사가 있어요. 한 번에 다 이해하려면
  부담이 크니 우선 관계대명사 who, that, which를 철저히 이해하세요. 이것들이 가장 많이
  쓰이는 것이기도 하고, 이것들을 확실히 이해하고 나면 나머지 관계대명사와 관계부사를 이해하기가
  쉬워집니다.

예문역 [1]저 귀여운 여자아이를 봐. [2]빨간 모자를 쓰고 있는 여자아이를 봐. [3]빨간 모자를 쓰고 있는 여자아이를 봐. [4]Linda는 꽃무늬가 있는
드레스를 샀다. [5]Linda는 그녀의 어머니에 의해 만들어진 드레스들을 아주 좋아한다. [6]Linda는 그녀의 어머니가 만드는 드레스들을 아주 좋아한다.

EXERCISE 1

A 관계대명사와 관계대명사가 꾸미는 말을 찾아 밑줄로 표시하고 의미를 쓰세요.

1 I know <u>a woman</u> <u>who</u> goes shopping almost every day.
어떤 여자 – 거의 매일 쇼핑하러 가는

2 Is there anyone who has a question?

3 We stayed at a hotel which was near the beach.

4 You should not keep money that you find on the street.

5 A vegetarian is a person who doesn't eat meat.

6 This is a picture that I drew at age ten.

7 Everyone that knows him likes him.

8 There are many good movies that we can see during the vacation.

B **Do It Yourself**
관계대명사를 사용하여 주어진 우리말 표현을 영어로 옮기세요.

1 나를 좋아하는 한 여자아이 (한 여자아이 / who / 좋아하는 / 나를)

_____

2 내가 좋아하는 한 여자아이 (한 여자아이 / that / 내가 / 좋아하는)

_____

3 나를 아는 사람들 (사람들 / who / 아는 / 나를)

_____

4 내가 아는 사람들 (사람들 / that / 내가 / 아는)

_____

5 비어 있는 그 지갑 (그 지갑 / which / …이다 / 빈)

_____ (the wallet)

6 그가 잃어버린 그 지갑 (그 지갑 / that / 그가 / 잃어버린)

_____ (lost)

7 많은 질문들을 하시는 선생님들 (선생님들 / who / 물어보다 / 많은 질문들을)

_____

8 그들이 본 그 영화 (그 영화 / that / 그들이 / 보았다)

_____

GRAMMAR COACH

이해▶ 쓰기 요령

• 일단 관계대명사를 쓴다: 누구인지, 무엇인지 구체적으로 설명할 필요가 있을 때는, 명사 뒤에 일단 관계대명사를 씁니다. 일단 관계대명사를 써 놓고 나면, 나머지 의미를 붙이는 것은 어렵지 않아요.

• 사람, 사물: 사람일 때는 that이나 who를, 사물일 때는 that이나 which를 씁니다.

B 절과 절을 연결하는 대명사

- 관계는 연결이라는 의미이고, 대명사는 앞의 명사를 대신한다는 의미입니다. 결국 관계대명사란 절과 절을 연결하는 대명사라는 말이 됩니다.
- 관계대명사를 이해하는 핵심은 '관계대명사=앞의 명사(선행사)'입니다.
  (선행사: 先 앞 선, 行 갈 행: 관계대명사 앞에 오는 말. 관계대명사가 가리키는 명사)

Look at the girl **who** is wearing a red hat.
        she (= the girl)
        She is wearing a red hat.
Linda loves the dresses **that** her mother makes.
        them (= the dresses)
        Her mother makes them.
Is this the KTX train **which** stops at Cheonan?
        it (= the KTX train)
        It stops at Cheonan.

- '관계대명사=앞의 명사(선행사)'라는 것을 이해하면, 관계대명사를 사용한 문장은 다음과 같이 두 문장의 결합임을 알 수 있어요.
- 과정: ① 설명 문장의 대명사를 관계대명사(that, who, which)로 바꾼다.
  ② 관계대명사를 앞으로 이동시킨다.
  ③ 주문장의 명사(선행사) 뒤에 붙인다.

주문장	설명 문장
Look at **the girl**.	+ **She** is wearing a red hat.
	who
Linda loves **the dresses**.	+ Her mother makes **them**.
	←————————— that
Is this **the KTX train**?	+ **It** stops at Cheonan.
	which

GRAMMAR COACH

이해 ▶ 관계대명사 학습법

that, who, which: 관계사가 종류가 많고 복잡한 것 같아도, 주로 쓰이는 것은 that, who, which 세 가지입니다. 우선 who, that, which 세 가지를 중점적으로 한다고 생각하세요.

① 선행사가 사람인 경우: that, who
② 선행사가 사물, 동물인 경우: that, which

EXERCISE 2

A 관계대명사가 이끄는 절을 사선(/)으로 구분하고, 관계대명사가 가리키는 명사에 표시하세요.

1   I know a woman / who goes shopping almost every day.

2   We stayed at a hotel which was near the beach.

3   He is the boy that I like most.

4   You should not keep money that you find on the street.

5   This is a picture that I drew at age ten.

6   He invited only those children that he knew well.

7   Everyone that knows him likes him.

8   There are many good movies that we can see during the vacation.

B **Do It Yourself**
다음은 A의 문장을 주문장과 설명 문장으로 구분한 것이에요. 관계대명사를 사용하여 결합하고, A의 문장과 같은지 확인하세요.

1   I know a woman. She goes shopping almost every day. (who)

    → _____

2   We stayed at a hotel. It was near the beach. (which)

    → _____

3   He is the boy. I like him most. (that)

    → _____

4   You should not keep money. You find it on the street. (that)

    → _____

5   This is a picture. I drew it at age ten. (that)

    → _____

6   He invited only those children. He knew them well. (that)

    → _____

7   Everyone likes him. He / She knows him. (that)

    → _____

8   There are many good movies. We can see them during the vacation. (that)

    → _____

UNIT 41 주어 역할을 하는 관계대명사

A that[who, which] V

- 관계대명사는 이끄는 절에서 주어 역할을 해요. 관계대명사가 주어이므로 뒤에는 자연히 동사가 따라옵니다.
- 관계대명사 앞에서 끊고(/), 이어지는 의미가 어디까지인지 판단하세요.

I like the girl / **that[who] lives** next door.[1]

She has lots of friends / **that[who] can help** her.[2]

People / **that[who] eat** little / are healthy.[3]

I know a shop / **that[which] sells** really good meat.[4]

John lives in a house / **that[which] has** a beautiful garden.[5]

Cheese / **that[which] comes** from Scotland / is the best.[6]

★ 명사 that[who, which] V

B 분리와 결합

- 관계사절을 주문장과 설명 문장으로 분리하여 의미 구조를 정확히 확인하는 것이 이해하는 데 큰 도움이 됩니다.
- 이것을 다시 결합시키면 관계사 문장을 쓰는 것도 어렵지 않게 할 수 있어요.

I like the girl / <u>who</u> lives next door.
    she (=the girl)
    She lives next door.

John lives in a house / <u>which</u> has a beautiful garden.
     it (=the house)
     It has a beautiful garden.

People / <u>who</u> eat little / are healthy.
   they (=people)
   They eat little.

Cheese / <u>that</u> comes from Scotland / is the best.
   it (=cheese)
   It comes from Scotland.

GRAMMAR COACH

암기 단어로 암기

주어 역할을 하는 관계대명사는 대명사의 주격입니다.

사람 that[who] V: 그 사람은, 그 사람이 (he, she, they)
사물 that[which] V: 그것은, 그것이 (it, they)

예문역 [1]나는 옆집에 사는 소녀를 좋아한다. [2]그녀는 그녀를 도와줄 수 있는 친구들이 많다. [3]적게 먹는 사람들은 건강하다. [4]나는 진짜 좋은 고기를 파는 가게를 알고 있다. [5]John은 아름다운 정원이 있는 집에 산다. [6]스코틀랜드에서 온 (스코틀랜드산) 치즈가 최고다.

A   다음 문장에서 관계사절을 사선(/)으로 구분하세요. (문장의 중간에 있으면 앞, 뒤 사선)

1   I don't know the people / **who** live next door.

2   The car / **which** is parked outside / is mine.

3   The waitress who served us was very kind.

4   I want to marry a man who will cook for me.

5   Dan has a motorbike that can go over 200 km an hour.

6   The dog that always barks at night belongs to Mike.

7   It's a book which will interest you.

8   A car that drives itself will be on the market soon.

B   **Do It Yourself**
A의 문장 중 밑줄 친 부분을 완전한 문장으로 쓰세요.

1   The car **which** is parked outside is mine.
     It(=the car) is parked outside.

2   The waitress **who** served us was very kind.

3   I want to marry a man **who** will cook for me.

4   The dog **that** always barks at night belongs to Mike.

5   A car **that** drives itself will be on the market soon.

C   관계대명사를 사용하여 두 문장을 결합하세요.

1   I like the boy. The boy always smiles.
     → _____

2   I hate people. The people don't keep their promises.
     → _____

3   The houses are expensive. The houses are near the lake.
     → _____

4   The friends are true friends. The friends help you when you are in trouble.
     → _____

D

Do It Yourself

관계대명사를 사용하여 주어진 우리말 표현을 영어로 옮기세요.

1 Dream World로 가는 버스 (버스 / Dream World로 가는)

the bus _____

2 물이 부족한 나라들 (나라들 / 물이 부족한)

the countries _____ (lack water)

3 중고 책을 파는 서점 (서점 / 중고 책을 파는)

a bookstore _____ (used books)

4 내 흥미를 끄는 많은 책들 (많은 책들 / 내 흥미를 끄는)

many books _____ (interest me)

5 내 자전거를 훔친 그 남자 (그 남자 / 내 자전거를 훔친)

the man _____

6 규칙적으로 운동하는 사람들 (사람들 / 규칙적으로 운동하는)

people _____ (regularly)

E

Do It Yourself

D의 표현을 사용하여 주어진 우리말을 영어로 옮기세요.

1 이것이 Dream World로 가는 버스인가요?

_____ (this)

2 한국은 물이 부족한 나라들 중 하나이다.

_____ (one of)

3 나는 중고 책을 파는 서점 하나를 찾았다.

_____

4 그 도서관은 내 흥미를 끄는 많은 책들을 가지고 있었다.

_____

5 내 자전거를 훔친 남자가 도망갔다.

_____ (ran away)

6 규칙적으로 운동하는 사람이 더 오래 산다.

_____ (live longer)

A that[who(m), which] SV

- 관계대명사는 이끄는 절에서 목적어 역할을 해요. 관계대명사 뒤에는 주어, 동사가 따라옵니다.
- 관계대명사 앞에서 끊고(/), 이어지는 의미가 어디까지인지 판단하세요.

The shirt / **that[which] I bought** yesterday / is too tight.[1]
You are the person / **that[who(m)] we respect** most.[2]
The girl / **that[who(m)] he likes** / doesn't like him.[3]
The students / **that[who(m)] Jane teaches** English / are really smart.[4]
This is the most exciting thing / **that I have** ever **done**.[5]

★ 명사 that[who(m), which] SV
  S (Subject): 주어
  V (Verb): 동사

★ 선행사가 특정한 것을 지정하는 말
  (the only, 최상급 등)인 경우 주로
  that을 사용함

B 분리와 결합

- 목적어 역할의 관계대명사는 관계대명사가 이끄는 절의 목적어가 앞으로 나온 것입니다. 빈자리(*)를 확인하고, 여기에 목적어를 넣어서 문장을 분리해 보세요.
- 이렇게 분리한 문장을 다시 결합해 보면 구조를 확실히 알 수 있어요.

The shirt / <u>that</u> I bought * yesterday / is too tight.
  　　　　　 it (=the shirt)
  　　　　　 I bought it yesterday.

She is the person / <u>that</u> we respect * most.
  　　　　　　　　 her (=the person)
  　　　　　　　　 We respect her most.

The students / <u>that</u> Jane teaches * English / are really smart.
  　　　　　　 them (=the students)
  　　　　　　 Jane teaches them English.

GRAMMAR COACH

🔊 **암기** 단어로 암기

	사람	사물
주어 역할 (주격)	that / who = he, she, they 그 사람은, 그 사람이	that / which = it, they 그것은, 그것이
목적어 역할 (목적격)	that / who(m) = him, her, them 그 사람을	that / which = it, them 그것을

※ 사람을 받으며 목적어 역할을 하는 관계대명사는 원래 whom이지만 잘 쓰이지 않습니다. 대신 that, who를 사용하거나 생략해요.

예문역 [1]내가 어제 산 셔츠는 너무 많이 조인다. [2]당신은 우리가 가장 존경하는 사람입니다. [3]그가 좋아하는 그 소녀는 그를 좋아하지 않는다. [4]Jane이 영어를 가르치는 학생들은 정말 똑똑하다. [5]이것은 내가 해 본 것 중 가장 신나는 것이다.

EXERCISE

A 다음 문장에서 관계사절을 사선(/)으로 구분하세요. (문장의 중간에 있으면 앞, 뒤 사선)

1 These are the flowers that Maria bought for me.

2 The pizza which I ate for lunch was great.

3 The campsite that we found was very dirty.

4 There's something that you should know.

5 She married a man that she met at work.

6 The man who my sister loves is from Spain.

7 Do you remember the people who we met in Thailand?

8 This is the coldest winter that we have had in this century.

B Do It Yourself

A의 문장 중 밑줄 친 부분을 완전한 문장으로 쓰세요.

1 These are the flowers <u>that Maria bought</u> * for me.

2 The pizza <u>which I ate</u> * for lunch was great.

3 The campsite <u>that we found</u> * was very dirty.

4 She married a man <u>that she met</u> * at work.

5 The man <u>who my sister loves</u> * is from Spain.

C 관계대명사를 사용하여 두 문장을 결합하세요.

1 This is a cake. Laura baked it.

→ _____

2 The bike was stolen. I loved it.

→ _____

3 This is a film. Young women will enjoy it.

→ _____

4 The jokes are old. He makes them.

→ _____

5 I remember the photos. You sent them to me last year.

→ _____

D

Do It Yourself

관계대명사를 사용하여 주어진 우리말 표현을 영어로 옮기세요.

1 나의 할아버지가 지은 그 집 (그 집 / 나의 할아버지가 지은)

the house _____

2 내가 사랑하는 유일한 사람 (유일한 사람 / 내가 사랑하는)

the only person _____

3 네가 나에게 준 사진들 (사진들 / 네가 나에게 준)

the photos _____

4 그녀가 쓰고 있는 안경 (안경 / 그녀가 쓰고 있는)

the glasses _____ (wear)

5 내가 그녀에게 소개해 준 그 남자아이 (그 남자아이 / 내가 그녀에게 소개해 준)

the boy _____

6 우리가 먹는 음식 (음식 / 우리가 먹는)

the food _____

E

Do It Yourself

D의 표현을 사용하여 주어진 우리말을 영어로 옮기세요. 써야 안다

1 이것은 나의 할아버지가 지으신 집이다.

_____

2 너는 내가 사랑하는 유일한 사람이다.

_____

3 나는 네가 나에게 준 사진들을 아직 가지고 있어.

_____ (still)

4 그녀가 쓰고 있는 안경은 귀엽다.

_____

5 Laura는 내가 그녀에게 소개해 준 남자아이와 데이트를 하고 있다.

_____ (date)

6 우리가 먹는 음식은 우리에게 에너지를 준다.

_____ (energy)

A 명사 ∅ SV

- 목적어 역할을 하는 관계대명사는 흔히 생략됩니다.
- 이러한 자리의 특징은 명사 뒤에 주어, 동사가 바로 따라오는 것이에요.

He is the best cook / (that) **we know**.[1]

Amy loves the pictures / **she took** in Bali.[2]

The man / **you met** yesterday / is a famous cook.[3]

The pants / **I bought** online / are too long.[4]

The English book / **you gave** me / was interesting.[5]

★ 명사 that[who(m), which] SV
→ 명사 ∅ SV

B 분리와 결합

- '∅ = 앞의 명사(선행사)'라고 생각하고 앞의 요령에 따라 분리와 결합 훈련을 합니다.
- 목적어 역할의 관계대명사가 생략된 것입니다. 빈자리(＊)를 확인하고, 여기에 목적어를 넣어서 문장을 분리해 보세요.

He is the best cook / ∅ we know ＊.
　　　　　　　　him (＝the best cook)
　　　　　　　　We know him.

The man / ∅ you met ＊ yesterday / is a famous cook.
　　　　　　him (＝the man)
　　　　　　You met him yesterday.

The pants / ∅ I bought ＊ online / are too long.
　　　　　　　them (＝the pants)
　　　　　　　I bought them online.

The English book / ∅ you gave me ＊ / was interesting.
　　　　　　　　it (＝the English book)
　　　　　　　　You gave me the English book.
　　　　　　　　You gave it to me.

예문역 [1]그는 우리가 알고 있는 가장 훌륭한 요리사이다. [2]Amy는 발리에서 찍은 사진들을 아주 좋아한다. [3]네가 어제 만났던 남자는 유명한 요리사이다. [4]내가 온라인으로 산 바지는 너무 길다. [5]네가 내게 준 영어책은 재미있었다.

EXERCISE

A 다음 문장에서 관계사절을 사선(/)으로 구분하세요. (문장의 중간에 있으면 앞, 뒤 사선)

1 We waved to the actor we loved.

2 She wants a pet she can keep in her apartment.

3 She will buy the hamster I saw in the pet store.

4 There's something I should tell you.

5 A person I know won the lottery last week.

6 The eggs I bought yesterday went bad.

7 The bike Dad bought me for my birthday is excellent.

8 When can you return the book you borrowed from me?

B **Do It Yourself**
A의 문장 중 밑줄 친 부분을 완전한 문장으로 풀어 쓰세요.

1 We waved to the actor / we loved *.

2 She wants a pet / she can keep * in her apartment.

3 The eggs / that I bought * yesterday / went bad.

4 The bike / Dad bought me * for my birthday / is excellent.

C 주어진 두 문장을 결합하세요. (관계대명사를 생략할 것)

1 This is the best restaurant. I know it.

→ _____

2 I love the doll. You bought it for me.

→ _____

3 The coffee was too sweet. I drank it.

→ _____

4 The flowers are beautiful. Max gave them to me.

→ _____

5 Did you read the emails? The teacher sent them to our parents.

→ _____

D

Do It Yourself
주어진 우리말 표현을 영어로 옮기세요. (관계대명사를 생략할 것)

1 내가 아는 대부분의 외국인들 (대부분의 외국인들 / 내가 아는)

most foreigners _____

2 John이 세일에서 산 신발 (그 신발 / John이 세일에서 산)

the shoes _____ (on sale)

3 James가 쓴 책들 (책들 / James가 쓴)

the books _____

4 Eric이 그녀에게 준 책 (그 책 / Eric이 그녀에게 준)

_____

5 그녀가 Eric에게 사 준 책 (그 책 / 그녀가 Eric에게 사 준)

_____

E

Do It Yourself
D의 표현을 사용하여 주어진 우리말을 영어로 옮기세요.

1 내가 아는 대부분의 외국인들은 한국 음식을 좋아한다.

_____

2 John은 그가 세일에서 산 신발을 나에게 보여 주었다.

_____

3 James가 쓴 책들은 매우 재미있다.

_____ (interesting)

4 Jane은 Eric이 그녀에게 준 책을 잃어버렸다.

_____

5 그녀가 Eric에게 사 준 책은 재미있어 보인다.

_____

210 MY GRAMMAR COACH 표준편

A 관계대명사를 사용하여 주어진 표현을 완성하세요.

1 그를 아는 모든 사람   everyone _____

2 그가 아는 모든 사람   everyone _____

3 그녀가 그린 그림 하나   a picture _____

4 위층에 사는 사람들 (upstairs)   the people _____

5 요리를 잘하는 남자 (good at)   a man _____

6 덜 짖는 개 (less)   a dog _____

7 그 아이가 타고 있는 자전거   the bike _____

8 스스로 운전하는 자동차 (itself)   a car _____

9 그 강가에 있는 집들   the houses _____

10 전혀 운동을 하지 않는 사람들 (never)   people _____

11 그녀가 존경하는 선생님들   the teachers _____

12 Mary가 나를 위해 사 준 꽃들   the flowers _____

13 아이들이 사랑하는 영화   a film_____

14 전 세계적으로 인기 있는 영화   a film _____ all over the world

15 너를 Amy에게 소개시킨 남자   the man _____

16 내가 Amy에게 소개시킨 남자   the man _____

17 그가 중국에서 찍은 사진들   the pictures _____

18 네가 읽고 있는 책   the book _____

19 네가 나에게 보낸 이메일   the email _____

20 내가 점심 식사 후 마신 커피   the coffee _____

B A의 표현을 사용하여 주어진 우리말을 영어로 옮기세요. 써야 안다

1 이것은 전 세계적으로 인기 있는 영화이다.

_____

2 이것은 아이들이 사랑하는 영화이다.

_____

3 나는 너를 Amy에게 소개시킨 남자를 안다.

_____

4 그는 그가 아는 모든 사람들을 사랑한다.

_____

5 나는 요리를 잘하는 남자와 결혼하기를 원한다.

_____

6 나는 (좀) 덜 짖는 개를 원한다.

_____

7 그를 아는 모든 사람은 그를 좋아한다.

_____

8 그 아이가 타고 있는 자전거는 너무 크다.

_____

9 강가에 있는 집들은 전망이 좋다.

_____ (have great views)

10 내 아버지는 스스로 운전하는 자동차를 살 것이다.

_____

11 나는 네가 나에게 보낸 이메일을 읽었다.

_____

12 그녀는 나에게 그녀가 열 살 때 그린 그림 하나를 보여 주었다.

_____

13 그는 나에게 그가 중국에서 찍은 사진들을 보여 주었다.

_____

14 운동을 전혀 하지 않는 사람들이 많다.

_____ (there)

15 위층에 사는 사람들은 시끄럽다.

_____

16 Anna는 그녀가 존경하는 선생님 중 한 분이시다.

_____

17 Mary가 나를 위해 사 준 꽃들은 정말 아름다웠다.

_____

18 내가 점심 식사 후 마신 커피는 훌륭했다.

_____

19 내가 Amy에게 소개시킨 남자는 매우 친절했다.

_____ (gentle)

20 네가 읽고 있는 책은 재미있어 보인다.

_____

B' B에서 생략할 수 있는 관계대명사를 찾아 (　　)로 표시하세요.

ex) **2** This is a film (that [which]) children love.

추가 문법

GRAMMAR

추가 문법에서 다루는 것들입니다.
- 암기할 세부 내용이 많아 번거로운 것
- 기본 문법에서 확장되어 구조가 복잡한 것
- 개념 이해가 까다로운 것

위의 것들은 문법을 복잡하고 어렵다고 느끼게 만듭니다.
우선 기본 문법을 한 후, 이것들을 하세요.
문법 정리가 한결 쉬워집니다.

1. A(n)

• 모음 앞에는 an을, 그 외에는 a를 씁니다.
• 기준은 명사 자체가 아니라 바로 뒤에 오는 단어이므로 수식어가 붙으면 달라질 수 있어요.

자음 앞	a	a box	a man	a house	a country	
모음 앞	an	an apple an hour	an egg an FM radio	an island	an office	★ 철자는 자음이지만 발음이 모음
w 앞	a	a woman	a wolf	a week		
u 앞	a, an	a university an uncle	a unit an umbrella			★ 'u'가 [ju]로 발음되는 단어 ★ 'u'가 [ʌ]로 발음되는 단어

※ w, u[ju]를 완전한 모음이 아닌 반모음(혹은 반자음)이라 함

EXERCISE

◐ 정답과 해설 43쪽

A 빈칸에 a나 an을 넣어 표현을 완성하세요.

1 _____ animal	**2** _____ country	**3** _____ house	
4 _____ office	**5** _____ tree	**6** _____ idea	
7 _____ black umbrella	**8** _____ expensive handbag	**9** _____ red apple	
10 _____ hungry animal	**11** _____ empty house	**12** _____ new office	
13 _____ oak tree	**14** _____ full hour	**15** _____ old coin	
16 _____ Asian country			

2. '-es'

• -es: 명사의 복수형이나 동사의 3인칭 단수 현재에 붙입니다.

명사의 복수형	buses boxes dishes benches houses (e로 끝나면 -s)	'-s, -x, -sh, -ch'로 끝나는 단어 발음: [s], [ʃ], [ʧ] (ㅅ, 쉬, 취)	-es의 발음: [siz], [ʃiz], [ʧiz] (시즈, 쉬즈, 취즈)
동사의 3인칭 단수 현재	passes fixes washes teaches		
명사의 복수형	potatoes tomatoes heroes (-s: pianos, photos, radios)	'-o'로 끝나는 단어 일부	
동사의 3인칭 단수 현재	does goes		

※ 3인칭 단수 현재: 주어가 He/She/It, 혹은 이에 해당하는 명사이고 시제가 현재일 때

EXERCISE

▶ 정답과 해설 43쪽

A 주어진 단어의 적절한 형태를 쓰세요. (동사는 현재형을 쓸 것)

1 two (glass)   _____

2 two (insect)   _____

3 two (dish)   _____

4 two (fox)   _____

5 two (musician)   _____

6 two (teacher)   _____

7 two (potato)   _____

8 two (photo)   _____

9 She (watch)   _____

10 We (watch)   _____

11 I (wish)   _____

12 He (wish)   _____

13 It (mix)   _____

14 They (mix)   _____

15 Students (finish)   _____

16 Our school (finish) _____

17 The machine (do)   _____

18 People (do)   _____

Do It Yourself

B 다음 문장에서 **틀린** 부분을 찾아 바르게 고치세요.

1 They are national heros.

2 We have too many class.

3 There are two bench under the tree.

4 Christina has two pianoes.

5 He always do his homework late at night.

6 Bears catches fish in the river.

7 This road go to the beach.

8 My mother fixs broken things at my house.

9 Betty and Ellen teaches English to beginners.

10 Mr. Bradley wash the dishs after dinner. (2곳)

3. '-ies, -ied, -ier'

• -ies: 명사의 복수형, 동사의 3인칭 단수 현재
• -ied: 동사의 과거형
• -ier, -iest: 형용사, 부사의 비교급, 최상급

명사의 복수형	city / cities country / countries	자음+y → -ies
	days monkeys	모음+y: -s
동사의 3인칭 단수 현재	study / studies carry / carries	자음+y → -ies
	plays enjoys	모음+y: -s
동사의 과거형	study / studied carry / carried	자음+y → -ied
	played enjoyed	모음+y: -ed
형용사, 부사의 비교급, 최상급	heavy−heavier−heaviest early−earlier−earliest	자음+y → -ier, -iest

EXERCISE

▶ 정답과 해설 43쪽

A 주어진 단어의 적절한 형태를 쓰세요. (동사는 현재형을 쓸 것)

1 many (country) _____

2 three (day) _____

3 some (story) _____

4 two (company) _____

5 in many (way) _____

6 all the (university) in Korea _____

7 a lot of (party) _____

8 a group of (boy) _____

9 The child (cry) _____

10 Babies (cry) _____

11 Trains (carry) _____

12 The car (carry) _____

13 People (try) _____

14 Everyone (try) _____

15 Students (study) _____

16 Amy (study) _____

17 The plane (fly) _____

18 Birds (fly) _____

Do It Yourself
B 다음 문장에서 **틀린** 부분을 찾아 바르게 고치세요.

1 There are many company in big cities.

2 His room is full of toy.

3 Romeo and Juliet's families were enemys.

4 The company has factory in 15 countries.

5 The baby cry because she was hungry.

6 She carried her baby in her arms.

7 I really enjoied the party last night.

8 The Sahara Desert is one of the dryest areas.

9 Nathan often stayes up late playing games.

10 They tries to lose weight.

11 Tyler worrys about his weight.

12 You are much happyer than I am.

4. Others

명사의 복수형	life / lives leaf / leaves knife / knives wife / wives wolf / wolves (-s: roofs, beliefs, safes(금고) 등)	-f, fe → -ves
• 동사의 과거형 • v-ing	stopped planned dropped occúrred stopping planning dropping occúrring begínning • 강세가 앞에 있는 2음절어는 자음 추가 없음 vísited óffered	★자음 추가 ① 1음절어 중 '단모음 + 단자음'으로 끝나는 것 ② 2음절어 중 '뒤에 강세 + 단자음'으로 끝나는 것
형용사, 부사의 비교급, 최상급	hot−hotter−hottest big−bigger−biggest sad−sadder−saddest	
v-ing	die / dying lie / lying tie / tying	-ie → -ying

EXERCISE

◉ 정답과 해설 43쪽

A 주어진 단어의 적절한 형태를 쓰세요.

1 (Leaf) fall in fall.

2 Firefighters save many (life) every year.

3 Be careful! The (knife) are sharp!

4 This summer is (hot) than usual.

5 This is the (sad) movie I've ever seen.

6 Rain water was (drip) from the (roof) of the buildings.   ★drip (액체가) 뚝뚝 떨어지다

7 I (plan) to buy a new computer, but I couldn't.

8 A good idea (occur) to me then.

9 We were (visit) South America at that time.

10 It seems to me that you are (lie).

11 The child was (die) to play computer games.

12 The (begin) is half of the whole.

5. 동사 변화표

동사원형 (v하다)	과거 (v했다)	과거분사 (v된, 이미 v한)	know	knew	known
			lead	led	led
규칙			leave	left	left
help	helped	helped	lend	lent	lent
move	moved	moved	let	let	let
study	studied	studied	lie (눕다)	lay	lain
stop	stopped	stopped	lose	lost	lost
불규칙			make	made	made
become	became	become	meet	met	met
begin	began	begun	pay	paid	paid
blow	blew	blown	put	put	put
break	broke	broken	read	read[red]	read[red]
bring	brought	brought	ride	rode	ridden
build	built	built	ring	rang	rung
buy	bought	bought	rise	rose	risen
catch	caught	caught	run	ran	run
choose	chose	chosen	say	said	said
cost	cost	cost	see	saw	seen
cut	cut	cut	sell	sold	sold
do	did	done	send	sent	sent
draw	drew	drawn	set	set	set
drink	drank	drunk	shake	shook	shaken
drive	drove	driven	steal	stole	stolen
eat	ate	eaten	shoot	shot	shot
fall	fell	fallen	show	showed	shown
feed	fed	fed	shut	shut	shut
feel	felt	felt	sing	sang	sung
fight	fought	fought	sit	sat	sat
find	found	found	sleep	slept	slept
fly	flew	flown	speak	spoke	spoken
forget	forgot	forgotten	spend	spent	spent
freeze	froze	frozen	stand	stood	stood
get	got	got, gotten	swim	swam	swum
give	gave	given	take	took	taken
go	went	gone	teach	taught	taught
grow	grew	grown	tear	tore	torn
have	had	had	tell	told	told
hear	heard	heard	think	thought	thought
hide	hid	hidden	throw	threw	thrown
hit	hit	hit	understand	understood	understood
hold	held	held	wear	wore	worn
hurt	hurt	hurt	win	won	won
keep	kept	kept	write	wrote	written

• 관사의 사용은 '막연한 것, 특정한 것, 관용적인 것'으로 나누어집니다.

막연한 것	a(n)	• 하나의 … (셀 수 있는 명사에 붙임)		
특정한 것	the	• 그 … (셀 수 있는 명사, 셀 수 없는 명사, 단수, 복수에 다 쓰임)		
		① 앞에서 이미 나온 것	② 수식어로 꾸며주는 것	③ 상황으로 알 수 있는 것
관용적인 것	the	• 유일한 것 (the sun, the moon, the sky)		
		• 악기명 (the piano, the guitar …)		
	무관사	• 식사명 (breakfast, lunch …)		
		• 운동명 (soccer, basketball …)		
		• by+교통수단, 통신 수단 (by bus, by email …)		

I have a dog. **The dog** is very cute.	나는 개가 한 마리 있다. 그 개는 매우 귀엽다.
The air in the city is clean.	그 도시의 공기는 깨끗하다.
Please open **the door**.	문 좀 열어 주세요. (어떤 문인지 상황으로 알 수 있는 경우)
The earth goes around **the sun**.	지구는 태양의 주위를 돈다.
Can you play **the piano**?	너는 피아노를 칠 수 있니?
I usually have **breakfast** at seven.	나는 보통 7시에 아침을 먹는다.
We enjoy playing **soccer** after school.	우리는 방과 후에 축구하는 것을 즐긴다.
I go to school by **bus**.	나는 버스를 타고 학교에 간다.

EXERCISE

◎ 정답과 해설 44쪽

A 다음 문장에서 <u>틀린</u> 부분을 찾아 바르게 고치세요.

1 A moon is shining brightly.

2 I wash the dishes after the dinner.

3 It's cold in here. Will you close door?

4 The tennis is played all over the world.

5 Suzy plays piano very well.

6 You can reserve a room by a phone.

7 I'm sure of success of your plan.

• 대명사는 쓰이는 자리에 따라 형태가 달라집니다.
  (색으로 표시된 것들이 형태가 혼동되는 것이니 주의하세요.)

		1인칭 (나, 우리)		2인칭 (너, 너희들)	3인칭 (그, 그녀, 그것, 그들, 그것들)			
주어 자리 (주격)	…는 / …이 / …가	I	we	you	he	she	it	they
목적어 자리 (목적격)	…를 / …을 / …에게	me	us	you	him	her	it	them
형용사 자리 (소유격)	…의	my	our	your	his	her	its	their
소유대명사	…의 것	mine	ours	yours	his	hers	없음	theirs

EXERCISE

◐ 정답과 해설 44쪽

A 다음 문장에서 **틀리게** 쓰인 대명사를 <u>모두</u> 찾아 바르게 고치세요.

1 I sold mine old textbooks.

2 She calls he every morning.

3 He teaches we English.

4 The car is our.

5 Linda's bike is red. My is blue.

6 I've lost my phone. Can I use you?

7 I gave him the bag. The bag is him.

8 That is not my computer. It is her.

9 He listened to she carefully during her speech.

10 The cat uses it paws to wash it face.

11 I have two brothers. I love they very much.

12 This house is their. They bought them three years ago.

• 주어가 다시 동사나 전치사의 목적어로 쓰일 때 쓰는 대명사를 재귀대명사라고 해요.
　(재귀(再歸): 다시 돌아옴. 주어가 하는 동작이 자신에게 돌아온다는 의미)

일반 대명사 (목적격)	me 나를	you 너를, 너희들을	him, her, it 그를, 그녀를, 그것을	us 우리를	them 그들을, 그것들을
재귀대명사	myself 나 자신을	yourself yourselves 너 자신을 / 너희들 자신을	himself herself itself 그(녀) 자신을 / 그것 자신을	ourselves 우리들 자신을	themselves 그들 자신을

I introduced **myself** to her friends.　　　　　　**내가** / 소개했다 / **나 자신을**

She introduced **me** to her friends.　　　　　　그녀가 / 소개했다 / **나를**

You should know **yourself**.　　　　　　**너는** / 알아야 한다 / **너 자신을**

Excuse me, but do I know **you**?　　　　　　내가 / 아나요 / **당신을**? (저를 아시나요?)

She looked at **herself** in the mirror.　　　　　　**그녀는** / 보았다 / **그녀 자신을** / 거울 속의

The taxi driver looked at **her** in the mirror.　　　　　　택시 운전사는 / 보았다 / **그녀를** / 거울 속의

EXERCISE

○ 정답과 해설 44쪽

A 네모 안에서 적절한 말을 고르세요.

1 This car is too old. I never drive it / itself .

2 This car drives it / itself automatically.

3 Jane introduced him / himself to the class.

4 The new English teacher introduced him / himself as Mr. Lee.

5 The men were dirty. They washed them / themselves in the river.

6 Their hands were dirty. They washed them / themselves in the river.

7 You must exercise to keep you / yourself healthy.

8 Eating little and often keeps you / yourself healthy.

9 Who will take care of us / ourselves when we are old?

10 We must take care of us / ourselves .

- it은 대명사로서, 앞의 명사, 혹은 뒤의 구, 절을 가리킵니다.
- it은 특별히 가리키는 것 없이 시간, 날씨, 거리, 상황 등을 나타냅니다.

대명사	명사 ◄——————— it ———————► to-v / that ...
시간, 날씨, 거리, 상황	× ◄——————— it ———————► ×

I've lost **my wallet**. I can't find **it** anywhere.[1]　　　it=my wallet

It is not easy **to make new friends**.[2]　　　It=to make ...

It is strange **that she has no close friends**.[3]　　　It=that ...

I find **it** surprising **to see so many people here**.[4]　　　it=to see ...

It is cold today.[5]　　　날씨

What time is **it**? — **It** is six.[6]　　　시간

It's about 400 kilometers from Seoul to Busan.[7]　　　거리

I like [hate] **it** here.[8]　　　막연한 상황, 사정

> 예문역 [1]나는 나의 지갑을 잃어버렸어. 어디에서도 그것을 찾을 수 없어. [2](그것은) 쉽지 않다 / 새 친구들을 사귀는 것은. [3](그것은) 이상하다 / 그녀가 친한 친구가 없다는 것은. [4]나는 (그것을) 놀랍다고 생각해 / 여기에서 그렇게 많은 사람을 보는 것. [5]오늘은 (날씨가) 추워. [6]지금 몇 시지? — 여섯 시야. [7]서울에서 부산까지는 약 400킬로미터다. [8]나는 여기가 좋아[싫어].

EXERCISE

◐ 정답과 해설 44쪽

A It(it)이 가리키는 것을 찾아 밑줄로 표시하세요.

1 That bicycle belongs to Jennifer. She rides **it** to school.

2 **It** is dangerous to play with fire.

3 **It** is helpful to study with classmates.

4 **It** is good that you exercise every day.

5 **It** is uncertain whether the game will be canceled.

6 He considers **it** rude to speak loudly on the bus.

7 Hannah finds **it** funny that I fell on the ice.

Do It Yourself

B It(it)을 사용하여 주어진 우리말을 영어로 옮기세요.

1 비가 오고 있다.

_____

2 어제는 일요일이었다.

_____ yesterday.

3 제일 가까운 버스 정류장까지 얼마나 먼가요?

_____ to the nearest bus stop? (how)

4 어떻게 지내세요?

_____ going with you? (how)

- some, any는 명사를 꾸며 막연한 수나 양을 나타냅니다.
- some, any는 막연한 수나 양을 나타내는 대명사로도 쓰여요.
- some은 주로 긍정문에, any는 주로 부정문, 의문문, 조건문에 쓰입니다.

		형용사	대명사
some	긍정문	얼마간의, 조금의	얼마간, 조금 어떤 사람[것]
any	의문문, 조건문	얼마간의, 조금의	얼마간, 조금
	부정문	조금도	조금(도 없다)

A: I need **some money**. Do you have **any money**?   얼마간의[조금의] 돈 (형용사)

B: No, I don't have **any money**.

A: Do you have **any fruit**?   얼마간의[조금의] 과일 (형용사)

B: Yes, I bought **some grapes**.
     I didn't have **any fruit** at home.

If you need money, I have **some**.   얼마간, 조금 (대명사)

I have no cousins. Do you have **any**?

She asked for money, but I didn't have **any**.

- 권유나 의뢰를 나타내는 경우는 의문문이라도 some을 써요. 문장 형식은 의문문이지만 내용상 긍정이기 때문입니다.

Would you like **some coffee**?

Will you have **some more cake**?

EXERCISE

○ 정답과 해설 45쪽

A 네모 안에서 적절한 말을 고르세요.

1 I don't know some / any foreigners.

2 Ashley baked some / any cookies.

3 If you have some / any problems, please call me.

4 There is some / any rice in the kitchen.

5 Do you have some / any questions about the lesson?

6 There isn't some / any milk in the refrigerator.

7 Can I have some / any more coffee?

8 I ate a few strawberries and saved some / any for later.

9 If you have some / any money, please lend me some.

10 Emily brought candy, but she didn't give me some / any .

11 I cooked fried rice, would you like some / any ?

12 Have you met some / any of his brothers and sisters?

• 대명사들 중에는 형태가 혼동되는 것이 많아요. 근본 의미를 이해하세요.

one it	앞의 명사 반복 one: 종류가 같은 것(a/an +명사) / it: 앞에서 말한 바로 그것(the+명사)	
another others	another: 막연히 다른 어떤 것 하나 더(an+other)	○○●○○○
	others: 막연히 다른 것 여러 개(other+s)	○●●●○○
the other the others	the other: 나머지 하나(정해짐)	○●
	the others: 여러 개 중 남은 것 모두(정해짐)	○○○●●●
	*the는 한정(바로 그)의 의미가 있으므로, the를 쓰면 정해진 다른 것들임	

I have lost my watch, so I have to buy **one**.   다른 시계 (a watch)

I bought a camera. I'll lend **it** to you.   내가 산 그 카메라 (the camera)

I don't like this one. Show me **another**.   막연히 다른 것 하나 더

Show me **others**.   막연히 다른 것들

Show me **the other**.   두 개 중 나머지 하나

Show me **the others**.   다른 것 모두

Some students like English; **others** don't.   어떤 사람들[것들]은 …하고, 다른 사람들[것들]은 ～하다

EXERCISE

● 정답과 해설 45쪽

A 네모 안에서 적절한 말을 고르세요.

1 I have some apples. Do you want one / it ?

2 I have an apple. Do you want one / it ?

3 John's computer broke. He will fix one / it tomorrow.

4 John's computer broke. He will buy a new one / it tomorrow.

5 Ashley has an umbrella, but she can't find one / it .

6 Ashley needs an umbrella, but she can't find one / it .

Do It Yourself

B another, others, the other, the others 중 빈칸에 적절한 것을 쓰세요.

1 Two students took a test. One student got an A, and _____ got a B.

2 Five students took a test. Some students got A's, and _____ got B's.
But one got an F!

3 Five students took a test. One student got a C, and _____ got a B.
The other three got A's.

4 Amy's dog had three puppies. She gave me one and gave Tom _____.
She kept the third one.

5 Amy's dog had two puppies. She gave me one and gave Tom _____.

6 Amy's dog had three puppies. She gave me one and gave Tom _____.
Now there are none left.

7 Amy's dog had six puppies. She gave me some and gave Tom _____.
I'm not sure how many are left.

8 My father has two cars. One is red, and _____ is blue.

9 All of the cars are either red or blue. Two of them are red, and _____ are blue.

추가 ⑧ -thing [body, one] +형용사 　　　　　 ◑ Chapter 1 문장과 어순

- 형용사는 보통 명사 앞에서 명사를 꾸미지만, 명사가 -thing[body, one]으로 끝나는 단어인 경우, 형용사는 명사 뒤에 옵니다.

Something strange happened.[1]	어떤 일 / 이상한
Don't buy **anything expensive** at the mall.[2]	어떤 것 / 비싼
I don't see **anybody familiar** in the audience.[3]	어떤 사람 / 아는

예문역 [1]이상한 일이 일어났다. [2]쇼핑센터에서 비싼 것은 어떤 것도 사지 마라. [3]청중 중에 아는 사람을 아무도 볼 수 없다.

EXERCISE 　　　　　　　　　　　　　　　　　　　　　　◑ 정답과 해설 45쪽

A 주어진 우리말을 영어로 옮기세요.

1 오늘 밤 TV에는 재미있는 것이 없다.

There is _____ on TV tonight. (nothing)

2 유명한 누군가가 파티에 올 것이다.

_____ will be at the party. (somebody)

3 참석한 모든 사람은 그 제품에 흥분했다.

_____ was excited about the product. (everyone)

4 우리는 디저트로 단것을 주문했다.

We _____ for dessert. (something)

5 그녀는 생일 선물로 그에게 특별한 것을 사 주었다.

She _____ for his birthday. (something)

6 이 사무실에는 근무하는 젊은 사람이 없다.

_____ working in this office. (there, nobody)

7 너희 농구 팀에 키가 큰 사람이 있니?

_____ on your basketball team? (there, anyone)

• 동사의 패턴은 하나로 고정되어 있지 않아요. 여러 패턴으로 쓰이는 동사들이 많으니 문맥을 보고 판단하세요.
  (**V**erb: 동사   **O**bject: 목적어   **C**omplement: 보어)

• 동사(V) / 동사 + 목적어(VO)

Flowers **grow** in the garden.	꽃들이 그 정원에서 자란다. (V)
They **grow flowers** in the garden.	그들은 그 정원에서 꽃들을 키운다. (VO)
Marie **walks** to school.	Marie는 학교에 걸어서 간다. (V)
Marie **walks her dog** every morning.	Marie는 매일 아침 개를 산책시킨다. (VO)

• 동사 + 보어(VC) / 동사 + 목적어(VO)

These roses **smell sweet**.	이 장미들은 향기로운 냄새가 난다. (VC)
He **smelled the roses**.	그는 그 장미들의 향기를 맡았다. (VO)
The cheese **tasted strange**.	그 치즈는 이상한 맛이 났다. (VC)
The chef **tastes the food** before serving it.	요리사는 차려 내기 전에 음식을 맛본다. (VO)

• 여러 패턴에 쓰이는 동사

She **made a beautiful scarf** for me.	그녀는 나를 위해 멋진 스카프를 만들었다. (VO)
She **made us chicken sandwiches**.	그녀는 우리에게 치킨 샌드위치를 만들어 주었다. (VOO)
The young actor's death **made us sad**.	그 젊은 배우의 죽음은 우리를 슬프게 했다. (VOC)

I **keep silent** when my mother is angry.	나는 어머니가 화났을 때는 말없이 있는다. (VC)
He **keeps his car** in the garage.	그는 자신의 차를 차고에 보관한다. (VO)
They **kept their plans secret**.	그들은 그들의 계획들을 비밀로 지켰다. (VOC)

Did somebody **call my name**?	누가 내 이름을 불렀니? (VO)
Brad **called Tiffany** late at night.	Brad가 밤늦게 Tiffany에게 전화했다. (VO)
I'll **call you a taxi**.	내가 네게 택시를 불러 줄게. (VOO)
My friends **call me Nicky**.	내 친구들은 나를 Nicky라고 부른다. (VOC)

EXERCISE

정답과 해설 45쪽

A 표시된 동사의 목적어, 보어를 찾아 O, C로 표시하세요. (목적어, 보어가 없는 경우에는 ×)

1 Snow **melts** when it gets warm.

2 They **melted** snow and drank it.

3 My father **froze** the steaks for later.

4 The lake **freezes** every winter.

5 I **tasted** one of the cupcakes.

6 Food **tastes** better when you're hungry.

7 She **felt** a hand on her shoulder.

8 My new sweater **feels** soft.

9 The smell **made** the children hungry.

10 When I was a baby, everyone **called** me Johnny.

11 His face **turned** pale at the news.

12 The cold **turned** the boy's nose red.

13 He **found** us a hotel to stay at.

14 I **found** the store closed.

15 She **left** me a message on my phone.

16 The kids **left** the living room a mess.

• 영어의 목적어는 대체로 우리말의 '···을/를'에 해당하지만, 일부 동사의 목적어를 우리말로 해석할 때 그렇지 않은 경우가 있어서 자동사, 타동사 구분에 혼동이 생깁니다.

자동사로 알기 쉬운 타동사	···로, ···에	attend, enter, reach, answer
	···와	marry, resemble, join
	···에 대해	discuss
타동사로 알기 쉬운 자동사	···을/를	listen to, wait for, ask for, graduate from

She **entered** ~~into~~ the room.[1] (go into)

Every student must **attend** ~~to~~ the meeting.[2] (come to, go to)

He asked me some questions, and I **answered** ~~to~~ them.[3] (reply to)

We will **reach** ~~at~~ the station in a few minutes.[4] (arrive at [in])

I asked her to **marry** ~~with~~ me.[5]

My dog **resembles** ~~with~~ a baby lion.[6] (look like)

We're going to the movies. Would you like to **join** ~~with~~ us?[7] (come with)

Let's **discuss** ~~about~~ the problem after class.[8] (talk about)

Don't **listen to** music while you are studying.[9]

She **waited for** her boyfriend for nearly an hour.[10]

I **asked for** a glass of water.[11]

I **graduated from** Korea Elementary School.[12]

> **예문역**　[1]그녀는 그 방으로 들어갔다. [2]모든 학생들은 그 모임에 참석해야 한다. [3]그는 나에게 질문을 했고, 나는 질문에 답했다. [4]우리는 몇 분 후에 역에 도착할 것이다. [5]나는 그녀에게 나와 결혼해 달라고 했다. [6]내 개는 아기 사자와 닮았다. [7]우리는 영화 보러 갈 거야. 우리와 같이 갈래? [8]수업 후에 그 문제에 대해 논의하자. [9]공부하는 동안 음악을 듣지 마라. [10]그녀는 그녀의 남자친구를 거의 한 시간 동안 기다렸다. [11]나는 물 한 잔을 요청했다. [12]나는 한국 초등학교를 졸업했다.

EXERCISE

○ 정답과 해설 46쪽

A 주어진 동사를 사용하여 우리말 표현을 영어로 옮기세요.

1 그 호텔에 도착하다 (reach, arrive)　　　_____

2 그녀의 어머니를 닮다 (look, resemble)　　_____

3 그 질문에 답하다 (answer, reply)　　　　_____

4 그녀의 남자친구와 결혼하다 (marry)　　　_____

5 너의 장래에 대해 논의하다 (discuss, talk) _____

6 너의 선생님(의 말)을 듣다 (listen) _____

7 학교에 다니다 (attend, go) _____

8 대학에 입학하다 (enter) _____

9 도움을 요청하다 (ask) _____

10 마지막 기차를 기다리다 (wait) _____

11 나와 같이 하자 (join) _____

12 중학교를 졸업하다 (graduate) _____

추가 ⓫ 주의할 부정 표현 ◑ Chapter 3 문장의 종류

준부정어	few (수가) 거의 없는 hardly 거의 …하지 않다[아니다]	little (양이) 거의 없는 rarely 드물게 …하다[이다], 좀처럼 …하지 않다[아니다]
부분부정	not + all/every/always	모두, 항상 …한[인] 것은 아니다 → 일부는 그렇고 일부는 그렇지 않다

Sadly, there are **few tigers** left in the world.[1]

We had **little time**, so we had to hurry.[2]

I **could hardly sleep** in the bed.[3] ★be동사, 조동사의 뒤 / 일반동사의 앞

She lives far away, so we **rarely meet**.[4]

Not all lions live in Africa. There are some in India.[5]

Not every seat is taken. There are some empty ones over there.[6]

This restaurant is **not always** crowded.[7]

> 예문역 [1]슬프게도, 전 세계에 남아 있는 호랑이가 거의 없다. [2]우리는 시간이 거의 없어서 서둘러야 했다. [3]나는 그 침대에서는 거의 잘 수 없었다. [4]그녀가 멀리 살아서 우리는 좀처럼 만나지 못한다. [5]모든 사자가 아프리카에 사는 것은 아니다. 인도에도 (사자가) 얼마간 있다. [6]모든 자리가 다 찬 것은 아니다. 저쪽에 빈자리가 좀 있다. [7]이 식당이 항상 붐비는 것은 아니다.

EXERCISE

◉ 정답과 해설 46쪽

A 주어진 우리말을 영어로 옮기세요.

1 그 아이는 친구가 거의 없다.

The child _____.

2 사막에는 비가 거의 오지 않는다.

It _____ in the desert. (rarely)

3 냉장고에는 음식이 거의 없었다.

There _____ in the refrigerator.

4 그녀는 선생님(의 말)을 거의 들을 수 없었다.

She could _____ the teacher. (hardly)

5 너의 반 친구들이 모두 너에게 동의하는 것은 아니다.

_____ agree with you. (all)

6 그가 항상 조용한 것은 아니다.

_____

7 모든 은행이 토요일마다 문을 닫는 것은 아니다.

_____ (every)

추가 ⑫ Yes, No 대답의 혼동　　　　◉ **Chapter 3 문장의 종류**

• 부정으로 물어볼 때, 우리말과 대답이 반대인 경우가 있으므로 주의해야 해요.
• 물어보는 형식에 관계없이 대답의 내용이 긍정이면 Yes, 부정이면 No입니다.
• Yes는 결코 not과 함께 쓸 수 없고, No 대답에는 항상 not이 있어요.

Are you hungry? — Yes, I am.
　　　　　　　　　No, I'm not.

Do you love music? — Yes, I do.
　　　　　　　　　　No, I don't.

Aren't you hungry? — Yes, I am. (배고파. ~~No, I am.~~)
　　　　　　　　　　No, I'm not. (배 안 고파. ~~Yes, I am not.~~)

Don't you love music? — Yes, I do. (좋아해. ~~No, I do.~~)
　　　　　　　　　　　No, I don't. (좋아하지 않아. ~~Yes, I don't.~~)

EXERCISE

◑ 정답과 해설 46쪽

A 적절한 대답을 써서 다음 대화를 완성하세요.

1 **A**: Aren't you tired?

   B: _____. It was a very long day.

2 **A**: Isn't this pumpkin soup delicious?

   B: _____. It is the best I have ever tasted.

3 **A**: Isn't your TV a new model?

   B: _____. It's very old.

4 **A**: Wasn't your mother angry with you?

   B: _____. She doesn't get angry easily.

5 **A**: Wasn't Mr. King your math teacher last year?

   B: _____. I really enjoyed his class.

6 **A**: Don't you watch TV a lot?

   B: _____. I watch TV every day.

7 **A**: Don't you like soccer?

   B: _____. I'm not interested in sports.

8 **A**: Don't they live in this building?

   B: _____. They live across the street.

9 **A**: Doesn't Tom have a younger brother?

   B: _____. He is only seven years old.

10 **A**: Didn't you finish your homework?

   B: _____. I finished it yesterday.

- 문장 뒤에 의문문 형태의 말을 부가하는(붙이는) 것을 부가의문문이라고 합니다.
- 한 말에 대해 동의를 구하거나 확신할 수 없을 때 사용하며, 우리말로는 '맞지?, 그렇지 (않니)?' 정도로 생각하면 돼요.

동사의 형태	긍정문 + 부정의 부가의문문	부정문 + 긍정의 부가의문문
be → be 일반동사 → do 조동사 → 조동사	isn't[aren't, wasn't …] + 대명사 don't[doesn't, didn't …] + 대명사 won't[can't …] + 대명사	is[are, was …] + 대명사 do[does, did …] + 대명사 will[can …] + 대명사

It is raining, **isn't it?**[1]

You like chicken, **don't you?**[2]

Alice has a boyfriend, **doesn't she?**[3]

Eva will love her new school, **won't she?**[4]

It is not raining, **is it?**[5]

You don't like chicken, **do you?**[6]

Alice doesn't have a boyfriend, **does she?**[7]

Eva will not love her new school, **will she?**[8]

> 예문역　[1]비가 오고 있어, 그렇지 않니? [2]너는 닭고기를 좋아해, 그렇지 않니? [3]Alice는 남자친구가 있어, 그렇지 않니? [4]Eva는 그녀의 새 학교를 좋아할 거야, 그렇지 않니? [5]비가 오고 있지 않아, 그렇지? [6]너는 닭고기를 좋아하지 않아, 그렇지? [7]Alice는 남자친구가 없어, 그렇지? [8]Eva는 그녀의 새 학교를 좋아하지 않을 거야, 그렇지?

EXERCISE

◐ 정답과 해설 47쪽

A　빈칸에 적절한 부가의문문을 쓰세요.

1　Your sister is pretty, _____?

2　You are on the waiting list, _____?

3　Flowers don't grow without light, _____?

4　You had fun during the party, _____?

5　That test wasn't so difficult, _____?

6　That sounds like a good idea, _____?

7　You did your best, _____?

8　Lucy didn't sleep well last night, _____?

9　He will pass the test, _____?

10　Brian will not join our club, _____?

11 You will clean your room this afternoon, _____?

12 You can help me with my homework, _____?

추가 **⑭** 감탄문   ◐ **Chapter 3 문장의 종류**

- 기쁨, 놀라움 등의 감정을 표현하는 문장을 감탄문이라고 합니다. 주로 How나 What을 써서 나타내요.
- How는 형용사나 부사와 함께 써요(How+형/부+SV ...!).
- What은 명사와 함께 써요(What+명+SV ...!).

How terrible / that smells!   얼마나 끔찍하게 / 그것이 냄새나는가!

How beautifully / she sings!   얼마나 아름답게 / 그녀는 노래를 하는가!

What a beautiful horse / (it is)!   얼마나 아름다운 말인가 / (그것은)!

What a shame / (it is)!   얼마나 창피한 일인가 / (그것은)!

EXERCISE

◐ 정답과 해설 47쪽

A 다음 문장을 감탄문으로 바꾸어 쓰세요.

1 He is really funny.

→ How _____!

2 You are very lucky.

→ How _____!

3 Your boyfriend is really handsome.

→ How _____!

4 You are really an idiot.

→ What _____!

5 It was a really great concert.

→ How _____!

→ What _____!

6 They are very energetic players.

→ How _____!

→ What _____!

7 The flowers are really lovely.

→ How _____!

→ What _____!

- 현재완료 진행형(have been v-ing)은 과거의 어느 때부터 현재까지 계속되는 동작을 나타냅니다.
- have[has] been v-ing: (이전부터) 계속 v하고 있다

I **have been waiting** for you for two hours.[1]　　　　이전부터 현재까지 기다리고 있음

Sally **has been writing** emails all morning. [2]　　　　이전부터 현재까지 쓰고 있음

It **has been snowing** since yesterday. [3]　　　　어제부터 현재까지 눈이 오고 있음

- 상태나 이미 완료된 일의 결과를 말할 때는 현재완료 진행형으로 쓰지 않아요.

I ~~have been knowing~~ her since she was a child.　　　　계속되는 상태
　　└→ have known

Sally ~~has been writing~~ five emails this morning.　　　　이미 완료된 일
　　　└→ has written

[주의] live, work는 현재완료 진행형과 현재완료의 의미가 같습니다.

We **have been living** here for two years. = We **have lived** here for two years.[4]

She **has been working** here since 2004. = She **has worked** here since 2004.[5]

> **예문역** [1]나는 너를 2시간 동안 기다리고 있다. [2]Sally는 아침 내내 이메일을 쓰고 있다. [3]어제부터 눈이 오고 있다. [4]우리는 이곳에서 2년 동안 살고 있다. [4]그녀는 2004년부터 이곳에서 일하고 있다.

EXERCISE

◐ 정답과 해설 47쪽

A 　빈칸에 적절한 동사의 현재완료 진행형을 써서 문장을 완성하세요.

> do　　make　　talk　　look for　　wash　　write　　wait for　　sing

1　The birds _____ all morning.

2　He _____ his homework since five o'clock.

3　Angela is angry. She _____ Justin for an hour.

4　My brother _____ a job for three months.

5　I _____ the car for an hour. I'm all wet.

6　Laura _____ on the phone for three hours.

7　She _____ her report since two o'clock.

8　The refrigerator _____ strange noises.

B 'have v-ed'나 'have been v-ing'를 사용하여 주어진 우리말을 영어로 옮기세요.

1 우리는 한 시간 동안 그 버스를 기다리고 있어.

_____

2 그의 차는 고장 났어.

_____ (break down)

3 그 아기는 아침 내내 울고 있어.

_____ all morning.

4 너는 낮 12시부터 계속 TV를 보고 있어.

_____ since noon.

5 나는 몇 년 동안 캐나다를 방문하기를 원해 왔어.

_____ (want)

6 그들은 몇 시간 동안 말다툼하고 있어.

_____ for hours. (argue)

7 눈이 많이 왔어. 그래서 길이 미끄러워.

It _____, so the roads are slippery.

8 그들은 지난 10월부터 계속 여행을 하고 있어.

_____ (last October)

- 'had v-ed'를 과거완료라고 해요.
- 과거완료는 두 개의 과거 일들 중 먼저 일어난 일을 구분할 필요가 있을 때 써요.
- had v-ed: (과거의 특정 시점 이전에) v했었다

He **went** out after he **had finished** dinner.[1]   finish dinner가 먼저

The boy **had been** sick for a year when I **met** him.[2]   be sick이 먼저

They **had never seen** snow before they **came** to Korea.[3]   오기 전에 본 적 없음

- 과거의 어느 때까지 계속되는 동작은 과거완료 진행형으로 표현합니다.
- had been v-ing: (과거의 특정 시점까지) v해 왔었다

Everything was wet. It **had been raining** for days.[4]

We **had been dating** for 10 years.[5]

예문역 [1]그는 저녁 식사를 마친 후 밖으로 나갔다. [2]내가 그 남자아이를 만났을 때 그 아이는 (그때까지) 일 년째 앓고 있었다. [3]그들은 한국에 오기 전까지 눈을 본 적이 없었다. [4]모든 것이 젖어 있었다. (그 이전부터) 며칠째 비가 계속 오고 있었다. [5]우리는 (그때까지) 10년 동안 데이트를 해 왔었다.

EXERCISE

○ 정답과 해설 47쪽

A 다음 문장에서 과거완료형이나 과거완료 진행형을 찾아 밑줄로 표시하세요.

1 I had turned off all the lights before I left the office.

2 Mark had a shower after he had done his exercise.

3 The car was clean. I had just washed it.

4 It had been pretty warm until yesterday.

5 When I saw Jinny last year, she had changed a lot.

6 He had written three books and he was working on another one.

7 When she arrived at school, her first class had already started.

8 Shirley had never seen her teacher so angry before.

9 By the time Olive arrived, we had been waiting for her for 3 hours.

10 They had been talking about Tony before he arrived.

B 주어진 동사의 적절한 형태를 쓰세요. (시간의 선후 관계에 주의할 것)

1 The test was easy because the teacher (give) us hints.

2 When I got there, the shop (close).

3 I (not, have) any money because I had lost my purse.

4 The police arrived after the thief (go).

5 I canceled my vacation plans because I (break) my leg.

6 He (be) very tired because he hadn't slept well.

7 The train had just left when I (arrive) at the station.

8 When he graduated, he (be) in London for six years.

추가 ⑰ 수동태와 전치사

⚙ Chapter 5 동사의 형태 2 (수동태, 조동사)

• 수동태에서 'by …'는 누가 했는지를 밝힐 필요가 있을 때 씁니다.
• '누가 했는지'에 관심을 두지 않고, 다른 내용을 중요하게 여길 때는 'by …'를 쓰지 않고 다른 부사어구를 써요.

This poem was written **by Jim**.[1]

My desk was made **by my mother**.[2]

The bridge was built **by the villagers**.[3]

This poem is written **in Latin**.[4]　　　　　　　　어떤 언어로 쓰였는지가 중요

Chocolate is made **from cacao**.[5]　　　　　　　만든 재료가 중요

The bridge was built **over 100 years ago**.[6]　　　언제 지어졌는지가 중요

• 다른 전치사와 어울려서 자주 쓰이는 표현은 별도로 암기하는 것이 좋아요.

The air **was filled with** smoke.[7]　　　　　　…로 가득하다

The pizza **is covered with** cheese.[8]　　　　　…로 덮여 있다

Our bus **was caught in** a traffic jam.[9]　　　　…에 잡히다(갇히다, 빠지다)

His songs **are known to** everybody.[10]　　　　…에게 알려지다

예문역　[1]이 시는 Jim에 의해 쓰였다. [2]내 책상은 어머니에 의해 만들어졌다. [3]그 다리는 마을 사람들에 의해 지어졌다. [4]이 시는 라틴어로 쓰였다. [5]초콜릿은 카카오로 만들어진다. [6]그 다리는 100년도 전에 지어졌다. [7]대기는 연기로 가득했다. [8]그 피자는 치즈로 덮여 있다. [9]우리 버스는 교통 체증 속에 갇혀 있었다. [10]그의 노래들은 모든 이에게 알려져 있다.

EXERCISE

▶ 정답과 해설 48쪽

A 주어진 우리말을 영어로 옮기세요.

1 그 산봉우리는 눈으로 덮여 있다.

The mountaintop _____.

2 치즈는 우유로 만들어진다.

Cheese _____.

3 그 소설은 쉬운 영어로 쓰여 있다.

The novel _____. (simple English)

4 그 다리는 언제 지어졌나요?

_____

5 우리는 함정에 빠졌다.

_____ (a trap)

6 그 음악가는 대중에게는 알려져 있지 않다.

_____ (the public)

추가 ⓲ 감정동사의 쓰임   **↻ Chapter 5 동사의 형태 2 (수동태, 조동사)**

• 영어에서는 흥미, 관심, 놀라움 등을 수동형을 통해 표현하는 일이 많아요.
• 우리말과 다른 영어 특유의 표현이니 동사의 쓰임을 정확히 알아야 합니다.

v: (어떤 것이) 감정을 주다 → 느끼게 하다	be v-ed: (주로 사람이) 감정을 받다 → 느끼다
shock 충격을 주다	be shocked 충격을 받다
surprise 놀라게 하다	be surprised 놀라움을 받다 → 놀라다
interest 흥미를 갖게 하다, 흥미를 끌다	be interested 관심, 흥미를 받다 → 흥미를 느끼다
excite 흥분시키다, 들뜨게 만들다	be excited 흥분을 받다 → 흥분하다, 들떠 있다
satisfy[please] 만족시키다[기쁘게 하다]	be satisfied[pleased] 만족을 받다 → 만족하다[기쁘다]
disappoint 실망시키다	be disappointed 실망을 받다 → 실망하다

The young actor's death **shocked** everyone.[1]
Everyone **was shocked at**[by] the young actor's death.[2]

The news **surprised** us.[3]
We **were surprised at**[by] the news.[4]

The movie **interests** me.[5]
I'm **interested in** the movie.[6]

The movie **disappointed** us.[7]
We **were disappointed at**[**by**] the movie.[8]

The food **satisfied**[**pleased**] all the guests.[9]
All the guests **were satisfied**[**pleased**] **with** the food.[10]

The possibility of meeting the actor **excites** him.[11]
He **is excited about** the possibility of meeting the actor.[12]

예문역 [1]그 젊은 배우의 죽음은 모두에게 충격을 주었다. [2]모든 사람이 그 젊은 배우의 죽음에 충격을 받았다. [3]그 소식은 우리를 놀라게 했다. [4]우리는 그 소식에 놀랐다. [5]그 영화는 나의 흥미를 끈다. [6]나는 그 영화에 흥미를 느낀다. [7]그 영화는 우리를 실망시켰다. [8]우리는 그 영화에 실망했다. [9]그 음식은 모든 손님들을 만족시켰다. [10]모든 손님들은 그 음식에 만족했다. [11]그 배우를 만날 수 있다는 가능성이 그를 들뜨게 한다. [12]그는 그 배우를 만날 수 있다는 가능성에 들떠 있다.

EXERCISE

정답과 해설 48쪽

A 주어진 우리말을 영어로 옮기세요.

1 우리는 그의 대단한 아이디어에 놀랐다.

We _____ by his great idea.

His great idea _____.

2 내 아버지는 오래된 차에 관심이 있으시다.

Old cars _____.

_____ old cars.

3 Joe는 새 스마트폰을 산다는 생각에 들떠 있었다.

The idea of buying a new smartphone _____.

_____ the idea of buying a new smartphone.

4 Joe는 그 스마트폰의 품질에 실망했다.

_____ the quality of the smartphone.

_____ Joe.

5 나는 내 시험 성적에 만족한다.

My test score _____.

I _____.

6 사람들은 캘리포니아의 대화재에 충격을 받았다.

_____ by the great fire in California.

_____ people.

- 2~3 단어가 모여 하나의 동사처럼 쓰이는 표현을 구동사라고 합니다. 구동사는 수동태로 바뀔 때도 한 덩어리로 같이 움직여요.
- 현재완료와 수동태가 결합하면 형태가 복잡해집니다. 하나의 표현으로 암기하세요.

take care of 돌보다, 처리하다	be taken care of 돌봄을 받다, 처리되다
laugh at 비웃다	be laughed at 비웃음을 받다
turn off 끄다	be turned off 꺼지다
put off 연기하다	be put off 연기되다
make fun of 놀리다	be made fun of 놀림을 받다
hand in 제출하다	be handed in 제출되다
carry out 실행하다	be carried out 실행되다
put away 치우다	be put away 치워지다
have[has] v-ed v했다, v한 적이 있다, v해 왔다	have[has] been v-ed v되었다, v된 적이 있다, v되어 왔다

Jack's grandmother **takes care of** him.[1]
Some children **are taken care of** by their grandparents.[2]

My father **turned off** the television.[3]
The television **was turned off** at 10 p.m.[4]

Many tourists **have visited** the temple.[5]
The temple **has been visited** by many tourists.[6]

My father **has painted** our house blue.[7]
Our house **has been painted** blue by my father.[8]

예문역 [1]Jack의 할머니가 그를 돌보신다. [2]어떤 아이들은 조부모님의 돌봄을 받는다. [3]아버지가 TV를 끄셨다. [4]TV는 밤 10시에 꺼졌다. [5]많은 관광객들이 그 사원을 방문해 왔다. [6]그 사원은 많은 관광객들의 방문을 받아 왔다. [7]아버지가 우리 집을 파란색으로 칠하셨다. [8]우리 집은 아버지에 의해 파란색으로 칠해졌다.

EXERCISE

● 정답과 해설 48쪽

A 밑줄 친 부분을 우리말로 옮기세요.

1 All of the reports <u>were handed in</u> on time.

_____

2 The child <u>was made fun of</u> because of his clothes.

_____

3 Jonathan <u>was laughed at</u> by his classmates.

_____

4 The game <u>was put off</u> because of rain.

_____

5 The problem <u>will be taken care of</u> soon.

_____

6 Cell phones <u>should be turned off</u> in class.

_____

7 I <u>have been bitten</u> by a mosquito!

_____

8 I <u>have already been given</u> my allowance by my mother.

_____

9 Thousands of cars <u>have been sold</u> by the company.

_____

10 The problem <u>has not been discussed</u> yet.

_____

Do It Yourself

B 위의 표현을 사용하여 주어진 우리말을 영어로 옮기세요.

1 수학 시험이 연기되었다.

The math test _____.

2 나는 어렸을 때 내 형들로부터 놀림을 받았다.

I _____ when I was young.

3 그녀의 장난감들은 그녀의 아버지에 의해 치워졌다.

_____ by her father.

4 농산물에 대해서 안전 검사가 실시된다.

Safety tests _____ on agricultural products.

5 누군가에 의해 내 선글라스를 도난당했다! (그래서 지금 쓸 수 없다.)

My sunglasses _____ by someone!

6 많은 집들이 그들에 의해 지어져 왔다. (예전부터 지금까지)

_____ by them.

7 내 방은 내 아버지에 의해 청소되었다. (그래서 지금 깨끗하다.)

_____

- could, would: 정중한 요청
- would, used to: 과거의 습관적인 일 (현재는 그렇지 않음)

Could I use your phone, please?[1]   'Can I ...?'보다 정중함

Would [**Could**] you open the door, please?[2]   Would는 you와 같이 씀. 'Will[Can] you ...?'보다 정중함

He **would** [**used to**] sit for hours doing nothing.[3]   …하곤 했다

China **used to** be a poor country.[4]   과거의 상태를 나타낼 때는 used to

> 예문역   [1]당신의 전화를 써도 될까요? [2]문 좀 열어 주시겠어요? [3]그는 아무것도 하지 않으면서 몇 시간씩 앉아 있곤 했다. [4]중국은 가난한 나라였다.

EXERCISE

◑ 정답과 해설 48쪽

A 위의 표현을 사용하여 주어진 우리말을 영어로 옮기세요.

1 불 좀 꺼 주시겠어요?

_____ the light?

2 제가 당신에게 개인적인 질문들을 해도 될까요?

_____ personal questions?

3 나의 아버지는 여행을 많이 하셨었다. (지금은 아니다.)

My father _____ a lot.

4 너는 눈 오는 날을 좋아했었지. (지금은 좋아하지 않는다.)

You _____. (snowy days)

5 우리는 여름을 해변에서 보내곤 했다. (지금은 아니다.)

We _____ at the beach.

6 Joe는 말랐었다. (지금은 아니다.)

_____ (thin)

- '누가 to-v를 하는지'의 표시를 의미상의 주어라고 합니다.
- '누가 to-v를 하는지'는 보통 문맥에 나타나며, 이런 경우에는 별도 표시를 하지 않아요.

Susan wants **to learn** Japanese.¹   Susan이 learn함 (문장의 주어)

I want **you to learn** Japanese.²   you가 learn함 (문장의 목적어)

It's not easy **to learn** a foreign language.³   일반인(we, people)이 learn함

- 그러나 문맥상 드러나지 않아 의미에 혼동을 줄 경우 별도로 표시하는데, 주로 to-v 앞에 for를 씁니다.
  for A to-v: A가 to-v하는 것[할, 하기 위해]

It's easy **for Koreans to learn** Japanese.⁴   Koreans가 learn함

Here is a new book **for you to read**.⁵   you가 read함

- 사람의 성격을 나타내는 형용사가 있을 때는 to-v 앞에 of를 씁니다.
  kind/nice/clever/foolish/crazy/rude of A to-v

It was rude **of him to talk** like that.⁶

> **예문역** ¹Susan은 일본어를 배우기를 원한다. ²나는 네가 일본어를 배우기를 원한다. ³(그것은) 쉽지 않다 / (우리가) 외국어를 배우는 것은. ⁴(그것은) 쉽다 / 한국인이 일본어를 배우는 것은. ⁵여기에 네가 읽을 새 책이 있어. ⁶(그것은) 무례했다 / 그가 그렇게 말하는 것은.

EXERCISE

◑ 정답과 해설 49쪽

A 다음 문장에서 틀린 것을 찾아 바르게 고치세요.

1 It's difficult young children to sit still.   _____ ➡ _____

2 I bought a dress you to wear to the party.   _____ ➡ _____

3 It's unusual lions to climb trees.   _____ ➡ _____

4 It is important drivers to pay attention.   _____ ➡ _____

5 Is there any work me to do?   _____ ➡ _____

6 It is very kind you to help me.   _____ ➡ _____

7 It was crazy her to marry Harry.   _____ ➡ _____

B 주어진 우리말을 영어로 옮기세요.

1 엄마는 우리가 먹을 간식을 식탁 위에 두셨다.

(엄마는 간식을 두셨다 / 우리가 먹을 / 식탁 위에)

Mom left a snack _____ on the table.

2 학생들이 시험에서 부정행위를 하는 것은 잘못이다.

(그것은 잘못이다 / 학생들이 부정행위를 하는 것은 / 시험에서)

It is wrong _____ on tests. (cheat)

3 그녀가 그의 조언을 따른 것은 실수였다.

(그것은 실수였다 / 그녀가 그의 조언을 따른 것은)

It was a mistake _____.

4 우리 팀이 이길 가능성은 거의 없다.

(가능성이 거의 없다 / 우리 팀이 이길)

There is little chance _____.

5 George는 Sally가 그 방으로 들어오도록 문을 열어 주었다.

(George는 문을 열어 주었다 / Sally가 그 방으로 들어오도록)

George opened the door _____. (enter)

6 그가 같은 실수들을 반복하는 것은 어리석었다.

(그것은 어리석었다 / 그가 같은 실수들을 반복하는 것은)

It was foolish _____. (repeat)

- to-v 앞에 의문사가 있는 경우, 의문사의 의미를 더해서 이해하면 돼요.
- what/when/where/how to-v   whether to-v
  무엇을[언제/어디서/어떻게] v할지   v할지 어떨지

Nick's parents told him **what to do**.[1]

He asked me **how to cook steak**.[2]

You should know **when to ask for help**.[3]

I don't know **whether to stay or go**.[4]

> **예문역** [1]Nick의 부모님은 그에게 무엇을 해야 할지 말씀해 주셨다. [2]그는 나에게 어떻게 스테이크를 요리하는지 물었다. [3]너는 언제 도움을 청해야 하는지를 알아야 한다. [4]나는 계속 있어야 할지 가야 할지 모르겠다.

EXERCISE

◑ 정답과 해설 49쪽

A 밑줄 친 부분을 우리말로 옮기세요.

1 Angela can't decide <u>what to wear</u>.   _____

2 I told him <u>where to go for help</u>.   _____

3 Please tell me <u>when to come to your house</u>.   _____

4 Do you know <u>how to cook spaghetti</u>?   _____

5 This book explains <u>how to fix a broken smartphone</u>.   _____

6 We talked about <u>whether to take a bus or taxi</u>.   _____

7 I'm considering <u>whether to buy a car or not</u>.   _____

Do It Yourself

B to-v를 사용하여 주어진 우리말 표현을 영어로 옮기세요.

1 다음에 무엇을 할지   _____

2 어떻게 그 문을 열어야 할지   _____

3 언제 자야 할지   _____

4 어떻게 역에 가야 하는지 (get to)   _____

5 웃어야 할지 울어야 할지 (laugh)   _____

6 그녀의 생일을 위해 무엇을 사야 할지   _____

7 휴가 동안 어디를 가야 할지 (vacation)   _____

8 가야 할지 말아야 할지   _____

• find, consider, make, think, believe의 목적어로 쓰인 to-v는 문장의 뒤로 가고 그 자리에는 it을 남깁니다.

• find[consider, make, think, believe] it ... to-v
　　　　　　　　　　　　　가(짜)목적어　　진(짜)목적어

I found **it** difficult **to work with her**.[1]

They thought **it** strange **to eat with chopsticks**.[2]

This oven makes **it** easy **to cook a meal**.[3]

I consider **it** polite **to open the door for others**.[4]

My English skills make **it** easy **for me to travel abroad**.[5]　　★for me: 의미상의 주어 표시

예문역 [1]나는 (그것이) 어렵다는 것을 알았다 / 그녀와 같이 일을 하는 것이. [2]그들은 (그것을) 이상하게 생각했다 / 젓가락으로 먹는 것을. [3]이 오븐은 (그것을) 쉽게 만든다 / 음식을 요리하는 것을. [4]나는 (그것을) 예의 바르다고 생각한다 / 남을 위해서 문을 열어 주는 것을. [5]나의 영어 실력이 (그것을) 쉽게 만든다 / 내가 해외 여행하는 것을.

EXERCISE

▶ 정답과 해설 49쪽

A 밑줄 친 it이 가리키는 것을 찾아 우리말로 옮기세요.

1 He considers it important to wake up early.

2 They find it difficult to understand him.

3 She makes it a rule not to eat after 7 p.m.

4 He considers it his duty to support his family.

5 Jimmy thinks it strange for Amy to eat pizza for breakfast.

Do It Yourself
B 주어진 우리말을 영어로 옮기세요.

1 Patrick은 새로운 친구를 사귀는 것을 쉽다고 여긴다.

(Patrick은 / 그것을 쉽다고 여긴다 / 새로운 친구를 사귀는 것을)

Patrick considers it easy _____.

2 나는 돈을 빌리지 않는 것을 원칙으로 한다.

(나는 / 그것을 원칙으로 한다 / 돈을 빌리지 않는 것을)

I make it a rule _____.

3 폭우가 출근하는 것을 어렵게 만들었다.

(폭우가 / 그것을 어렵게 만들었다 / 출근하는 것을)

The heavy rain _____. (get to work)

4 우리는 물을 낭비하지 않는 것이 중요하다고 여긴다.

(우리는 / 그것을 중요하다고 여긴다 / 물을 낭비하지 않는 것을)

We _____.

5 그녀는 Nick과 함께 공부하는 것이 스트레스라는 것을 안다.

(그녀는 / 그것이 스트레스라는 것을 안다 / Nick과 함께 공부하는 것이)

She _____. (find, stressful)

6 이 사전이 내가 그 책을 이해하는 것을 쉽게 만들었다.

(이 사전이 / 그것을 쉽게 만들었다 / 내가 그 책을 이해하는 것을)

This dictionary _____.

추가 ㉔ 기타 표현 (결과, 조건, be to-v)

○ Chapter 6 to-v (to부정사)

• to-v는 놀랍거나 실망스러운 결과를 나타냅니다.
• to-v는 조건을 나타내기도 하는데, 실제 상황이 아니라는 의미가 들어 있어요.
• be to-v: 예정, 의무, 의도, 운명적인 일을 나타냅니다.

Betty checked her email **to find** she had 50 messages.[1]	확인했다 (그리고) 알았다
He tried to forget her, **only to fail**.[2]	노력했다 (그러나) 실패했다
To see them talk, you would think they were friends.[3]	…하면 (실제 친구 아님)
The train **is to leave** at 10 p.m.[4]	예정: …할 예정이다
You **are to wear** your uniform to school.[5]	의무: …해야 한다
If I **am to pass** the test, I must study harder.[6]	의도: …하려고 하다
Years later, the man **was to become** king.[7]	운명: …하도록 되어 있다

예문역 [1]Betty는 이메일을 확인하고 50통의 메시지가 와 있는 것을 알았다. [2]그는 그녀를 잊으려고 노력했으나 되지 않았다. [3]그들이 말하는 것을 보면, 너는 그들이 친구라고 생각할 것이다. [4]그 기차는 밤 10시에 출발할 예정이다. [5]등교할 때는 교복을 입어야 한다. [6]내가 그 시험에 합격하려면 나는 더 열심히 공부해야 한다. [7]몇 년 후, 그 남자는 왕이 되게 되어 있었다.

EXERCISE

○ 정답과 해설 50쪽

A 다음 문장을 우리말로 옮기세요.

1 I came home to find my dog missing.

2 If they are to succeed, they must work together.

3 Passengers are to wear their seat belts.

4 She studied all week, only to get a D on the test.

5 The *Titanic* was to sink in the Atlantic Ocean.

6 The stores are to close early on Christmas Eve.

7 To hear her speak, you would take her for a native speaker.

A. 같이 쓰는 동사가 다르다

- to-v는 앞으로 할 일, 계획, 의도 등을 나타내는 미래지향적인 의미의 동사와 주로 어울립니다.
- 동명사(명사 역할의 v-ing)는 현재 일어나고 있는 일, 과거의 일을 나타낼 때 주로 쓰여요.

want to-v	want / plan / hope / decide / expect / promise to-v 원하다 / 계획하다 / 희망하다 / 결정하다 / 기대하다 / 약속하다 앞으로 v하기를
enjoy v-ing	enjoy / dislike / avoid / mind / finish / stop v-ing 즐기다 / 싫어하다 / 피하다 / 신경 쓰다, 꺼리다 / 끝내다 / 중단하다 평소 v하기를 / 전부터 하던 v를

Thomas **wants to change** his job.[1]

I **hope to see** you soon.[2]

We **decided to buy** a house.[3]

William **enjoys shopping**.[4]

Andrew **dislikes shopping**.[5]

Would you **mind opening** the window? — No, not at all.[6]

- begin, start, like, love는 의미상 큰 차이 없이 두 가지를 다 쓸 수 있어요.

I **like to sleep** [**sleeping**] late on Sundays.[7]

She **began to play** [**playing**] the piano last year.[8]

B. 의미 차이에 주의할 동사

- remember, forget, try, stop 등의 뒤에 오는 to-v, v-ing는 의미가 달라요.

I **remember meeting** you before.[9]	remember v-ing: v한 것을 기억하다
Please **remember to send** him an email.[10]	remember to-v: v할 것을 기억하다
I'll never **forget meeting** you for the first time.[11]	forget v-ing: v한 것을 잊다
I'm sorry, I **forgot to do** my homework.[12]	forget to-v: v할 것을 잊다
Tara is **trying to lose** weight.[13]	try to-v: v하려고 노력하다, 애쓰다
Tara **tried skipping** lunch to lose weight.[14]	try v-ing: 한번 v해 보다
He **stopped smoking**.[15]	stop v-ing: v하기를 멈추다
He **stopped to smoke**.[16]	stop to-v: v하려고 멈춰 서다

GRAMMAR COACH ✦·🎙

이해▶ 근본 의미

- to-v: to-v에서 to는 전치사 to와 뿌리가 같아요. 전치사 to의 '방향, 도착지(…로, …까지)'의 의미가 부정사의 to에도 있어서 앞으로 할 일, 계획, 의도, 기대 등을 나타내는 동사와 주로 어울립니다.
- 동명사: 동명사(명사 역할의 v-ing)는 기본 의미가 to-v와 대조됩니다. 주로 현재의 일반적인 일, 과거에 있었던 일에 쓰여요.

예문역 ¹Thomas는 직업을 바꾸기를 원한다. ²나는 너를 곧 보길 바라. ³우리는 집을 사기로 결정했다. ⁴William은 쇼핑을 즐긴다. ⁵Andrew는 쇼핑을 싫어한다. ⁶창문을 열면 신경이 쓰이나요(창문을 열어도 될까요)? — 아니요, 전혀 그렇지 않아요(예, 괜찮아요). ⁷나는 일요일에는 늦게까지 자는 것을 좋아한다. ⁸그녀는 작년에 피아노를 치기 시작했다. ⁹나는 전에 너를 만났던 것을 기억한다. ¹⁰그에게 (앞으로) 이메일 보낼 것을 꼭 기억해 주세요. ¹¹나는 (전에) 너를 처음 만났던 것을 절대 잊지 않을 거야. ¹²죄송합니다. 숙제할 것을 잊었어요(못했어요). ¹³Tara는 살을 빼려고 노력하고 있다. ¹⁴Tara는 살을 빼기 위해 점심을 굶어 보았다. ¹⁵그는 담배를 끊었다. ¹⁶그는 담배를 피우기 위해 멈춰 섰다.

EXERCISE

◑ 정답과 해설 50쪽

A 네모 안에서 적절한 말을 고르세요.

1 I planned │to meet / meeting│ her again soon.

2 She enjoys │to walk / walking│ in the park in the morning.

3 Let's go out to play after you finish │to eat / eating│.

4 The president tried │to end / ending│ the war.

5 I stopped │to buy / buying│ some bread on the way home.

6 I'm sorry, I forgot │to bring / bringing│ my homework.

7 Please remember │to lock / locking│ the front door.

8 Do you remember │to visit / visiting│ Mokpo last summer?

9 I'll never forget │to ski / skiing│ for the first time.

10 He told us funny jokes. We couldn't stop │to laugh / laughing│.

11 A: The flower is dying.

B: Why don't you try │to put / putting│ it in a sunny place?

12 A: Would you mind │to wait / waiting│ a minute?

B: No, I don't mind.

B 주어진 우리말을 영어로 옮기세요.

1 그들은 방 청소를 끝마쳤다.

They _____ the room.

2 나는 내년에 인도를 방문할 계획이야.

I _____ India next year.

3 너는 매운 음식 먹는 것을 즐기니?

Do you _____ hot food?

4 그녀는 버스 정류장을 찾으려고 애를 썼다.

She _____ the bus stop.

5 그녀는 콘택트렌즈를 끼어 봤다.

She _____ contact lenses. (wear)

6 그는 길을 물어보기 위해 멈추었다.

He _____ the way.

7 너는 작년에 나와 싸운 것을 기억하니?

Do you _____ with me last year?

8 나는 Sandra에게 전화할 것을 잊었다.

I _____ Sandra.

9 나는 나일강을 본 것을 결코 잊지 않을 거야.

I'll never _____ the Nile.

10 도착하면 나에게 꼭 전화해 줘(나에게 전화할 것을 기억해 줘).

Please _____ me when you arrive.

• 동사에 따라 목적격보어(C) 자리에 여러 가지 준동사가 올 수 있어요.
• 보어의 형태 사이에 어떤 의미 차이가 있는지 이해하는 것이 중요해요. 목적어와 목적격보어는 의미상 주어, 동사 관계입니다.

	① to-v / 동사원형	→	(O가) v하다
V + O + C	② v-ing	→	(O가) v하고 있다(그 순간. 진행)
의미상 주어, 동사	③ v-ed	→	(O가) v되다[받다, 당하다]

I want you **to solve** the problem quickly.	(네가) 문제를 해결하다
I saw a girl **cross** the street.	(소녀가) 길을 건너다 (건너는 전체 과정)
I saw a girl **crossing** the street.	(소녀가) 길을 건너고 있다 (건너는 어느 한 순간)
I want the problem **solved** quickly.	(문제가) 해결되다

EXERCISE

○ 정답과 해설 50쪽

A 밑줄 친 부분을 우리말로 옮기세요.

1 Dad wants me to wash his car.　　　　　원한다 / 내가 그의 차를 닦다

2 Dad wants his car washed.　　　　　_____

3 I had Victoria cut my hair.　　　　　_____

4 I'm going to get my hair cut.　　　　　_____

5 She saw a bird fly over her head.　　　　　_____

6 She saw a bird flying over her head.　　　　　_____

7 What makes you love him?　　　　　_____

8 What makes him loved by all?　　　　　_____

9 We felt the house shaken by the earthquake.　　　　　_____

10 We felt the floor shaking.　　　　　_____

B 주어진 우리말을 영어로 옮기세요.

1 나는 비가 그치기를 원한다. (원한다 / 비가 그치다)

   I want _____.

2 그는 그 프로젝트가 오늘 마무리되기를 원한다. (원한다 / 그 프로젝트가 마무리되다)

   He wants _____ today.

3 네가 네 여동생을 울게 만들었다. (만들다 / 네 여동생이 울다)

   You made _____.

4 무엇이 그 선생님을 모두에게 존경받게 만드니? (만들다 / 그 선생님이 존경받다)

   What makes _____ by all?

5 너는 이 일을 빨리 끝냈어. (되게 했다 / 이 일이 되다)

   You got _____ quickly. (do)

6 나는 Bella가 도서관에서 공부하고 있는 것을 보았다. (보았다 / Bella가 공부하고 있다)

   I saw _____ in the library.

7 나는 네 가방이 저 남자에게 도난당하는 것을 봤어! (보았다 / 네 가방이 도난당했다)

   I saw _____ by that man!

8 Emily는 그녀의 스마트폰이 진동하고 있는 것을 느꼈다. (느꼈다 / 그녀의 스마트폰이 진동하고 있다)

   Emily felt _____. (vibrate)

9 Jacob은 사람들이 웃고 있는 것을 들었다. (들었다 / 사람들이 웃고 있다)

   Jacob heard _____.

10 나는 낮에는 그 문을 잠가 둔다. (유지한다 / 그 문이 잠겨 있다)

    I keep _____ during the day.

11 모든 사람은 그 여자가 운 것을 들었다. (들었다 / 그 여자가 울었다)

    Everyone heard _____.

12 그는 그의 아들에게 일요일마다 그의 차를 닦도록 시킨다. (시킨다 / 그의 아들이 그의 차를 닦는다)

    He has _____ every Sunday.

• 흥미, 놀라움 등의 감정을 나타내는 형용사에도 v-ing형과 v-ed형이 있어요.
• 이 형용사들은 동사에서 파생된 것입니다. 동사의 의미를 정확히 알아야 바르게 쓸 수 있어요.

동사 (감정을 주다)	v-ing (감정을 주는)	v-ed (감정을 받는, 느끼는)
surprise 놀라게 하다	surprising 놀라운(놀라게 하는)	surprised 놀란
interest 흥미를 갖게 하다	interesting 흥미로운(흥미를 주는)	interested 흥미를 느끼는
excite 흥분시키다	exciting 흥분시키는	excited 흥분한
bore 지루하게 하다	boring 지루한(지루하게 하는)	bored 지루함을 느끼는
tire 피곤하게 하다	tiring 힘든(피곤하게 하는)	tired 피곤한
satisfy 만족시키다	satisfying 만족스러운(만족시키는)	satisfied 만족한
disappoint 실망시키다	disappointing 실망스러운(실망시키는)	disappointed 실망한

Your idea sounds **interesting**. I'm **interested** in your idea.[1]

The game was **exciting**. We got **excited** during the game.[2]

His speech was **boring**. It made the students **bored**.[3]

My grades were **disappointing**. They made my teacher **disappointed**.[4]

> **예문역**　[1]너의 아이디어가 흥미로운 것 같다. 나는 너의 아이디어에 흥미를 느낀다. [2]그 게임은 흥미진진했다. 우리는 그 게임 동안 흥분했다. [3]그의 연설은 지루했다. 그것은 학생들을 지루하게 만들었다. [4]내 성적은 실망스러웠다. 그것이 선생님을 실망하시게 만들었다.

EXERCISE
◐ 정답과 해설 51쪽

A 각 네모 안에서 적절한 말을 고르세요.

1 Our school's hiking club is going to climb Halla Mountain. It will be an ① interesting / interested trip. If there are any students who are ② interesting / interested in climbing Halla Mountain with us, please see Mr. Roberts after school.

2 Yesterday, I went to see a new action movie. "It's a great movie," all my friends said. "You won't be ① disappointing / disappointed !" However, shortly after the movie started, I became ② boring / bored , and I almost fell asleep. The story was ③ boring / bored and the acting was ④ disappointing / disappointed . I was ⑤ surprising / surprised that so many people recommended this movie.

A. 형태

- 분사(v-ing, v-ed)가 이끄는 어구가 문장의 주어, 동사와 분리되어 부가적인 설명을 하는 것을 분사구문이라고 해요.
- 문장의 주어, 동사와는 보통 comma(,)로 구분됩니다.

Coming down the steps, **I fell** over.　　　　　　　★ v-ing[v-ed] ...◎ SV
Disappointed by her test score, **Amy started** to cry.

B. 의미

- 분사구문은 주로 시간이나 이유를 나타냅니다. 주로 문어체에서 쓰여요.
- 분사(v-ing, v-ed)는 형용사 역할을 할 때의 기본 의미를 그대로 가지고 있어요.

	기본 의미	확장 의미
v-ing ...,	v하는, v하고 있는 (능동)	(시간) v할 때 (이유) v해서
v-ed ...,	v된, v당한 (수동)	(시간) v될 때 (이유) v되어서

Coming down the steps, I fell over.[1] (문어체)　　　계단을 내려올 때 (내려오다)
When I came down the steps (일상적인 대화체)

Seen from space, the earth looks blue.[2]　　　　　우주에서 보일 때 (우리가 지구를 볼 때)
When it (=the earth) is seen from space　　　　　　지구는 사람에 의해 보이는 것이므로 수동

Feeling tired, she went home early.[3]　　　　　　피곤함을 느껴서 (피곤해서)
As she felt tired

Disappointed by her test score, Amy started to cry.[4]　　실망감을 느껴서 (실망해서)
As she (=Amy) was disappointed by her test score　　Amy는 실망감을 받는 것이므로 수동

C. 분사구문 만드는 법

- 분사구문의 의도는 절을 구(phrase)로 줄여서 말을 간결하게 하는 것이에요.
- '접속사+주어+동사'를 v-ing나 v-ed 한 단어로 표현합니다.

When[While, As ...] SV	v-ing (v할 때, v하는 동안, v해서. 능동)
	v-ed (v될 때, v되어서. 수동)

When I came down the steps, I fell over.　　　① '구'이므로 접속사, 주어 쓰지 않음
→ Coming down the steps, I fell over.　　　　② 동사를 분사로 바꿈
　　(주어인 I가 내려오다. 능동)　　　　　　　　③ 능동이면 'v-ing'로, 수동이면 'v-ed'로

When it is seen from space, the earth looks blue.

→ Seen from space, the earth looks blue.
　　(주어인 the earth가 사람에 의해 보여지다. 수동)

As she felt tired, she went home early.

→ Feeling tired, she went home early. (주어인 she가 느끼다. 능동)

As she was disappointed by her test score, Amy started to cry.

→ Disappointed by her test score, Amy started to cry. (주어인 Amy가 실망을 받다. 수동)

예문역 ¹나는 계단을 내려오다가 넘어졌다. ²우주에서 보이면(우리가 보면), 지구는 파랗게 보인다. ³그녀는 피곤해서 집에 일찍 갔다. ⁴Amy는 시험 성적에 실망해서 울기 시작했다.

EXERCISE

● 정답과 해설 51쪽

A 밑줄 친 부분을 우리말로 옮기세요.

1 <u>Reading a book last night</u>, I fell asleep.

_____

2 <u>Not being able to sleep</u>, she took a walk.

_____

3 <u>Seeing her lovely smile</u>, he fell in love with her.

_____

4 <u>Forgetting to eat lunch</u>, we soon became hungry.

_____

5 <u>Left alone</u>, the boy started to cry.

_____

6 <u>Often praised by his parents</u>, he feels proud.

_____

Do It Yourself

B 밑줄 친 부분을 v-ing, v-ed를 사용한 표현(분사구문)으로 바꾸어 쓰세요.

1 <u>When it heard loud noises</u>, my dog began to bark.

→ _____ Hearing loud noises, ...

2 <u>While she drove to work</u>, she ate a sandwich for breakfast.

→ _____

3 <u>As I had lots of homework</u>, I couldn't go out to play.

→ _____

4 <u>As he lives by the river</u>, he often goes fishing.

→ _____

5 <u>When I arrived at the station</u>, I found that the train had already left.

→ _____

6 <u>As it is built on a hill</u>, the hotel has great views.

→ _____

7 <u>When they are baked at home</u>, cookies taste better.

→ _____

8 <u>As she was quite short</u>, she couldn't see the stage at the concert.   ★be동사가 쓰였을 때는 being

→ _____   (is, are, was ... → being)

I **feel like sleeping** all day.[1]

How about v-ing ...?: v할까, v하는 게 어때?

How about going to a movie tonight?[2]

feel like v-ing: v하고 싶다

I **can't help falling** in love with him.[3]

can't help v-ing: v하지 않을 수 없다

English is **worth learning**.[4]

worth v-ing: v할 가치가 있다

It is no use asking her for help.[5]

it is no use v-ing: v해도 소용없다

He **goes shopping** every weekend.[6]

go v-ing: v하러 가다

My parents **are busy packing** their bags.[7]

be busy v-ing: v하느라 바쁘다

Children **spend** too much time **watching** TV.[8]

spend ... v-ing: v하는 데 …를 쓰다

My sister **has trouble doing** her math homework.[9]

have trouble v-ing: v하는 데 어려움을 겪다

예문역 [1]나는 하루 종일 자고 싶다. [2]오늘 밤에 영화 보러 갈까? [3]나는 그와 사랑에 빠질 수밖에 없어. [4]영어는 배울 가치가 있다. [5]그녀에게 도움을 요청해도 소용없어. [6]그는 주말마다 쇼핑하러 간다. [7]내 부모님은 가방을 싸느라 바쁘시다. [8]아이들은 TV를 보느라 너무 많은 시간을 쓴다. [9]내 여동생은 수학 숙제를 하는 데 어려움을 겪고 있다.

EXERCISE

○ 정답과 해설 51쪽

A 위의 표현을 사용하여 주어진 우리말을 영어로 옮기세요.

1 우리는 매년 겨울 스키를 타러 간다.

_____ every winter.

2 저녁 식사 후에 산책을 갈까?

_____ after dinner? (take a walk)

3 나는 기분이 좋을 때는 노래를 부르고 싶다.

_____ when I'm happy.

4 모든 학생들이 기말시험을 대비해 공부하느라 바쁘다.

Every student _____ for the final exam.

5 그는 그 슬픈 영화를 보고 울지 않을 수 없었다.

_____ at the sad movie.

6 그 영화는 다시 볼 가치가 있다.

The movie is _____.

7 나는 나의 사용자 암호를 기억하는 데 어려움을 겪는다.

_____ my password.

8 과거에 대해 불평을 하는 것은 소용없는 일이다.

_____ about the past. (complain)

9 너는 옷을 사는 데 너무 많은 돈을 쓴다.

_____

A. 명령문 + and/or

• 명령문 + and: 그러면 (시키는 대로 하면)
• 명령문 + or: 그렇지 않으면 (시키는 대로 하지 않으면)

Study hard, and you'll pass the test.[1]
(**If you study hard**, you'll pass the test.)

Study hard, or you won't pass the test.[2]
(**If you don't study hard**, you won't pass the test.)

B. 짝으로 된 접속어구

• 다음은 and, or, but을 이용한, 짝으로 된 접속어구입니다. 앞뒤를 연결해서 이해해야 합니다.

both A **and** B	A와 B 둘 다
not only A **but (also)** B	A뿐만 아니라 B도
either A **or** B	A이거나 B
neither A **nor** B	A와 B 둘 다 …가 아닌 ('either A or B'의 부정형)

Samantha loves **both** dogs **and** cats.[3]

She is **not only** my mother **but also** my best friend.[4]

Either you **or** I have to go.[5]

You can have **either** cake **or** ice cream for dessert.[6]

Neither Mike **nor** Brad was at the party.[7]

> **예문역** [1]열심히 공부해라, 그러면 시험에 합격할 것이다. [2]열심히 공부해라, 그렇지 않으면 시험에 합격하지 못할 것이다. [3]Samantha는 개와 고양이 둘 다를 매우 좋아한다. [4]그녀는 나의 어머니일 뿐 아니라 나의 가장 친한 친구이다. [5]너 아니면 내가 가야 한다. [6]디저트로 케이크나 아이스크림을 드실 수 있습니다. [7]Mike와 Brad 둘 다 파티에 없었다.

EXERCISE

● 정답과 해설 51쪽

A 빈칸에 적절한 접속어구를 쓰세요.

1 _____ Tony and his father enjoy tennis.

2 Take this medicine, _____ you'll get better.

3 Water the flowers, _____ they will die.

4 I either walk _____ take a bus to school.

5 Amy speaks not only Korean _____ _____ Chinese.

6 Follow his advice, _____ you'll win the game.

7 The actor is well known both in Asia _____ in Europe.

8 You must take a vacation, _____ you'll get sick.

9 You can _____ have pizza or spaghetti for dinner.

10 I have neither the time _____ the energy to finish the work.

추가 ③① 의미와 형태가 혼동되는 접속사 ● Chapter 8 접속사 · 비교

Unless you work harder, you'll fail.[1]
If you don't work harder

unless＝if ... not

I believe **that** he will come back soon.[2]

that: …라고, …라는 것

I am glad **that** the exam is over.[3]

that: …해서

He studies hard **so that** he can get good grades.[4]

so that: …하기 위해

The dog ate **so** much **that** it couldn't move.[5]

so ... that ～: 너무 …해서 ～하다

She had a headache, **so** she went home early.[6]

so: 그래서

예문역 [1]네가 더 열심히 일하지 않으면 너는 실패할 거야. [2]나는 그가 곧 돌아올 거라고 믿는다. [3]시험이 끝나서 나는 기쁘다. [4]그는 좋은 성적을 받기 위해 열심히 공부한다. [5]그 개는 너무 많이 먹어서 움직일 수 없었다. [6]그녀는 두통이 있어서 집에 일찍 갔다.

EXERCISE

A 밑줄 친 부분을 우리말로 옮기세요.

1 I <u>was so tired that I fell asleep</u>.

2 You'll never know <u>unless you try</u>.

3 We were surprised <u>that he quit his job</u>.

4 Andrew was feeling hungry, <u>so he made himself a sandwich</u>.

5 People used to believe <u>that the earth was flat</u>.

6 Andy spoke slowly <u>so that I could understand him</u>.

Do It Yourself

B 위의 접속사를 사용하여 주어진 우리말을 영어로 옮기세요.

1 그녀는 그가 떠나야 해서 슬펐다. (그녀는 슬펐다 / 그가 떠나야 해서)

She was sad _____. (have to)

2 그녀는 너무 슬퍼서 하루 종일 울었다. (그녀는 너무 슬펐다 / 그래서 그녀는 하루 종일 울었다)

She was _____ all day.

3 계속 가기에는 날이 너무 어두워져서 우리는 그곳에서 야영을 했다.

It was too dark to go on, _____ there. (camp)

4 우리가 잠을 잘 수 있게 불을 꺼라. (불을 꺼라 / 우리가 잠을 잘 수 있게)

Turn the light off _____.

5 그 별은 하늘이 맑지 않으면 보기 어렵다. (그 별은 보기 어렵다 / 하늘이 맑지 않으면)

The star is difficult to see _____. (clear)

- 다음은 형태상 단순 부사나 명사로 착각하기 쉬운 접속어구들입니다.
- 뒤에 주어, 동사가 나오는지 확인하세요.

once	(한 번, 한때)	→	일단 …하면[하자]
every time	(매번)	→	…할 때마다
by the time	(그 시간까지)	→	…할 때까지는, …때쯤이면
the moment	(그 순간)	→	…하자마자
no matter what[how, when …]	(no matter 문제가 안 된다 + 무엇[아무리, 언제 …] …하다)		
	→		(무엇[아무리, 언제…]) …하든, …해도

Once it stops raining, we can go for a walk.[1]

Every time I try to meet you, you are busy.[2]

By the time we arrived, the concert hall was full.[3]

Call me **the moment** you arrive.[4]

No matter what you say, I won't give up.[5]

No matter where she went, she always brought her dog.[6]

No matter how tired you are, you must finish this report.[7]

예문역 　[1]일단 비가 그치면, 우리는 산책을 갈 수 있다. [2]내가 너를 만나려고 할 때마다 너는 바쁘다. [3]우리가 도착했을 때쯤 공연장이 다 찼다. [4]도착하자마자 나에게 전화해. [5]네가 무엇을 말하든(무슨 말을 하든) 나는 포기하지 않을 거야. [6]그녀는 어디를 가든 항상 개를 데리고 다녔다. [7]네가 아무리 피곤하다 해도 너는 이 보고서를 끝내야 한다.

EXERCISE

▶ 정답과 해설 52쪽

A　위의 표현을 사용해서 주어진 우리말을 영어로 옮기세요.

1 어떤 일이 일어나든 절대 포기하지 마라. (절대 포기하지 마라 / 무엇이 일어나든)

Never give up, _____.

2 내가 그를 만난 순간 나는 그가 특별하다는 것을 알았다.

_____, I knew he was special.

3 일단 네가 기본 규칙을 배우면 이 게임은 쉽다.

_____, this game is easy. (the basic rules)

4 Ben은 언제 잠자리에 들든지 아침 7시에 깬다. (Ben은 아침 7시에 깬다 / 그가 언제 잠자리에 들든지)

Ben wakes up at 7 a.m. _____. (go to bed)

5 나는 저녁 식사가 준비될 때까지는 돌아올게. (나는 돌아올게 / 저녁 식사가 준비될 때까지는)

I will be back ______________________________. (ready)

6 그가 그의 차를 닦을 때마다 다음 날 비가 온다.

______________________________, it rains the next day.

7 Nick은 피자가 아무리 커도 피자 한 판을 다 먹을 것이다. (Nick은 피자 한 판을 다 먹을 것이다 / 그것이 아무리 커도)

Nick will eat the whole pizza ______________________________.

추가 33 가(짜)목적어, 진(짜)목적어

Chapter 8 접속사 · 비교

- 목적어로 쓰인 명사절은 문장의 뒤로 가고 그 자리에 it을 남깁니다.
- S consider[think, make, find] it ...+명사절

My parents consider **it** strange / **that** I play the ukulele.
부모님은 (그것을) 이상하게 생각하신다 / 내가 우쿨렐레를 연주하는 것을

I don't think **it** important / **whether** you wear a tie or not.
나는 (그것을) 중요하다고 생각하지 않는다 / 네가 넥타이를 착용하든지 안하든지

EXERCISE

정답과 해설 52쪽

A it이 가리키는 내용을 찾아 밑줄로 표시하고 우리말로 옮기세요.

1 He made it clear what the problem was.

2 I think it strange that this restaurant has no restroom.

3 I made it clear that I was against the plan.

4 People consider it a miracle that I survived the accident.

5 The teacher did not make it clear why the class was canceled.

6 I don't think it important whether you've got a college education or not.

- 의문문이 다른 문장의 일부로 쓰인 경우를 간접의문문이라고 해요.
- 의문사 뒤의 어순이 평서문처럼 '주어+동사'로 바뀝니다. 그리고 의문문을 만드는 조동사 do는 쓰지 않아요.

Where was Tom during the vacation?[1]   직접의문문 (독립된 의문문)
What do they learn at school?[2]   의문사 be/do S
How did the accident happen?[3]

I don't know **where Tom was** during the vacation.[4]   간접의문문 (다른 문장의 일부)
I wonder **what they learn** at school.[5]   의문사 SV (평서문의 어순)
He told me **how the accident happened**.[6]

- 의문사가 주어 역할을 하는 경우, 원래 '주어+동사'이므로 어순의 변화는 없어요.

Who took my notebook?[7]
Do you know **who took** my notebook?[8]

> **예문역** [1]Tom은 휴가 동안에 어디 있었니? [2]그들은 학교에서 무엇을 배우니? [3]그 사고는 어떻게 일어났니? [4]나는 모른다 / Tom이 휴가 동안에 어디에 있었는지. [5]나는 궁금하다 / 그들이 학교에서 무엇을 배우는지. [6]그는 나에게 말했다 / 그 사고가 어떻게 일어났는지. [7]누가 내 공책을 가져갔지? [8]너는 아니 / 누가 내 공책을 가져갔는지?

EXERCISE

◑ 정답과 해설 52쪽

A   주어진 단어, 표현을 바르게 배열하여 문장을 완성하세요.

1   Why _____?
                     (so angry / you / are)

2   Tell me _____.
                      (were / you / why / so angry)

3   How _____?
                    (open the door / the small child / did)

4   No one knows _____.
                         (the door / opened / he / how)

5   I asked him _____.
                     (my dog / he / saw / where)

6   When _____?
                   (Jane / finish / did / her homework)

7   Do you know _____?
                     (he / when / met her)

8   Do you know _____?
                     (gets her hair done / she / where)

9   Can you tell me _____?
                     (is / City Hall / how far / from here)

10   Tell me _____.
                     (first prize / won / who)

B 다음 문장을 바르게 고쳐 쓰세요.

1 I can't tell you where did I hide the key.

2 What you ate for dinner?

3 Can you tell me when did he leave Korea?

4 Who you like most?

5 I don't know how much does the hat cost.

6 She doesn't remember where did she put her hat.

7 Why the fire engine arrived so late?

8 No one knows what did happened that night.

추가 35 표현 비교

○ Chapter 8 접속사 · 비교

A. 원급과 비교급

· not as ... as = less ... than
· X -er/more ... than Y = Y less ... than X

Silver is **not as expensive as** gold.[1]

= Silver is **less expensive than** gold.[2]

= Gold is **more expensive than** silver.[3]

B. 최상급의 의미를 나타내는 여러 표현

no other + as ... as X	다른 누구[무엇]도 X만큼 …하지 않다	X가 가장 …하다
no other + -er/more ... than X	다른 누구[무엇]도 X보다 더 …하지 않다	
X + -er/more ... than any other	X는 다른 누구[무엇]보다 더 …하다	

No other player on the team is **as tall as** Tom.[4]

No other player on the team is **taller than** Tom.[5]

Tom is **taller than any other** player on the team.[6]

= Tom is **the tallest** player on the team.[7]

예문역 [1]은은 금만큼 비싸지 않다. [2]은은 금보다 덜 비싸다. [3]금은 은보다 더 비싸다. [4]팀의 다른 어떤 선수도 Tom만큼 키가 크지 않다. [5]팀의 다른 어떤 선수도 Tom보다 더 키가 크지 않다. [6]Tom은 팀의 다른 어떤 선수보다 더 키가 크다. [7]Tom은 팀에서 가장 키가 큰 선수이다.

EXERCISE

● 정답과 해설 53쪽

A 다음 문장을 지시된 형태로 바꾸어 쓰세요.

1 Jerry is not as busy as Katy.

① Jerry is _____ Katy. (비교급)

② Katy is _____ Jerry. (비교급)

2 This winter is not as cold as last winter.

① Last winter was _____. (비교급)

② This winter is _____. (비교급)

3 The subway is more crowded than the bus.

① The bus is _____. (원급)

② The bus is _____. (비교급)

4 Science is more interesting than history.

① History is _____. (비교급)

② History is _____. (원급)

5 The cheetah is the fastest animal in the world.

① No other animal in the world is _____. (원급)

② No other animal in the world is _____. (비교급)

③ The cheetah is _____ in the world. (비교급)

6 The Nile is the longest river in Africa.

① The Nile is _____ in Africa. (비교급)

② No other river in Africa is _____. (비교급)

③ No other river in Africa is _____. (원급)

7 Cheesecake is more delicious than any other dessert.

① No other dessert is _____. (비교급)

② No other dessert is _____. (원급)

③ Cheesecake is _____. (최상급)

A. 배수 표현

- 원급과 비교급을 이용해 배수 표현을 합니다.

  수사 + times as ... as[-er/more ... than]: ~ 배 더 …한

My grandmother is **five times as old as** I am.[1]

My grandmother is **five times older than** I am.

He earns **three times as much money as** I do.[2]

He earns **three times more money than** I do.

He earns **twice as much money as** I do.[3]

He earns **twice more money than** I do. (×)   ★ 'twice more …'는 사용하지 않음

B. the 비교급 …, the 비교급 ~

- …할수록 더 ~한/하게
- 'the 비교급'을 먼저 쓴 후, 뒤에 주어, 동사를 붙여요.

The **more**, the **better**.[4]

The **sooner**, the **better**.[5]

The **more** vegetables you eat, **the healthier** you get.[6]

The **older** we grow, **the wiser** we become.[7]

예문역 [1]나의 할머니는 나보다 나이가 5배 많으시다. [2]그는 나보다 돈을 세 배 많이 번다. [3]그는 나보다 돈을 두 배 많이 번다. [4]더 많을수록 더 좋다.
[5]더 빠를수록 더 좋다. [6]채소를 더 많이 먹을수록 더 건강해진다. [7]우리는 나이가 들수록 더 현명해진다.

EXERCISE

▶ 정답과 해설 53쪽

A 주어진 우리말을 영어로 옮기세요.

1 비행기는 차보다 10배 더 빠르다.

An airplane is _____ as a car.

An airplane is _____ than a car.

2 내 형은 나보다 3배 더 많이 먹는다.

My brother eats _____ than I do.

My brother eats _____ as I do.

3 태양은 달보다 약 400배 크다.

The sun is about _____ than the moon.

The sun is about _____ as the moon.

4 네 차는 내 차보다 두 배 비싸다.

Your car is _____ mine.

5 네가 더 많이 줄수록, 너는 더 많이 받는다.

_____, the more you get.

6 휴대폰은 더 작을수록 더 비싸다.

The smaller a cell phone is, _____.

7 (네가) 더 높이 올라갈수록, 날씨는 더 추워진다.

_____, _____ it gets. (climb)

8 내가 더 많은 돈을 벌수록, 나는 더 많은 세금을 내야 한다.

_____, _____. (tax, have to pay)

… 동안	for	얼마나 오래. 기간의 길이
	during	언제. 특정 기간
…까지	by	어느 때까지 완성하다, 끝내다. 기한의 의미
	until	어느 때까지 계속
…부터	from	언제 시작했는지 시작점
	since	어느 때부터 죽, 계속
… 사이에	between	개별적인 것 사이. 주로 2개 사이
	among	무리 중에서. 보통 3개 이상
… 안에	in	어떤 공간 속
	within	어떤 범위 안

EXERCISE

⊙ 정답과 해설 53쪽

A 네모 안에서 적절한 전치사를 고르세요.

1 My sister sleeps for / during 10 hours a day.

2 My sister sleeps for / during the day.

3 She stayed out by / until 10 p.m. today.

4 You have to be back home by / until 10 p.m.

5 Mr. Grey has worked here from / since 2009.

6 Mr. Grey worked here from / since 2009 to 2015.

7 I stood among / between the crowd.

8 I stood among / between my parents.

9 There aren't any Korean restaurants in / within this town.

10 There aren't any Korean restaurants in / within 10 kilometers.

B 위의 전치사 중 적절한 전치사를 써서 문장을 완성하세요.

1 Your phone is _____ the kitchen.

2 I hate sitting at home _____ the weekends.

3 You must go to bed _____ ten.

4 My phone is not _____ my reach.

5 They lived in New York _____ eight years.

6 Flowers were growing _____ the trees in the forest.

추가 **38** 군전치사   ◑ **Chapter 9** 전치사

• 전치사로 쓰이는 말 중에 두 단어 이상으로 된 것을 군전치사라고 해요. 자주 쓰이는 것을 정리해 두세요.

because of	… 때문에	according to	…에 따르면[의하면]
instead of	… 대신에	thanks to	… 덕분에, … 때문에
in spite of	…에도 불구하고	up to	(수 · 양 · 거리) …까지

EXERCISE
◑ 정답과 해설 54쪽

A 밑줄 친 부분을 우리말로 옮기세요.

1 He succeeded thanks to his hard work.   _____

2 I am angry because of my little sister.   _____

3 Up to four people can stay in this hotel room.   _____

4 They decided to stay home instead of going out.   _____

5 In spite of her efforts, Hannah could not solve the problem.   _____

6 According to the weather forecast, it will be cold tomorrow.   _____

B 위의 표현 중 적절한 것을 써서 문장을 완성하세요.

1 She found her way _____ this map.

2 I'm going to order the chicken _____ the beef.

3 She stayed home _____ the bad weather.

4 I climbed _____ the top of the mountain.

5 _____ this book, Seoul is one of the largest cities in the world.

6 _____ the bad weather, we had a great vacation.

- 관계대명사가 전치사의 목적어로 쓰이는 경우도 많아요.
- '전치사+관계대명사(=선행사)'를 하나의 의미 덩어리로 볼 수 있어야 합니다.

Do you know the girl / **with whom** John is talking?[1]

              = with the girl

              (John is talking with the girl.)

The company / **for which** John works / is rapidly growing.[2]

            = for the company

            (John works for the company.)

- 관계대명사가 전치사의 목적어로 쓰인 경우, 여러 가지 문장 형식이 가능합니다.
- 전치사와 관계대명사가 같이 쓰일 수도 있고, 분리될 수도 있어요.

Do you know the girl / **with whom** John is talking?   전치사+관계대명사 (격식을 차린 표현)

Do you know the girl / **that**[**who(m)**] John is talking **with**?   관계대명사 … 전치사

Do you know the girl / John is talking **with**?   관계대명사 생략 … 전치사 (가장 잘 쓰임)

The company / **for which** John works / is rapidly growing.

The company / **that**[**which**] John works **for** / is rapidly growing.

The company / John works **for** / is rapidly growing.

예문역   [1]John이 같이 이야기하고 있는 여자아이를 아니?   [2]John이 일하는(다니는) 회사는 빠르게 성장하고 있다.

EXERCISE

○ 정답과 해설 54쪽

A 위의 패턴을 사용하여 주어진 우리말 표현을 영어로 옮기세요.

1 그가 같이 일하는 사람들 (사람들 / 그가 같이 일하는)

① the people _____ (work with)

② the people _____

③ the people _____

2 우리가 (그것에 대해) 이야기했던 그 책 (그 책 / 우리가 이야기했던)

① the book _____ (talk about)

② the book _____

③ the book _____

3 그녀가 (그곳에서) 자랐던 마을 (마을 / 그녀가 자랐던)

① the village _____ (grow up in)

② the village _____

③ the village _____

4 내가 (그에게) 의지하는 친구 (친구 / 내가 의지하는)

① the friend _____ (rely on)

② the friend _____

③ the friend _____

5 네가 (그것과) 익숙한 주제 하나 (하나의 주제 / 네가 익숙한)

① a subject _____ (be familiar with)

② a subject _____

③ a subject _____

Do It Yourself
B 위의 표현을 사용하여 주어진 우리말을 영어로 옮기세요.

1 이것이 우리가 그것에 대해 이야기했던 그 책이야.

① _____

② _____

③ _____

2 그는 그가 같이 일하는 사람들을 좋아한다.

① _____

② _____

③ _____

3 그녀는 그녀가 어렸을 때 자랐던 마을을 방문했다.

① _____

② _____

③ _____

4 너는 네가 익숙한 주제 하나를 골라도 좋다.

① _____ (can choose)

② _____

③ _____

5 내가 의지하는 친구가 이사를 갈 것이다.

① _____ (will move away)

② _____

③ _____

- whose는 선행사를 받는 동시에 소유격의 역할을 합니다(그 사람의, 그것의).
- 이어지는 명사와 하나의 의미 덩어리예요. 뒤의 명사와 함께 묶어서 보세요.
  whose+명사: 그 사람의[그것의] 무엇

a singer / **whose songs**　　　　　　　　　whose songs(=the singer's songs)
　가수　　　그 가수의 노래들

countries / **whose climates**　　　　　　　whose climates(=the countries' climates)
　나라들　　그 나라들의 기후

She is a singer / **whose songs** are popular with young people.[1]

Harry often travels to countries / **whose climates** are warm.[2]

예문역　[1]그녀는 가수다 / 그녀의 노래가 젊은이들에게 인기 있는. [2]Harry는 종종 여행한다 / 나라를 / (그것들의) 기후가 따뜻한.

EXERCISE

정답과 해설 54쪽

A 주어진 우리말 표현을 영어로 옮기세요.

1 취미가 수상스키인 여자아이 (여자아이 / 그녀의 취미가 수상스키인)

　a girl _____ (hobby, water-skiing)

2 나이가 20살 미만인 사람 (사람 / 그의 나이가 20살 미만인)

　someone _____ (age, under 20)

3 마당이 넓은 집 (집 / 그것의 마당이 넓은)

　a house _____ (yard, large)

4 딸이 외교관인 그 여자 (그 여자 / 그녀의 딸이 외교관인)

　the woman _____ (diplomat)

5 네가 스테이크를 좋아하는 식당 (식당 / 그것의 스테이크를 / 네가 좋아하는)

　a restaurant _____

6 네가 창문들을 깨뜨린 건물 (건물 / 그것의 창문들을 / 네가 깬)

　the building _____

B 위의 표현을 사용하여 주어진 우리말을 영어로 옮기세요.

1 우리는 마당이 넓은 집에서 산다.

_____

2 나는 취미가 수상스키인 여자아이를 만났다.

_____

3 네가 창문들을 깨뜨린 건물이 어디에 있니?

_____

4 당신이 (그곳의) 스테이크를 좋아하는 식당을 하나 추천해 주시겠어요?

Would _____? (recommend)

5 나이가 20살 미만인 사람에게 술을 판매해서는 안 된다.

You _____. (anyone, serve alcohol to)

6 딸이 외교관인 그 여자는 해외여행을 많이 한다.

_____ (travel abroad)

추가 **41** what   ◐ **Chapter 10 관계대명사**

- what은 막연한 것(things)과 그것을 설명하는 관계대명사 that이 합쳐진 말입니다.
  what=the thing(s) that (…하는 것)
- what이 이끄는 절은 주어, 목적어, 보어에 쓰이는 명사절입니다. (➡ p.171 명사절)

the cell phone **that** you want	원하는 휴대폰 (구체적)
what you want	원하는 것 (막연)
the homework **that** you have to do	해야 할 숙제 (구체적)
what you have to do	해야 하는 것 (막연)
I couldn't get / **what** I wanted.	내가 원했던 것
What he did / made me angry.	그가 한 것
Playing games is / **what** he enjoys most.	그가 가장 즐기는 것

EXERCISE

○ 정답과 해설 55쪽

A what이 이끄는 부분을 찾아 밑줄로 표시하고 우리말로 옮기세요.

1 What she did surprised everyone.

2 Peter will tell you what you have to do.

3 What matters most is good health.

4 Sometimes we can't tell what is right from what is wrong.

Do It Yourself

B what을 사용하여 다음 문장을 완성하세요.

1 당신이 저를 위해 해 주신 것에 감사합니다.

Thank you for _____.

2 그가 저녁으로 요리한 것은 맛이 있었다.

_____ was delicious.

3 네가 말하는 것은 네가 하는 것과 다르다. (너는 말과 행동이 다르다)

_____ is different from _____.

Do It Yourself

C 네모 안에서 적절한 말을 고르세요.

1 I can't give you that / what you want.

2 The children love the food that / what I cook.

3 Show me that / what you bought.

4 That / What I really need is some food.

5 The only thing that / what I fear is fear itself.

GRAMMAR COACH
⭐✦🎤

이해▶ what 쉽게 보기

• 표현으로 본다: what은 문법적으로는 선행사가 자체에 포함된 관계대명사로 분류됩니다. 하지만 '…하는 것'이라는 하나의 표현으로 보는 것이 간편해요.

• 관계대명사 that, what의 구분: that은 앞에 명사(선행사)가 오는 반면, what 앞에는 오지 않아요. that은 구체적인 어떤 것을 설명하고, what은 막연한 어떤 것이라고 알아 두세요.

A. when, where

- when, where는 시간, 장소가 구체적으로 어떤 것인지 설명해요.
- 의미상 전치사가 포함된 부사구이고, 따라서 관계부사라고 해요.
  where: 그곳에서　　　when: 그때에

the place **where** we met
　　　　　in the place → in which → where (그곳에서)

the day **when**[**that**] we met　　　　　★ 관계부사 when은 that으로 바꾸어 쓸 수 있음
　　　　on the day → on which → when (그날에)

Do you remember the place / **where** we first met?[1]
　　　　　　　　　　어떤 장소? (그곳에서)
Do you remember the day / **when** we first met?[2]
　　　　　　　　　　어떤 날? (그날에)
That's the hospital / **where** you were born.[3]
　　　　　　　　어떤 병원? (그 병원에서)
He'll never forget the year / **when** he got a job.[4]
　　　　　　　　　　어떤 해? (그해에)

B. the reason why, how, the way that

- 다음은 관계부사를 이용한 표현이지만, 고정된 것이므로 하나의 접속어구처럼 생각하세요.
  the reason why[that], how, the way that

I don't know **the reason why**[**that**] you hate me.[5]　　why[that]: 그 이유로 (for the reason)

This is **how** the accident happened.[6]　　　　　　how: 어떻게

This is **the way that** the accident happened.　　　the way that: 어떻게

- '어떻게'를 표현할 때는 the way that과 how 둘 중 하나를 씁니다. 두 개를 같이 쓰지는 않아요.

This is **the way how** the accident happened. (×)

C. when, why, that의 생략

- 관계부사 when, why, that은 종종 생략됩니다. 반면 where의 생략은 드물어요.
- 관계대명사가 생략된 자리와 마찬가지로 명사 뒤에 주어, 동사가 바로 따라옵니다.
  명사 + ~~when[why]~~ + SV → 명사 Ø SV

Do you remember the day ~~when~~ we first met?

This is the way ~~that~~ the accident happened.

GRAMMAR COACH

암기 ▶ 패턴 암기

설명은 복잡한 것 같아도, 관계부사를 사용한 문장의 패턴은 단순합니다. 실제 사용하는 패턴을 암기하세요.

the place where SV
the time when[that] SV / the time ∅ SV
the reason why[that] SV / the reason ∅ SV
the way that SV / the way ∅ SV
how SV

이해 ▶ 관계부사 that

that은 관계대명사뿐 아니라 관계부사로도 자주 쓰입니다. 'that=when[why]'로 이해하세요.

예문역 ¹너는 우리가 처음 만났던 곳을 기억하니? ²너는 우리가 처음 만났던 날을 기억하니? ³저곳이 네가 태어난 병원이야. ⁴그는 직장을 구했던 그 해를 결코 잊지 못할 것이다. ⁵나는 네가 나를 미워하는 이유를 모르겠다. ⁶이것이 그 사고가 일어난 방법이다. (그 사고는 이렇게 일어났다.)

EXERCISE

▶ 정답과 해설 55쪽

A 관계부사와 주어진 어구를 사용하여 문장을 완성하세요.

1 This is the building __where my father works__.
(works, my father)

2 The day _____ was beautiful.
(this picture, I, took)

3 I don't know the reason _____.
(left, they, so early)

4 This is the park _____.
(to me, proposed, you)

5 Please tell me _____.
(make, you, such good sandwiches)

6 Let's take our dog to a park _____.
(can run free, it)

7 He explained to me _____.
(the system, worked)

8 Mom sometimes talks about the time _____.
(poor, were, we)

9 Can anyone tell me the reason _____?
(blue, the sea, looks)

10 I'll never forget the vacation _____.
(traveled, we, together)

A. If ...

- 실제 상황과 반대되는 말을 통해 아쉬움, 희망 등을 표현하는 것을 가정법이라고 해요.
- 현재의 아쉬움, 희망을 나타낼 때는 가정법 과거를 써요. 현재의 일을 말하지만 과거시제를 쓰기 때문에 이렇게 부릅니다.
  (먼 시제를 써서 실제 상황이 아님을 표현)

…라면, …이면	~할 / ~일 것이다 (~할 / ~일 텐데)
if 주어 + 동사(과거형) 과거시제를 써서 실제 상황이 아니라는 것 표현	주어 + would / could / might 동사 가정한 상황에서 '~할 / ~일 것이다'를 표현하기 위해 조동사 사용

If I **had** enough money, I **would buy** the car.[1]   실제: 충분한 돈이 없음

If they **lived** nearby, they **could visit** each other often.[2]   실제: 가까이 살지 않음

If I **were** a doctor, I **would cure** sick people.[3]   실제: 의사가 아님

- 실제 상황을 보면 시제, 의미의 차이를 알 수 있어요.

I want to buy the car, but I **don't have** enough money.[4]

They want to visit each other often, but they **don't live** nearby.[5]

I want to cure sick people, but I **am not** a doctor.[6]

B. I wish

- wish가 현실에 반대되는 소망을 표현할 때는 뒤에 가정법 과거 문장이 옵니다.

I wish I **had** more time. (I am sorry I **don't have** more time.)[7]

I wish I **were** a woman. (I am sorry I'**m not** a woman.)[8]

I wish I **could speak** Chinese. (I am sorry I **can't speak** Chinese.)[9]

GRAMMAR COACH ✦✦ 🎤

암기▶ 우리말과 같다

- 의미: 가정법 과거는 현재 상황에 대한 아쉬움을 표현하는 우리말과 같은 것으로 기억하세요.
  (…라면 ~할 텐데=If … / …이면 좋겠다=I wish …)
- 동사: 동사의 형태가 달라집니다.
  ① 현재를 말할 때 과거형을 써요. (be는 항상 were. 단, 구어에서는 **was**를 많이 씁니다.)
  ② '~할 텐데'는 'would[could, might] + 동사원형'을 써요.
     would: ~할 텐데 (가장 많이 씀)   could: ~할 수 있을 텐데   might: ~할지도 모르는데

예문역 [1]내가 충분한 돈을 가지고 있다면, 그 자동차를 살 텐데. [2]그들이 가까이 산다면 서로 자주 방문할 수 있을 텐데. [3]내가 의사라면 아픈 사람들을 치료해 줄 텐데. [4]나는 그 차를 사고 싶지만 충분한 돈을 가지고 있지 않다. [5]그들은 서로 자주 방문하고 싶지만 가까이 살지 않는다. [6]나는 아픈 사람들을 치료해 주고 싶지만 나는 의사가 아니다. [7]내게 시간이 더 있다면 좋을 텐데. (내게 시간이 더 없어 유감이다.) [8]내가 여자라면 좋을 텐데. (내가 여자가 아니어서 유감이다.) [9]내가 중국어를 말할 수 있다면 좋을 텐데. (내가 중국어를 말할 수 없어 유감이다.)

EXERCISE

▶ 정답과 해설 55쪽

A 주어진 상황에 맞는 가정법 문장을 완성하세요.

1 They won't come to the party because they are busy.

They _____ to the party if they _____ busy.

2 I want to drive across the country, but I don't have a car.

If I _____ a car, I _____ across the country.

3 You can't read the book because you don't understand Chinese.

If you _____ Chinese, you _____ the book.

4 You don't study hard, so you may not pass the test.

If you _____ hard, you _____ the test.

5 You are so tired because you go to bed late.

If you _____ to bed earlier, you _____ so tired.

6 I want to know more about her, but I don't.

I wish I _____ more about her.

7 I am sorry I can't speak English very well.

I wish I _____ English very well.

Do It Yourself

B 위의 표현을 사용하여 주어진 우리말을 영어로 옮기세요.

1 내가 키가 더 크다면 그 옷을 살 텐데.

If I _____ taller, I _____ the dress.

2 네가 그에게 너의 표를 준다면 그가 콘서트에 갈 텐데.

If you _____ him your ticket, he _____ to the concert.

3 그가 학교 근처에 산다면 그는 그렇게 자주 지각하지는 않을 텐데.

If he _____ near the school, he _____ late for school so often.

4 내가 숙제가 많지 않다면 책을 더 읽을 수 있을 텐데.

If I _____ much homework, I _____ more books.

5 나에게 진정한 친구들이 있다면 (좋을 텐데).

I wish I _____ true friends.

6 내 집이 학교에서 가깝다면 (좋을 텐데).

I wish my house _____ close to the school.

A. If ...

- 과거의 상황과 반대되는 말로 아쉬움을 표현할 때는 가정법 과거완료를 써요.
- 과거의 일을 말하지만 과거완료형을 씁니다. (먼 시제를 써서 실제 상황이 아님을 표현)

···했다면, ···였다면	~했을 것이다 (~했을 텐데)
if 주어 + 동사(과거완료형) 과거완료형을 써서 실제 상황이 아니라는 것 표현	주어 + <u>would / could / might have v-ed</u>

If I **had had** enough money, I **would have bought** the car.[1]   실제: 충분한 돈이 없었음

If they **had lived** nearby, they **could have visited** each other often.[2]   실제: 가까이 살지 않았음

If I **had been** a doctor, I **would have cured** sick people.[3]   실제: 의사가 아니었음

- 실제 상황을 보면 시제, 의미의 차이를 알 수 있어요.

I **didn't have** enough money, so I **didn't buy** the car.[4]

They **didn't live** nearby, so they **didn't visit** each other often.[5]

I **wanted to cure** sick people but I **was not** a doctor.[6]

B. I wish

- wish가 과거에 반대되는 소망을 표현할 때는 뒤에 가정법 과거완료 문장이 옵니다.

I wish I **had had** more time. (I **didn't have** more time.)[7]

I wish I **had been born** a woman. (I **was not born** a woman.)[8]

I wish I **could have spoken** Chinese. (I **couldn't speak** Chinese.)[9]

GRAMMAR COACH ★☆🎤

암기 ▶ 우리말과 같다

- 의미: 가정법 과거완료는 과거 상황에 대한 아쉬움을 표현하는 우리말과 같은 것으로 기억하세요.
  '···했다면 ~했을 텐데'는 'If ...'이고, '···했다면 좋았을걸'은 'I wish'입니다.
- 동사: 동사의 시제는 우리말과 달라요. 다음을 암기합니다.
  ① 과거를 말할 때 과거완료형을 써요. (be는 had been, have는 had had)
  ② '~했을 텐데'는 'would[could, might] + have v-ed'를 써요.

예문역 [1]내가 충분한 돈을 가지고 있었다면, 그 자동차를 샀을 텐데. [2]그들이 가까이 살았다면 서로 자주 방문할 수 있었을 텐데. [3]내가 의사였다면 아픈 사람들을 치료해 줬을 텐데. [4]나는 충분한 돈을 갖고 있지 않아서 그 차를 사지 않았다. [5]그들은 가까이 살지 않아서 서로 자주 방문하지 않았다. [6]나는 아픈 사람들을 치료해 주고 싶었지만 나는 의사가 아니었다. [7]내게 시간이 더 있었다면 좋았을 텐데. (내게 시간이 더 없었다.) [8]내가 여자로 태어났었더라면 좋았을 텐데. (나는 여자로 태어나지 않았다.) [9]내가 중국어를 말할 수 있었다면 좋았을 텐데. (내가 중국어를 말할 수 없었다.)

EXERCISE

○ 정답과 해설 56쪽

A 주어진 상황에 맞는 가정법 문장을 완성하세요.
   • 개념 이해를 돕기 위해 가정법 과거의 예문을 사용합니다. 시간과 동사의 형태 차이를 비교해 보세요.

1 They didn't come to the party because they were busy.

   They _____ to the party if they _____ busy.

2 I wanted to drive across the country, but I didn't have a car.

   If I _____ a car, I _____ across the country.

3 You couldn't read the book because you didn't understand Chinese.

   If you _____ Chinese, you _____ the book.

4 You didn't study hard, so you didn't pass the test.

   If you _____ hard, you _____ the test.

5 You were so tired because you went to bed late.

   If you _____ to bed earlier, you _____ so tired.

6 I wanted to know more about her, but I didn't.

   I wish I _____ more about her.

7 I am sorry I couldn't speak English very well.

   I wish I _____ English very well.

Do It Yourself

B 위의 표현을 사용하여 주어진 우리말을 영어로 옮기세요.
   • 개념 이해를 돕기 위해 가정법 과거의 예문을 사용합니다. 시간과 동사의 형태 차이를 비교해 보세요.

1 내가 키가 더 컸다면 나는 그 옷을 샀을 텐데.

   If I _____ taller, I _____ the dress.

2 네가 그에게 너의 표를 주었다면 그가 콘서트에 갔을 텐데.

   If you _____ him your ticket, he _____ to the concert.

3 그가 학교 근처에 살았다면 그는 그렇게 자주 지각하지는 않았을 텐데.

   If he _____ near the school, he _____ late for school so often.

4 내가 숙제가 많지 않았다면 나는 책을 더 읽을 수 있었을 텐데.

   If I _____ much homework, I _____ more books.

5 나에게 진정한 친구들이 있었다면 (좋았을 텐데).

   I wish I _____ true friends.

6 내 집이 학교에서 가까웠다면 (좋았을 텐데).

   I wish my house _____ close to the school.

memo

사뿐

중학 사회
중학 역사

사회를 한 권으로
가뿐하게!

중학 사회

①-1   ②-1   ①-2   ②-2

중학 역사

①-1   ②-1   ①-2   ②-2

필독

중학 국어로 수능 잡기

✦ **필독** 중학 국어로 수능 잡기 시리즈

문학 — 비문학 독해 — 문법 — 교과서 시 — 교과서 소설

정답과 해설

정답과 해설

CHAPTER 1

문장과 어순

명쾌한 개념 단어, 문장

A

1 Tom is a musician.

2 He plays the guitar very well.

3 Dogs are good pets.

4 I walk my dog every day.

5 My grandparents live in the country.

6 They enjoy the beauty of nature.

7 Some people drive dangerously.

8 Many people die in car accidents.

9 Sugar is bad for your health.

10 She uses little sugar in her cooking.

B

1 is, successful musician
   ➡ 성공적인: 형용사

2 play the piano beautifully
   ➡ 아름답게, 멋지게: 부사

3 bathe my cat

4 drive safely
   ➡ 안전하게: 부사

5 are dangerous animals
   ➡ 위험한: 형용사

6 are useful
   ➡ 유용한: 형용사

7 use my computer for learning
   ➡ for learning (공부에): 부사어구

8 eat too much sugar
   ➡ too much (너무 많은): 형용사 어구

UNIT **1** 명사

EXERCISE

A

3 a cousin, two cousins

4 an animal, two animals

5 ×, ×

6 an egg, two eggs

7 ×, ×

8 an office, two offices

9 ×, ×

10 a balloon, two balloons

11 an island, two islands

12 a minute, two minutes

13 an hour, two hours

14 ×, ×

15 a coin, two coins

B

1 Stress is bad for your health.
   스트레스는 / 이다 / 나쁜 / 너의 건강에.

2 Koreans eat rice every day.
   한국 사람들은 / 먹는다 / 밥을 / 매일.

3 My uncle makes a lot of money.
   나의 삼촌은 / 만든다(번다) / 많은 돈을.

4 My office is near your house.
   내 사무실은 / 있다 / 너의 집 가까이에.

5 A balloon has air in it.
   풍선은 / 가지고 있다 / 공기를 / 그 안에.

6 Success has many fathers.
   성공은 / 가지고 있다 / 많은 아버지들을.
   (성공에는 조력자가 많다.)

7 An hour is sixty minutes, and a minute is sixty seconds.
   한 시간은 / 이다 / 60분 / 그리고 / 일 분은 / 이다 / 60초.

8 My parents are my heroes.
   나의 부모님은 / 이다 / 나의 영웅들.

9 Doctors save lives.
   의사는 / 구한다 / 목숨을.

10 Daniel travels to many countries.
   Daniel은 / 여행한다 / 많은 나라들로.

C

1 many handbag → many handbags[a handbag]
   Jane은 많은[하나의] 핸드백을 가지고 있다.
   ➡ 셀 수 있는 명사이므로 수를 표시해야 함

2 a cheese → cheese
   쥐들은 치즈를 좋아한다.
   ➡ cheese는 셀 수 없는 명사

3 coin → coins
   Tom은 동전을 수집한다.
   ➡ 셀 수 있는 명사에 -s를 붙여 복수형을 만든다.

4 Water → The water
   이 강의 물은 더럽다.
   ➡ 물은 셀 수 없지만 수식을 받아 특정한 것이 되므로 The water

5 A light → Light
   빛은 매우 빠르게 이동한다.

⇒ 빛의 의미로 쓰인 light는 셀 수 없는 명사. a를 붙이지 않음

6 times → time

나는 숙제할 시간이 거의 없다.

⇒ 시간의 의미로 쓰이는 time은 셀 수 없는 명사. 복수형으로 쓰지 않음

7 much cousin → many cousins

그는 외사촌들이 많다.

⇒ 셀 수 있는 명사의 복수형

D

1 I eat[have] an egg and some bread for breakfast.

⇒ 아침, 점심 등과 같은 말이 있어 문맥상 먹는 것이 분명할 때는 eat 대신 have를 쓸 수 있음

2 Information is power.

3 She is a very important person.

4 We have little money.

5 Many people enjoy nature in the country.

6 I eat many vegetables for my health.

7 Many people lose their lives in car accidents.

UNIT 2 명사의 자리

EXERCISE

A

1 Michael has five credit cards.
　　　주　　　　　　목

Michael은 다섯 장의 신용카드를 가지고 있다.

2 Clouds bring rain.
　　　주　　　목

구름은 비를 불러온다.

3 Horses are powerful animals.
　　　주　　　　보

말은 힘센 동물이다.

4 Dry weather kills crops.
　　　　주　　　　목

건조한 날씨가 작물을 죽인다.

5 Her child is everything to her.
　　　주　　　　보

그녀의 아이는 그녀에게 전부이다.

6 Pine trees are green all year round.
　　　주　　　　보

소나무는 일 년 내내 푸르다.

7 Josh feeds his dog once a day.
　　　주　　　목

Josh는 그의 개에게 하루에 한 번 먹이를 준다.

8 Matt and Abbie are classmates.
　　　주　　　　　　보

Matt와 Abbie는 반 친구이다.

9 My parents visit my grandparents every week.
　　　주　　　　　　목

내 부모님은 조부모님을 매주 방문하신다.

10 You spend too much time on computer games.
　　주　　　　목

너는 컴퓨터 게임에 너무 많은 시간을 쓴다.

B

1 Mark and Steve are best friends.

Mark와 Steve는 / 이다 / 가장 친한 친구.

2 Insects have six legs.

곤충은 / 가지고 있다 / 여섯 개의 다리를.

3 Hurricanes destroy crops and houses.

허리케인은 / 파괴한다 / 작물과 집들을.

4 A dark cloud is a sign of rain.

먹구름은 / 이다 / 비가 올 전조.

5 The dam protects our city from floods.

그 댐은 / 보호한다 / 우리 도시를 / 홍수로부터.

6 Plants need sunlight and water.

식물은 / 필요로 한다 / 햇빛과 물을.

7 Bella feeds her cat too much.

Bella는 / 먹인다 / 그녀의 고양이를 / 너무 많이.

8 Stars invite many guests to their weddings.

스타들은 / 초대한다 / 많은 손님들을 / 그들의 결혼식에.

C

1 Jim and Mark are cousins.

2 A red rose is a sign of love.

⇒ 여러 가지의 'sign of love' 중 하나이므로 a sign of love

3 Octopuses have eight legs.

4 Our bodies need food and water.

5 They spend all their money on clothes.

6 Hats protect our face from sunlight.

7 We invite our close friends to our birthday parties.

8 Students spend too much time on their cell phones.

EXERCISE

A

2 They **3** We **4** She **5** They **6** They **7** It **8** They
9 They **10** You **11** It **12** It

B

2 their **3** them **4** her **5** her **6** it **7** its **8** us **9** its
10 our

C

1 she → her　　　　　**4** it → them
6 we → us　　　　　　**7** Their → Its

1 John은 Sarah를 사랑한다. 그는 그녀에게 매일 아침 전화한다.
　➡ 목적어 자리에 쓰므로 her
2 Sarah는 그를 사랑하지만, 그녀는 그의 친구들을 좋아하지 않는다.
3 나는 영화를 한 편 봤다. 나는 그것을 정말 즐겼다.
4 나는 새 신발을 샀지만 그것을 잃어버렸다.
　➡ 신발은 짝으로 되어 있음. 복수이므로 them
5 그들은 유명한 배우들이다. 모든 사람들이 그들의 이름을 알고 있다.
6 Sarah는 우리를 그녀의 생일 파티에 초대했다.
　➡ 목적어 자리에 쓰므로 us
7 그 꽃을 봐라. 그것의 색은 아름답다.
　➡ 꽃이 한 송이이므로 Its

D

1 it is expensive　**2** I love them　**3** I love him　**4** Our dogs follow us　**5** They are models　**6** I like its ending
7 Steve likes her, but he dislikes her friends.

EXERCISE

A

1 Motorcycles are dangerous.
　　　　　　　동　　보
오토바이는 위험하다.
2 David rides his motorcycle dangerously.
　　　　　동　　　목
David은 그의 오토바이를 위험하게 탄다.

3 Ava was my classmate in elementary school.
　　　동　　보
Ava는 초등학교 때 나의 반 친구였다.
4 I remember her phone number.
　　　동　　　목
나는 그녀의 전화번호를 기억한다.
5 I bought the computer five years ago.
　　동　　목
나는 5년 전에 그 컴퓨터를 샀다.
6 My computer is old and slow.
　　　　　동　　보
내 컴퓨터는 오래되었고 느리다.
7 Most middle school students wear school uniforms.
　　　　　　　　　　　　　동　　목
대부분의 중학교 학생들은 교복을 입는다.
8 She wore a white dress to the party.
　　동　　목
그녀는 하얀 드레스를 파티에 입고 갔다.
9 My mother grows vegetables on our roof.
　　　　　동　　목
내 어머니는 옥상에 채소를 기르신다.
10 Our vegetables are really fresh.
　　　　　　동　　보
우리 채소들은 정말 신선하다.
11 The early bird catches the worm.
　　　　　　동　　목
일찍 일어나는 새가 벌레를 잡는다.
12 Suji studies English for two hours every day.
　　동　　목
수지는 매일 두 시간 동안 영어를 공부한다.

B

1 Your shoes are[were] very dirty.
너의 신발은 매우 더럽다[더러웠다].
　➡ 동사가 없음. 이다 / 더러운
2 They like Korean food a lot.
그들은 한국 음식을 매우 좋아한다.
　➡ 동사가 두 개. 좋아하다 / 한국 음식을
3 I have many good friends.
나는 좋은 친구들이 많다.
　➡ 동사가 두 개. 가지고 있다 / 많은 좋은 친구들을
4 Her hat is too big.
그녀의 모자는 너무 크다.
　➡ 동사와 보어의 어순 바뀜. 이다 / 너무 큰
5 You and I are[were] good friends.
너와 나는 좋은 친구이다[였다].
　➡ 동사가 없음. 이다 / 좋은 친구

6 They love Korean barbecue.
그들은 한국식 바비큐를 매우 좋아한다.
➡ 동사와 목적어의 어순 바뀜

7 The dog barks at night.
그 개는 밤에 짖는다.
➡ 동사가 두 개. '짖는다'이므로 be 삭제

8 My father cooks lunch on Sundays.
내 아버지는 일요일마다 점심을 요리하신다.
➡ 동사와 목적어의 어순 바뀜

9 Last summer was really hot.
작년 여름은 매우 더웠다.
➡ 과거이므로 was

10 I met an old friend on the street. He bought me lunch.
나는 길에서 옛 친구를 만났다. 그는 내게 점심을 사 주었다.
➡ 과거이므로 bought

C

1 Last winter was really cold.
2 I need a new computer.
3 They were best friends in elementary school.
4 Ava's grandfather died 10 years ago.
5 Ava remembers her grandfather's face.
6 Children catch fish in this river.
7 Korean soccer players wear red uniforms.
8 John wore red socks yesterday.

UNIT **5** 형용사

EXERCISE

A

1 빨리 달리는 사람
Nick은 빨리 달리는 사람이다.

2 보름달, 둥글다
보름달은 둥글다.

3 예쁜 정원
그의 집에는 예쁜 정원이 있다.

4 친근하다
그 개는 낯선 사람들에게 친근하다.

5 거의 없는 팬
그 가수는 팬이 거의 없다.

6 늦은 점심, 바빴다
나는 바빠서 늦은 점심을 먹었다.

7 매우 적은 고기, 많은 채소
그녀는 고기를 거의 먹지 않지만 채소를 많이 먹는다.

8 몇 개의 계란, 약간의 우유
나는 계란 몇 개와 약간의 우유가 필요하다.

B

1 kind teachers **2** be kind **3** friendly people **4** be healthy
5 wrong answers **6** be light **7** my heavy bag **8** be right

C

1 He lives in a quiet village.
2 Your answer is wrong.
3 My cell phone is heavy.
4 I had[ate] an early dinner.
5 The streets in the city were clean.
6 I have little money.
7 I need a few apples and a little water.

UNIT **6** 부사

EXERCISE

A

1 일찍 일어난다
그녀는 일찍 일어난다.

2 영어를 잘 말한다
그녀는 영어를 잘한다.

3 매우 빠르게 헤엄친다
돌고래는 매우 빠르게 헤엄친다.

4 꽤 춥다
한국의 겨울은 꽤 춥다.

5 꽤 조용했다
그 마을은 꽤 조용했다.

6 종종 늦게 일어난다
Peter는 종종 늦게 일어난다.

7 항상 바쁘다
우리는 금요일마다 항상 바쁘다.

8 주로 쇼핑하러 간다
그들은 주로 토요일마다 쇼핑하러 간다.

B

1 My mother drives carefully.
내 어머니는 조심스럽게 운전하신다.
➡ 부사이므로 carefully. 운전하다 / 조심스럽게

2 We had a quick lunch.
우리는 빠른 점심을 먹었다. (급히, 간단히 먹었다)
➡ 형용사이므로 quick. 빠른 / 점심

3 My teacher always speaks quietly.

우리 선생님은 항상 조용히 말씀하신다.

➡ 부사이므로 quietly. 말하다 / 조용히

4 Emily gave me a sweet smile.

Emily는 내게 다정한 미소를 지었다.

➡ 형용사이므로 sweet. 다정한 / 미소

5 He solves difficult math problems easily.

그는 어려운 수학 문제를 쉽게 푼다.

➡ 부사이므로 easily. 푼다 / 쉽게

6 The street is always full of people.

그 길은 항상 사람들로 가득하다.

➡ be동사 + 빈도부사

C

1 My laptop is really light.

2 Your plan is quite[pretty] good.

3 You are always busy.

4 My father usually drives to work.

5 They go to bed late and get up late.

REVIEW TEST

A

1 some breads → some bread

2 A success → Success

3 new apartment → a new apartment

4 calls he → calls him

5 It is → They are

6 am go → go

7 sleep → sleeps

8 calls → called

9 really quiet → is really quiet

10 get up often → often get up

11 smiled sweet → smiled sweetly

12 beautifully → beautiful

1 나는 아침으로 빵을 좀 먹었다.

➡ bread는 셀 수 없는 명사. 형태가 일정하지 않음

2 성공은 열심히 일하는 것으로부터 온다.

(열심히 일해야 성공한다.)

➡ success는 셀 수 없는 명사

3 그는 새 아파트로 이사했다.

➡ 셀 수 있는 명사는 수 표시 필요

4 Julia는 Alex를 좋아한다. 그녀는 그에게 날마다 전화한다.

➡ 동사 뒤이므로 목적어 자리. 대명사 목적어를 씀. 누구를 대상으로 전화를 하는지 생각할 것. 목적어가 대개 '…을'로 해석되지만, 그렇지 않은 경우도 있음

5 저 꽃들을 보아라. 그것들은 아름답다.

➡ 꽃이 여러 개이므로 복수

6 나는 잠자리에 늦게 든다.

➡ 동사가 두 개이므로 하나 삭제. 내용상 '하다'동사를 쓸 자리

7 내 남동생은 하루에 10시간씩 잔다.

➡ 주어가 3인칭 단수(My brother). 3단현 -s

8 Matt는 오늘 아침 일찍 나에게 전화했다.

➡ 과거의 일이므로 동사의 과거형 필요

9 그 마을은 정말 조용해. 나는 그 마을이 매우 좋아.

➡ 동사가 없음. 이다 / 정말 조용한

10 그 아이들은 종종 늦게 일어난다.

➡ 빈도부사+일반동사 (빈동, be빈)

11 나는 그녀에게 다정하게 미소를 지었다.

➡ 동사를 수식하므로 부사 (미소를 지었다 / 다정하게)

12 독수리들이 하늘을 난다. 그들은 아름답다.

➡ 주어를 설명하는 보어이므로 형용사 (이다 / 아름다운)

B

1 are close friends   **2** cooks breakfast

3 speak Chinese   **4** catches the worm

5 quite[pretty] cold   **6** too noisy

7 often ride my bike   **8** is usually busy

9 Their lives

10 our country, remember them

C

1 Health brings happiness.

2 He eats little meat for his health.

3 The water in this river is clean.

4 She always smiles quietly.

5 I remember her sweet smile.

6 My new cell phone is really light.

7 He spends too much time on the computer.

8 Animals need food and water to live.

9 The students respect their teacher, and their teacher loves them.

10 We never go shopping on Fridays.

CHAPTER 2

문장 패턴

명쾌한 개념 목적어, 보어

A1, A1′

×: 2, 4, 5, 6번 문장

1 은행은 오후 4시에 문을 닫는다.

6 MY GRAMMAR COACH 표준편

2 I visit <u>my grandparents</u> every weekend.
나는 내 조부모님을 매주 주말에 방문한다.
➡ 누구를 방문하는지 밝혀야 함

3 그는 차 사고로 죽었다.

4 You waste <u>your time</u> during vacation.
너는 방학 동안 시간을 낭비한다.
➡ 무엇을 낭비하는지 밝혀야 함

5 My parents grow <u>vegetables</u> in our garden.
내 부모님은 정원에 채소를 기르신다.
➡ 무엇을 기르는지 밝혀야 함

6 The old man collects <u>bottles</u> early in the morning.
그 노인은 이른 아침에 병들을 모은다.
➡ 무엇을 모으는지 밝혀야 함

A2, A2′

×: 1, 2, 4, 6번 문장

1 The weather was <u>cold</u> in Canada.
캐나다의 날씨는 추웠다.
➡ 날씨가 어때했는지 밝혀야 함

2 My mom became <u>a nurse</u> at age 25.
나의 엄마는 25세에 간호사가 되셨다.
➡ 무엇이 되었는지 밝혀야 함

3 그들은 그 소식에 슬펐다.

4 Your smile makes me <u>happy</u>.
너의 미소는 나를 행복하게 만든다.
➡ 나를 어떻게 만드는지 밝혀야 함

5 그녀는 자신의 옷을 만든다.

6 I found English grammar <u>easy</u>.
나는 영문법이 쉽다는 것을 알게 됐다.
➡ 영문법이 어떠한지 밝혀야 함

7 나는 잃어버렸던 휴대폰을 찾았다.

A

1 He <u>opened</u> <u>his eyes</u> slowly.
　　　　동　　　목
그는 / 열었다(떴다) / 그의 눈을 / 천천히.

2 The restaurant <u>opens</u> late.
　　　　　　　동
그 식당은 / 연다 / 늦게.

3 I <u>changed</u> <u>some money</u> to dollars.
　　동　　　　목
나는 / 바꾸었다 / 얼마간의 돈을 / 달러로.

4 Fashion <u>changes</u> over time.
　　　　　동
패션은 / 변한다 / 시간이 지남에 따라.

5 I usually <u>walk</u> to school.
　　　　　동
나는 / 보통 걸어간다 / 학교에.

6 I <u>walked</u> <u>my dog</u> this morning.
　　동　　　목
나는 / 산책시켰다 / 내 개를 / 오늘 아침에.

7 The children <u>played</u> unsafely in the road.
　　　　　　동
그 아이들은 / 놀았다 / 안전하지 않게 / 길에서.

8 We <u>played</u> <u>soccer</u> on our lunch break.
　　동　　목
우리는 / (경기)했다 / 축구를 / 점심시간에.

9 She <u>became</u> <u>a mother</u> last night.
　　동　　　보
그녀는 / 되었다 / 엄마가 / 어젯밤에.

10 Her baby <u>is</u> <u>healthy</u>.
　　　동　　보
그녀의 아기는 / 이다 / 건강한.

11 I <u>have</u> <u>lots of homework</u>.
　　동　　　　목
나는 / 가지고 있다 / 많은 숙제를.

12 Homework <u>keeps</u> <u>me</u> <u>busy</u>.
　　　　동　　목　보
숙제가 / 유지시킨다 / 나를 / 바쁜.
(숙제 때문에 바쁘다)

13 I <u>bought</u> <u>a new dress</u> for Angela.
　　동　　　목
나는 / 샀다 / 새 드레스를 / Angela를 위해.

14 She <u>looked</u> <u>very beautiful</u> in the new dress.
　　　동　　　　보
그녀는 / 보였다 / 매우 아름다운 / 그 새 드레스를 입자.
(새 드레스를 입자 매우 아름다워 보였다)

15 The new dress <u>made</u> <u>Angela</u> <u>happy</u>.
　　　　　　　동　　목　　보
그 새 드레스는 / 만들었다 / Angela를 / 행복한.
(Angela를 행복하게 만들었다)

B

1 Some books change our lives.

2 <u>Many people</u> learn Chinese nowadays.

3 I found Chinese useful.

4 The vegetables look fresh.

5 Refrigerators keep vegetables fresh.

6 The movie was boring.

7 The movie made me sleepy.

EXERCISE

A

1 그 귀여운 아기는 많이 웃는다.

2 많은 외국인들이 한국 음식을 매우 좋아한다.

3 Hot air rises slowly. (올라간다)
뜨거운 공기는 느리게 올라간다.

4 I dropped my phone in the water.
(떨어뜨렸다 / 내 전화기를)
나는 전화기를 물에 떨어뜨렸다.

5 They did their homework at the library.
(했다 / 그들의 숙제를)
그들은 도서관에서 숙제를 했다.

6 I fell into a hole in the road. (떨어졌다)
나는 길에 난 구멍으로 떨어졌다.

7 He introduced new ideas to his business.
(도입했다 / 새로운 아이디어들을)
그는 사업에 새로운 아이디어들을 도입했다.

8 They raised their national flag high.
(들어 올렸다 / 그들의 국기를)
그들은 그들의 국기를 높이 들어 올렸다.

9 Miracles happen in life now and then. (일어난다)
기적은 인생에서 때때로 일어난다.

10 Chicks follow their mother all the time.
(따라다닌다 / 그들의 어미를)
병아리들은 항상 어미를 따라다닌다.

B

1 Nick misses Korean barbecue.
Nick은 한국식 바비큐를 그리워한다.

2 Jimmy's grandmother coughs a lot.
Jimmy의 할머니는 기침을 많이 하신다.

3 She felt pain in her neck.
그녀는 목에 통증을 느꼈다.

4 John always keeps his promises.
John은 항상 그의 약속을 지킨다.

5 The wind blows gently from the south.
바람이 남쪽에서 잔잔히 불어온다.

6 My mother worked at a bank for 10 years.
내 어머니는 10년 동안 은행에서 일하셨다.

7 A strange man appeared at the door.
낯선 남자가 문가에 나타났다.

8 Brandon does his homework with his friends.
Brandon은 친구들과 숙제를 한다.

9 We did a science experiment in class.
우리는 수업 중에 과학 실험을 했다.

10 Many people borrow money from the bank.
많은 사람들이 은행에서 돈을 빌린다.

C

1 House prices rise and fall.

2 The baby cried a lot last night.

3 A shark appeared near our boat.

4 The shark disappeared into the sea.

5 The car accident happened on a rainy day.

6 He often breaks his promises.

7 She introduced her boyfriend to her parents.

8 He borrowed my notebook yesterday.

9 I always follow my mother's advice.

10 I missed the last bus, so I took a taxi.

EXERCISE

A

2 He bought her a cute doll.
(사 주었다 / 그녀에게 / 귀여운 인형을)
그는 그녀에게 귀여운 인형을 사 주었다.

3 I showed my classmates my new tablet.
(보여 주었다 / 내 반 친구들에게 / 내 새 태블릿을)
나는 내 반 친구들에게 새 태블릿을 보여 주었다.

4 Daniel sent her his pictures by email.
(보냈다 / 그녀에게 / 그의 사진을)
Daniel은 이메일로 그녀에게 자신의 사진을 보냈다.

5 Emily told her friends a funny joke.
(말했다 / 그녀의 친구들에게 / 재미있는 농담을)
Emily는 그녀의 친구들에게 재미있는 농담을 했다.

6 Andrew's girlfriend made him a Valentine's Day card.
(만들어 주었다 / 그에게 / 밸런타인데이 카드를)
Andrew의 여자친구는 그에게 밸런타인데이 카드를 만들어 주었다.

7 Andrew showed all his friends the card.
(보여 주었다 / 그의 모든 친구들에게 / 그 카드를)
Andrew는 모든 친구들에게 그 카드를 보여 주었다.

8 This book teaches children many things.
(가르쳐 준다 / 아이들에게 / 많은 것들을)
이 책은 아이들에게 많은 것을 가르쳐 준다.

B

1 I bought John a present for his birthday.
나는 John의 생일에 그에게 선물을 사 주었다.

2 The teacher gave us our report cards.
선생님은 우리에게 성적표를 주셨다.

3 I showed my parents my report card.
나는 부모님께 성적표를 보여 드렸다.

4 He always tells his parents the truth.
그는 항상 그의 부모님께 진실을 말한다.

5 My mother made us some chicken sandwiches.
어머니는 우리에게 치킨 샌드위치를 만들어 주셨다.

6 The police officer asked us some questions.
그 경찰관은 우리에게 몇몇 질문을 했다.

7 My friend sent me a text message to my phone.
내 친구는 내게 문자 메시지를 보냈다.

8 I sent him a reply a few minutes later.
나는 몇 분 후에 그에게 답장을 보냈다.

C

2 I made my mother a birthday card. /
I made a birthday card for my mother.

3 Jessie told her teacher a lie. /
Jessie told a lie to her teacher.

4 Our teacher gives us homework by email. /
Our teacher gives homework to us by email.

5 My grandfather tells me interesting stories. /
My grandfather tells interesting stories to me.

6 Anna bought her friend some ice cream. /
Anna bought some ice cream for her friend.

7 Peter sent his teacher some flowers on Teachers' Day. / Peter sent some flowers to his teacher on Teachers' Day.

UNIT **9** 보어와 문형 1

EXERCISE

A

1 나의 사촌들은 모두 키가 크고 잘생겼다.

2 His new songs sound great. (들린다 / 멋진)
그의 새 노래들은 멋지다.

3 People sometimes feel lonely. (느낀다 / 외로운)
사람들은 가끔 외로움을 느낀다.

4 You were right, and I was wrong.
(이었다 / 맞은, 이었다 / 틀린)
네가 맞았고 내가 틀렸었다.

5 Cindy looks wonderful in her new dress.
(보인다 / 멋진)
Cindy는 새 드레스를 입으니 멋져 보인다.

6 The young singer became very famous.
(되었다 / 매우 유명한)
그 젊은 가수는 매우 유명해졌다.

7 I felt sad when my pet cat died. (느꼈다 / 슬픈)
나는 애완 고양이가 죽었을 때 슬펐다.

8 Leaves turn red and yellow in fall.
(변한다 / 빨갛고 노란)
잎들은 가을에 빨갛고 노랗게 변한다.

9 Apples are good for you and taste great.
(이다 / 좋은, 맛이 난다 / 좋은)
사과는 너의 몸에 좋고 맛이 좋다.

10 I ate too much ice cream and got sick.
(되었다 / 아픈)
나는 아이스크림을 너무 많이 먹고 아팠다.

B

1 Dinner smells good.
저녁 식사가 좋은 냄새가 난다.

2 The air feels cool and fresh.
공기가 시원하고 상쾌하게 느껴진다.

3 Your grandmother looks young.
너의 할머니는 젊어 보이신다.

4 His voice sounded strange.
그의 목소리가 이상하게 들렸다.

5 Mia gets angry at small things.
Mia는 작은 것에도 화를 낸다.

6 Daniel felt sorry for the poor children.
Daniel은 가난한 아이들을 안쓰럽게 여겼다.

7 The singer became popular with his first song.
그 가수는 첫 노래로 인기를 얻게 되었다.

C

1 sadly → sad   **4** clearly → clear   **5** terribly → terrible

1 그 노래는 슬프게 들린다.
➡ The song=sad. 보어이므로 형용사

2 그 젊은 커플은 아름답게 춤췄다.
➡ 춤췄다 / 아름답게. 동사를 꾸며주므로 부사
(The young couple≠beautiful)

3 너는 그 드레스를 입으니 사랑스러워 보인다.
➡ You=lovely. lovely는 보어로 쓰인 형용사

4 하늘이 맑아졌다.
➡ The sky=clear. 보어이므로 형용사

5 이 애플파이는 맛이 형편없다.
➡ This apple pie=terrible. 보어이므로 형용사

6 산에서는 날씨가 빠르게 변한다.
➡ 변한다 / 빠르게. 동사를 꾸며주므로 부사
(The weather≠quick)

D

1 Your idea sounds great.

2 Everyone looked joyful.

3 The weather gets warm in spring.

4　He got tired after a long walk.

5　I feel a little sick today.

EXERCISE

A

1　그 드레스는 Jenny를 행복하게 만들었다.

2　Jenny's mother made a new dress for her.
　　　　　　　(만들었다 / 새로운 드레스를) 동사 / 목적어
　　Jenny의 어머니는 그녀를 위해 새 드레스를 만들어 주셨다.

3　Dylan found a wallet on the street.
　　(발견했다 / 지갑을) 동사 / 목적어
　　Dylan은 길에서 지갑을 발견했다.

4　He found the wallet empty.
　　(발견했다 / 그 지갑을 / 비어 있는) 동사 / 목적어 / 보어
　　그는 그 지갑이 비어 있는 것을 발견했다.

5　Caroline made some errors in her writing.
　　(만들었다 / 약간의 오류를) 동사 / 목적어
　　Caroline은 그녀의 글에 약간의 오류를 범했다.

6　The errors made her teacher angry.
　　(만들었다 / 그녀의 선생님을 / 화난) 동사 / 목적어 / 보어
　　그 오류가 그녀의 선생님을 화나게 만들었다.

7　Her baby cries when she leaves the room.
　　　　　　　　　　　　(나간다 / 방을) 동사 / 목적어
　　그녀의 아기는 그녀가 방을 나갈 때 운다.

8　You always leave your room messy.
　　(…채로 둔다 / 너의 방을 / 어질러진) 동사 / 목적어 / 보어
　　너는 항상 너의 방을 어질러진 채로 둔다.

9　Timothy calls Amanda every night.
　　(전화한다 / Amanda에게) 동사 / 목적어
　　Timothy는 매일 밤 Amanda에게 전화한다.

10　They call the little girl Amanda.
　　(부른다 / 그 어린 여자아이를 /Amanda라고) 동사 / 목적어 / 보어
　　그들은 그 어린 여자아이를 Amanda라고 부른다.

B

1　My joke made Sydney angry.
　　내 농담이 Sydney를 화나게 만들었다.

2　Exercise keeps us healthy.
　　운동이 우리를 건강하게 유지시켜 준다.

3　I find your little sister very cute.
　　나는 네 여동생이 매우 귀엽다고 생각한다.

4　The clouds turned the sky grey.
　　구름이 하늘을 잿빛으로 변하게 했다.

5　Finally, the girl got the door open.
　　마침내 그 소녀는 문을 열리게 했다(열었다).

6　You always get your clothes dirty.
　　너는 항상 너의 옷을 더럽힌다.

7　Matthew found Korean food very healthy.
　　Matthew는 한국 음식이 매우 건강에 좋다는 것을 알게 됐다.

8　Hot weather turned the food bad.
　　더운 날씨가 음식을 상하게 했다.

C

1　safely → safe　　　**3**　happily → happy

1　안전벨트는 사고에서 우리를 안전하게 해 준다.
　➡ us=safe. 목적격보어이므로 형용사

2　George는 그의 차를 부주의하게 운전했다.
　➡ 운전했다 / 부주의하게. 동사를 꾸며주므로 부사
　　(his car≠careless)

3　나의 생일 선물은 부모님을 행복하게 만들었다.
　➡ my parents=happy. 목적격보어이므로 형용사

4　그들은 한국 사람들이 외국인에게 다정하다는 것을 알게 됐다.
　➡ Koreans=friendly. friendly는 형용사로 목적격보어

5　그의 차는 모퉁이를 천천히 돌았다.
　➡ 돌았다 / 천천히. 동사를 꾸며주므로 부사
　　(the corner≠slow)

D

1　Julia always keeps her hands clean.

2　Milk makes our bones strong.

3　I leave the doors open on hot days.

4　Her beautiful voice made her famous.

5　I found grammar useful in learning English.

6　We consider Liz an excellent teacher.

EXERCISE

A

1　My parents are at the mall.
　　내 부모님은 쇼핑센터에 계신다.
　➡ 누구인지 이미 아는 경우이므로 '주어 + be'

2　The cat is on the roof.
　　그 고양이가 지붕 위에 있다.
　➡ 무엇인지 이미 아는 경우이므로 '주어 + be'

3　His house is in the country.
　　그의 집은 시골에 있다.
　➡ 무엇인지 이미 아는 경우이므로 '주어 + be'

4 There is someone at the door.
누군가가 문가에 있다.

5 There is little water in the river.
그 강에는 물이 거의 없다.

6 There is a five-star hotel in this town.
이 마을에 5성급 호텔이 하나 있다.

7 There are two police officers at the crosswalk.
횡단보도에 경찰관이 두 명 있다.

8 There is too much traffic during rush hour.
러시아워(혼잡 시간대)에는 교통량이 너무 많다.

B

1 His picture was on the wall.
그의 사진이 벽에 (걸려) 있었다.

2 The children were in the playground.
그 아이들은 운동장에 있었다.

3 His house was by the river.
그의 집은 강가에 있었다.

4 There was little sunlight in his room.
그의 방에는 햇빛이 거의 들지 않았다.

5 There were clouds in the sky.
하늘에 구름이 있었다.

6 There was snow on the mountain.
산 위에 눈이 있었다.

7 There were many shops at the mall.
쇼핑센터에는 많은 상점들이 있었다.

8 There were few people in the shops.
그 상점들에는 사람들이 거의 없었다.

C

④ is → are   ⑤ are → were

내 침실은 작지만 나는 그것을 아주 좋아한다. 큰 침대가 하나 있다. 책꽂이가 하나 있다. 그 책꽂이에는 많은 책들과 CD들이 있다. 창 가까이에는 식물들이 있다. 벽에는 많은 포스터들이 있었지만 내가 그것들을 떼어 냈다. 벽은 이제 깨끗하다.

④ 뒤에 오는 plants가 주어이므로 복수

⑤ 과거에 있었던 것. 현재는 없음

D

1 There is a table by the window.

2 There is a lot of [lots of] water in the river during rainy season.

➡ much는 주로 부정문, 의문문에서 쓰이며 평서문에는 much 대신 a lot of [lots of]를 자주 씀

3 My grandfather is in the hospital.

4 There was an old tree on the hill.

5 Jim and Austin are at the bus stop.

6 There are too many cars on the roads.

7 There was little traffic in the city at night.

REVIEW TEST

A

1 walk my dog   **2** do his homework

3 follow her mother's advice

4 miss Korean food   **5** break his promises

6 look tired   **7** look very beautiful

8 smell sweet   **9** feel lonely

10 sound strange

11 give us a lot of [lots of] homework

12 send him an email

13 teach us English grammar

14 show her his pictures   **15** tell my parents the truth

16 make Jasmine happy   **17** leave the window open

18 make our bones strong   **19** keep vegetables fresh

20 find English grammar easy

B

1 We played basketball after school.

2 She gave me a teddy bear.

3 My teacher tells us interesting stories during class.

4 My teacher sent me an email.

5 Everything looks fresh in spring.

6 His accent sounds strange.

7 Smiling makes people happy.

8 I always keep my room clean.

9 We found our new neighbors friendly.

10 There are three rooms in my house.

11 There were a lot of [lots of] flowers in his garden.

12 There was some milk in the refrigerator.

CHAPTER 3
문장의 종류

명쾌한 개념 부정, 의문 표현의 원리

A

2 are not [aren't] / were not [weren't] / Are we ...? / Were we ...?

3 are not [aren't] / were not [weren't] / Are you ...? / Were you ...?

4 is not [isn't] / was not [wasn't] / Is he ...? / Was he ...?

5 is not [isn't] / was not [wasn't] / Is it ...? / Was it ...?

6 are not [aren't] / were not [weren't] / Are they ...? / Were they ...?

8 don't go / didn't go / Do we go ...? / Did we go ...?

9 don't make / didn't make / Do you make ...? / Did you make ...?

10 doesn't know / didn't know / Does she know ...? / Did she know ...?

11 doesn't give / didn't give / Does it give ...? / Did it give ...?

12 don't love / didn't love / Do they love ...? / Did they love ...?

B

1 is not[isn't] / was not[wasn't] / Is Rachel ...? / Was Rachel ...?
➡ Rachel: she (단수)

2 are not[aren't] / were not[weren't] / Are people ...? / Were people ...?
➡ people: they (사람들. 복수)

3 is not[isn't] / was not[wasn't] / Is the computer ...? / Was the computer ...?
➡ the computer: it (단수)

4 is not[isn't] / was not[wasn't] / Is their cat ...? / Was their cat ...?
➡ their cat: it (they로 혼동하지 말 것)

5 are not[aren't] / were not[weren't] / Are his plans ...? / Were his plans ...?
➡ his plans: they (he로 혼동하지 말 것)

6 doesn't love / didn't love / Does Rachel love ...? / Did Rachel love ...?

7 don't believe / didn't believe / Do people believe ...? / Did people believe ...?

8 doesn't work / didn't work / Does the computer work ...? / Did the computer work ...?

9 doesn't eat / didn't eat / Does their cat eat ...? / Did their cat eat ...?

10 don't sound / didn't sound / Do his plans sound ...? / Did his plans sound ...?

UNIT **12** be동사의 부정문과 의문문

EXERCISE

A

2 Is your brother ...? / Was your brother ...?
➡ your brother: he (you로 혼동하지 말 것)

3 Are the flowers ...? / Were the flowers ...?

4 Are the tests ...? / Were the tests ...?

5 Is my bike ...? / Was my bike ...?

6 Is the weather ...? / Was the weather ...?

7 Are sugar and salt ...? / Were sugar and salt ...?
➡ sugar and salt: they (두 가지이므로 복수)

B

1 → are not / were not / Are his sisters ...? / Were his sisters ...?
➡ his sisters: they (he로 혼동하지 말 것)

3 → are not / were not / Are her songs ...? / Were her songs ...?
➡ her songs: they (she로 혼동하지 말 것)

4 → is not / was not / Is too much salt ...? / Was too much salt ...?
➡ salt: it (salt는 셀 수 없는 명사. 단수 취급)

6 → is not / was not / Is the person ...? / Was the person ...?
➡ the person: he or she (한 사람이므로 단수)

C

1 The dog is not[isn't] friendly to strangers. / Is the dog friendly to strangers?
그 개는 낯선 사람들에게 친근하지 않다. / 그 개는 낯선 사람들에게 친근하니?

2 The children are not[aren't] afraid of dogs. / Are the children afraid of dogs?
그 아이들은 개를 무서워하지 않는다. / 그 아이들은 개를 무서워하니?

3 The test was not[wasn't] easy. / Was the test easy?
그 시험은 쉽지 않았다. / 그 시험은 쉬웠니?

4 Their test scores were not[weren't] good. / Were their test scores good?
그들의 시험 성적은 좋지 않았다. / 그들의 시험 성적은 좋았니?

5 They were not[weren't] often late for school. / Were they often late for school?
그들은 자주 학교에 늦지 않았다. / 그들은 자주 학교에 늦었니?

6 There is not[isn't] a bus stop nearby. / Is there a bus stop nearby?
➡ 'There be ...'를 의문으로 바꿀 때는 'Be there ...?'

D

2 Are they always late for school? — No, they aren't.

3 Was Megan absent from school yesterday? — Yes, she was.

4 Was the interview easy? — No, it wasn't.

5 Were your old neighbors friendly? — Yes, they were.

6 Am I good at English? — Yes, you are.

7 Are there many people on the beach? — Yes, there are.
➡ 'Be there ...?'로 물어볼 때의 응답은 'Yes[No], there be[be not].'

EXERCISE

A

2 don't love / didn't love / Do his parents love ...? / Did his parents love ...?

3 doesn't have / didn't have / Does your brother have ...? / Did your brother have ...?

4 don't say / didn't say / Do people say ...? / Did people say ...?

5 doesn't grow / didn't grow / Does the tree grow ...? / Did the tree grow ...?

6 don't do / didn't do / Do robots do ...? / Did robots do ...?

7 doesn't do / didn't do / Does the teacher do ...? / Did the teacher do ...?

B

1 → don't have / didn't have / Do his brothers have ...? / Did his brothers have ...?

3 → don't grow / didn't grow / Do trees grow ...? / Did trees grow ...?

4 → doesn't love / didn't love / Does everyone love ...? / Did everyone love ...?

5 → doesn't say / didn't say / Does our teacher say ...? / Did our teacher say ...?

C

1 The children don't eat snacks before bed. / Do the children eat snacks before bed?
그 아이들은 자기 전에 간식을 먹지 않는다. / 그 아이들은 자기 전에 간식을 먹니?

2 The hair shop doesn't close on Sundays. / Does the hair shop close on Sundays?
그 헤어숍은 일요일에 문을 닫지 않는다. / 그 헤어숍은 일요일에 문을 닫니?

3 They don't use paper cups. / Do they use paper cups?
그들은 종이컵을 사용하지 않는다. / 그들은 종이컵을 사용하니?

4 She doesn't have lots of friends. / Does she have lots of friends?
그녀는 친구들이 많지 않다. / 그녀는 친구들이 많니?

5 He didn't watch the soccer match last night. / Did he watch the soccer match last night?
그는 어젯밤에 축구 경기를 보지 않았다. / 그는 어젯밤에 축구 경기를 봤니?

6 They didn't do their best on the final exam. / Did they do their best on the final exam?
그들은 기말고사에 최선을 다하지 않았다. / 그들은 기말고사에 최선을 다했니?

7 Amy doesn't often do her shopping late at night. / Does Amy often do her shopping late at night?
Amy는 자주 밤늦게 쇼핑을 하지 않는다. / Amy는 자주 밤늦게 쇼핑을 하니?

D

1 Does Allison like fish / Yes, she does
A: Allison은 생선을 좋아하니?
B: 그래, 좋아해. 그녀는 매일 생선을 먹어.

2 Do they have fun / Yes, they do
A: 그들은 학교에서 재미있게 지내니?
B: 응, 그래. 그들은 그들의 학교생활을 아주 좋아해.

3 Did you enjoy the soccer match / No, I[we] didn't
A: 너[너희들]는 어젯밤에 축구 경기를 재미있게 봤니?
B: 아니, 그렇지 않았어. 그것은 지루했어.

4 Does the computer work well / No, it doesn't
A: 그 컴퓨터는 잘 작동되니?
B: 아니, 그렇지 않아. 그것은 너무 느려.

5 Do you wash your hair / No, I don't
A: 너는 매일 머리를 감니?
B: 아니, 그렇지 않아. 나는 하루 걸러 머리를 감아.

6 Did he do well / Yes, he did
A: 그는 기말고사를 잘 봤니?
B: 응, 그래. 그의 성적은 많이 향상됐어.

7 Does your father do the dishes / Yes, he does
A: 너의 아버지는 저녁 식사 후에 설거지를 하시니?
B: 응, 그래. 그는 어머니를 많이 도와주셔.

UNIT **14** 의문대명사

EXERCISE

A

2 Who is she?

3 Who was she?

4 Who are they?

5 Who were they?

6 What is your problem?

7 What was your problem?

8 What do you want?

9 What does she want?

10 What did you want?

11 Who(m) do you like?

12 Who(m) does she like?

13 Who(m) did you like?

14 Whose book is this?

15 Which do you like better?

16 What color does she like?

B

1 Who
너의 가장 친한 친구는 누구니?

2 Who(m)
너는 파티에서 누구를 만났니?
➡ 만나다 / 누구를. meet의 목적어로 쓰였으므로 Who(m)

3 What
그녀는 식사 사이에 무엇을 먹니?

4 Whose
이것은 누구의 책가방이니?

5 Which
목요일과 금요일 중 어떤 요일이 더 좋니?

6 What
너는 여가 시간에 무엇을 하니?

7 Who(m)
너는 누구와 야구를 하니?
➡ 야구를 하다 / 누구와. 전치사 with의 목적어로 쓰였으므로 Who(m)

8 What
그는 종이에 무엇을 그렸니?

9 Whose
그것은 누구 아이디어였니? – 그것은 Tony의 아이디어였어.

10 Who
전화하시는 분은 누구신가요? – Lee입니다.

11 What
오늘은 무슨 요일이니? – 금요일이야.

12 What
너의 아버지 직업은 무엇이니? – 그는 조종사이셔.
➡ 'What do 주어 + do?'는 직업을 물어볼 때 흔히 쓰는 표현

C

1 Who is the man
빨간 모자를 쓴 그 남자는 누구니? – 그는 내 사촌이야.

2 What was Tony's job
Tony의 직업은 뭐였니? – 그는 경찰관이었어.

3 Who(m) does Maria like
Maria는 누구를 좋아하니? – 그녀는 Bob을 좋아해.

4 Who is it
(그건) 누구니? – 나야.

5 What time is it
뉴욕은 몇 시니? – 아침 9시야.
➡ 시간, 날씨, 거리 등을 물어볼 때는 'it'을 주어로 삼음

6 What do you want
너는 저녁 식사로 무엇을 원하니? – 나는 파스타를 원해.

7 What sports do you enjoy
너는 어떤 스포츠를 즐기니? – 나는 테니스를 즐겨.

8 Whose friend is he
그는 누구 친구니? – 그는 Lily의 친구야.

9 Who(m) did you call
너는 어젯밤 늦게 누구에게 전화했니? – 나는 Mark에게 전화했어.

10 Who called you
어젯밤 늦게 누가 너에게 전화했니? – Mark가 내게 전화했어.
➡ 의문사가 주어임(누가 전화했니?). do의 도움 필요 없음

11 What do your parents do
너의 부모님은 무슨 일을 하시니? – 그들은 두 분 다 선생님이셔.

12 What did John get
John은 생일에 무엇을 받았니? – 그는 시계를 받았어.

13 Which color do you want
너는 파란색과 빨간색 중 어떤 색을 원하니? – 나는 빨간색을 원해.

14 What caused the car accident
무엇이 그 차 사고를 일으켰니? – 운전자가 음주운전을 했어.
➡ 의문사가 주어임(무엇이 일으켰니?). do의 도움 필요 없음

15 Who drove the car
누가 그 차를 운전했니? – 내 삼촌이 했어.
➡ 의문사가 주어임(누가 운전했니?). do의 도움 필요 없음

UNIT 15 의문부사

EXERCISE

A

2 When was it?　　**3** Where are you?

4 Where were you?　　**5** Why is she ...?

6 Why was she ...?　　**7** How is it?

8 How was it?　　**9** How much is it?

10 How far is it?　　**11** Where do you buy ...?

12 When did you buy ...?　　**13** How did you know that?

14 How long did she wait?　　**15** How fast does it go?

16 How much money do you have?

17 How many people were there?

B

1 Where
너는 어렸을 때 어디에 살았니? – 인천에서.

2 Why
그녀는 왜 그렇게 늦게 왔니?

3 How
너는 그녀를 얼마나 오래 기다렸니?

4 How
이 드레스를 입은 내 모습이 어떠니?

5 Why
너는 오늘 왜 그렇게 피곤해 보이니?

6 When

제주도를 방문하기에 가장 좋은 시기는 언제니?

7 How

제주도의 음식은 어떠니?

8 When

겨울방학은 보통 언제 시작하니?

9 Where

겨울방학 동안 너는 주로 어디에 가니?

10 Why

너는 왜 그렇게 화가 나 있니?

C

1 Where were

너는 어디에서 태어났니? – 서울에서.

2 When did

너는 언제 그를 마지막으로 봤니? – 2주 전에.

3 When does

열차는 언제 출발하니? – 열차는 오후 2시에 출발해.

4 How long did

그들은 부산에 얼마나 머물렀니? – 그들은 일주일간 머물렀어.

5 When did

그 사고는 언제 일어났니? – 오전 5시에.

6 How many people did

너는 파티에 얼마나 많은 사람들을 초대했니? – 10명 이상.

7 Where are

내 안경은 어디 있니? – 너의 머리 위에 있어.

8 Why do

너는 요즘 왜 자꾸 잊어버리니? – 내가 아주 바빠.

D

1 How is your mother

너의 어머니는 어떠시니? – 잘 지내셔.

2 Why did Evan call you

왜 Evan은 어젯밤 너에게 전화했니? – 그는 안부 인사를 하려고 내게 전화했어.

3 When did you meet her

너는 언제 처음으로 그녀를 만났니? – 3년 전에.

4 Where does she usually buy clothes

그녀는 주로 어디에서 옷을 사니? – 중고품 매장에서.

5 How did she solve the problem

그녀는 어떻게 그 문제를 풀었니? – 그녀의 어머니가 도와주셨어.

6 How much money does he earn

그는 얼마나 많은 돈을 버니? – 한 달에 3백만 원 정도.

UNIT 16 명령, 요구, 제안의 문장

EXERCISE

A

1 Be

나이든 분들에게 공손해라.

2 Help

제 보고서를 좀 도와주세요.

3 Do

시험에 최선을 다해라.

4 Let's do

우리 시험에 최선을 다하자.

5 Why don't we have

우리 디저트로 아이스크림을 좀 먹는 게 어때?

6 Come

10시 전에 집에 와라.

7 Don't touch

난로를 건드리지 마라.

8 Never forget

너의 열쇠를 잊지 마라.

9 Don't talk

너의 친구에 대해 그렇게 말하지 마라.

10 Don't be

나이든 분들에게 무례하게 굴지 마라.

11 Never play

성냥이나 라이터를 가지고 놀지 마라.

B

① don't be ② turn in ③ don't make ④ Raise
⑤ don't chew

학생들, 새 학년을 맞아 몇 가지 규칙들이 있어요. 첫째, 수업에 늦지 마세요. 둘째, 숙제를 제때에 제출하세요. 다음으로, 수업 중에 떠들지 마세요. 말하고 싶을 때는 손을 드세요. 또한 수업 중에 껌을 씹지 마세요. 여러분이 이러한 규칙들을 따른다면 우리는 아주 성공적인 한 해를 보내게 될 거예요.

REVIEW TEST

A

1 Are → Do	**2** Does → Is
3 I'm not → I don't	**4** don't be → aren't
5 Were → Did	**6** didn't be → wasn't
7 doesn't → isn't	**8** No → Yes / was → wasn't
9 did → were	**10** I am → they are
11 had → have	**12** don't → don't do
13 likes → like	**14** saw → see
15 are → is	

1 그들은 매우 열심히 공부하니?

➡ 일반동사 study이므로 do 필요

2 그는 오늘 매우 바쁘니?

➡ 이다 / 바쁜. be동사 사용

3 나는 그것을 좋아하지 않아.

➡ 일반동사 like이므로 do 필요

4 우리는 배고프지 않아.

➡ 이다 / 배고픈. be동사 사용

5 그들은 그 영화를 즐겼니?

➡ 일반동사 enjoy이므로 do 필요

6 그 영화는 별로 좋지 않았어.

➡ 이다 / 꽤 좋은. be동사 사용

7 그 아이는 개를 무서워하지 않아.

➡ 이다 / 무서워하는. be동사 사용

8 그 면접은 쉬웠니? – 응, 쉬웠어. / 아니, 쉽지 않았어.

➡ Yes 대답에는 not이 없고, No 대답에는 not이 있어야 함

9 그들은 학교에 결석했니? – 응, 그들은 결석했어.

➡ 이다 / 결석한. be동사 사용

10 너의 새 이웃은 친근하니? – 응, 그들은 그래.

➡ 주어가 '이웃들'이므로 they

11 너는 놀이공원에서 재미있었니?

➡ 과거 표시는 do에만 함

12 너는 시험에서 너의 최선을 다하지 않아.

➡ 본동사 do가 빠졌음

13 왜 그는 Lily를 좋아하지?

➡ 3인칭 단수 현재(-s, -es) 표시는 do에만 함

14 너는 언제 그를 마지막으로 봤어?

➡ 과거 표시는 do에만 함

15 영어, 수학 중 어떤 것이 네가 가장 좋아하는 과목이야?

➡ 하나를 선택하는 것이므로 is

B

1 Who are they?　**2** What is your goal?

3 Who(m) did he visit?　**4** What did he want?

5 When did you meet ...?　**6** Why did you meet ...?

7 Where is he?　**8** Where did he go?

9 When did it begin?　**10** How are they?

11 How much money do you spend?

12 How tall is it?

C

① → Why is the sky blue?

④ → Why does the earth move around the sun?

하늘은 왜 파란가? 얼마나 많은 별이 있는가? 지구는 언제 탄생했나? 왜 지구는 태양 주위를 도나? 자연에 대해 질문이 많으세요? 우리의 새 자연 다큐멘터리 '우리 주위의 세상'을 구입하세요.

D

1 She doesn't like fish.

2 I didn't do my best on the test.

3 Were you late for school today?

4 What does your mother do? / What is your mother's job?

5 Who was his English teacher in middle school?

6 Why are you afraid of dogs?

7 How was the soccer match last night?

8 How many rooms are there in your house?

9 Let's go out for a walk. / Why don't we go out for a walk?

10 Never lend money to friends.

CHAPTER 4

동사의 형태 1 (시제)

명쾌한 개념 동사에 표시하는 시간

A

1 He uses an old computer. (사용한다)
그는 오래된 컴퓨터를 사용한다.

2 He was using my computer.
(사용하고 있었다)
그는 내 컴퓨터를 사용하고 있었다.

3 Who used my computer today? (사용했다)
누가 오늘 내 컴퓨터를 사용했니?

4 I was 13 years old last year. (이었다)
나는 작년에 13살이었다.

5 I will be 15 years old next year. (일 것이다)
나는 내년에 15살일 것이다.

6 We are eating lunch together. (먹고 있다)
우리는 함께 점심을 먹고 있다.

7 We usually eat lunch together. (먹는다)
우리는 주로 점심을 같이 먹는다.

8 We ate lunch together. (먹었다)
우리는 점심을 같이 먹었다.

9 We ran outside because it was snowing.
(뛰었다(뛰어나갔다) / 눈이 오고 있었다)
우리는 눈이 오고 있어서 밖으로 뛰어나갔다.

10 We do many fun things when it snows.
(한다 / 눈이 온다)
우리는 눈이 올 때 많은 재미있는 것들을 한다.

11 I will go skiing because it snowed a lot yesterday.
(갈 것이다 / 눈이 왔다)
어제 눈이 왔기 때문에 나는 스키를 타러 갈 것이다.

12 My brother is doing something on his computer.
(하고 있다)
내 형은 컴퓨터로 뭔가를 하고 있다.

B

1 ⓐ have seen

나는 지금까지 많은 연극을 보았으나 이것이 최고다.

(지금까지 본 것이므로 현재완료)

ⓑ saw

나는 런던에 있을 때 많은 연극을 보았다.

(지나간 과거의 일이므로 단순 과거)

2 ⓐ has worked

Luke는 그 회사에서 5년 동안 일하고 있다. 그는 아직도 거기서 일한다. (현재까지 계속)

ⓑ worked

Luke는 그 회사에서 5년 동안 일했다. 그는 작년에 직업을 바꿨다.

3 ⓐ went

내 아버지는 상하이에 가셨었다. 그는 어제 돌아오셨다.

ⓑ has gone

내 어머니는 일본에 가셨다. 그녀는 지금 한국에 계시지 않다.

(결과적인 현재의 상태)

4 ⓐ have been

나는 2주 동안 병원에 입원해 있다. (나는 아직도 병원에 있다.)

(현재까지 계속)

ⓑ was

내 어머니는 지난주에 병원에 입원했었다. (그녀는 지금 병원에 계시지 않다.)

5 ⓐ has read

Anna는 저 책을 매우 좋아한다. 그녀는 그것을 10번 넘게 읽었다. (현재까지의 경험, 반복)

ⓑ read

Anna는 저 책을 작년 여름에 읽었다. 그것은 지루했다.

C

1 are always late

2 will be late

3 am eating[having] dinner

4 ate[had]

5 have eaten[had]

6 will stop

7 has stopped

8 stopped early

UNIT 17 현재시제, 과거시제, 진행형

EXERCISE

A

2 drive / are driving / drove / were driving

3 takes / is taking / took / was taking

4 makes / is making / made / was making

5 watch / are watching / watched / were watching

6 teaches / is teaching / taught / was teaching

7 study / are studying / studied / were studying

8 try / are trying / tried / were trying

9 carries / is carrying / carried / was carrying

10 die / are dying / died / were dying

B

1 enjoyed   **2** was enjoying   **3** is setting   **4** sets

5 am doing   **6** was doing   **7** took   **8** was taking

9 was studying   **10** studied   **11** occur   **12** hit   **13** is lying

14 lay

1 Jessica는 춘천에 있을 때 수상스키 타는 것을 즐겼다.

2 내가 Jessica를 봤을 때 그녀는 수상스키 타는 것을 즐기고 있었다.

3 해가 지고 있다. 그 색이 아름답다.

4 여름에는 해가 늦게 진다.

5 나는 지금 십자말풀이를 하고 있다.

6 네가 전화했을 때 나는 십자말풀이를 하고 있었다.

7 나는 바로 몇 분 전에 샤워를 했다.

8 전화벨이 울렸을 때, 그녀는 샤워를 하고 있었다.

9 내가 그를 방문했을 때 그는 공부하고 있었다.

10 그는 어젯밤에 3시간 동안 공부했다.

11 한국에서 가끔 지진이 발생한다.

12 2016년에 몇 차례의 큰 지진들이 한국을 강타했다.

13 그녀는 지금 침대에 누워 있다. 그녀는 피곤해 보인다.

14 그녀는 어제 정오까지 침대에 누워 있었다.

C

1 My teacher loves music.

나의 선생님은 음악을 사랑하신다.

➡ love는 상태 동사. 진행형을 쓰지 않음

2 She is[was] listening to pop music.

그녀는 팝 음악을 듣고 있다[있었다].

➡ be동사 누락

3 They tried their best but failed.

그들은 최선을 다했지만 실패했다.

4 Jennifer changes cell phones too often.

Jennifer는 휴대폰을 너무 자주 바꾼다.

➡ 3단현 -s (3인칭 단수 현재)

5 The wind carries seeds.

바람이 씨앗들을 운반한다.

6 I was writing you an email when you called me.

네가 내게 전화했을 때 나는 너에게 이메일을 쓰고 있었다.

➡ 특정한 때(when) 일어나고 있던 일이므로 진행형

7 Tony plays soccer every day after school.

Tony는 매일 방과 후에 축구를 한다.

➡ 습관적인 일. 진행형을 쓰지 않음

8 Many children dislike carrots.

많은 아이들이 당근을 싫어한다.

➡ dislike는 상태 동사. 진행형을 쓰지 않음

D

1 She never skips breakfast.

2 We were having[eating] a meal at that time.

3 He always tries his best.

4 We are studying for our English test.

5 The water in the tea pot is boiling.

6 Amy was shopping when I met her.

7 The trees were dying because of the dry weather.

8 My grandmother was making cookies when I visited her.

UNIT 18 미래 표현

EXERCISE

A

1 are going to come
그들은 우리 파티에 올 것이다.

2 is going to rain
내일 하루 종일 비가 올 것이다.

3 is going to fall down
그 벽은 곧 무너질 것이다.

4 aren't going to accept
그들은 내 제안을 받아들이지 않을 것이다.

5 isn't going to end
파티는 자정까지 끝나지 않을 것이다.

6 isn't going to open
그녀는 새 식당을 열지 않을 것이다.

7 is going to melt
나는 눈이 곧 녹을 거라고 생각한다.

B

1 will call you back **2** am going to cook **3** will help
4 am going to paint my room

1 A: (전화상에서) 안녕, Jacob! 통화할 시간 있니?
B: 미안해, 지금은 바빠. 내가 나중에 다시 전화할게.
➡ 어떤 것을 하겠다는 의도, 의지이므로 will

2 A: 오늘 밤에 뭐 할 거니?
B: 가족들을 위해 저녁 식사를 요리할 거야.
➡ 예정된 일이므로 be going to

3 A: 나는 숙제가 너무 많아.
B: 걱정하지 마. 내가 너를 도와줄게.
➡ 어떤 것을 하겠다는 의도, 의지이므로 will

4 A: 너는 왜 이 모든 페인트를 샀니?
B: 나는 내 방을 페인트 칠 할 거야.

A: 그건 큰일이야. 내가 너를 도와줄게.
➡ 예정된 일이므로 be going to

UNIT 19 현재완료

EXERCISE

A

1 have eaten
나는 너무 많이 먹었어. 배가 아파.
➡ 결과적인 현재의 상태

2 has lost
그는 열쇠를 잃어버렸다. 그는 문을 열 수가 없다.
➡ 결과적인 현재의 상태

3 has been
그녀의 어머니는 세 달 동안 병을 앓고 있다.
➡ 현재까지 계속

4 have lived
나는 이곳에서 10년 동안 살고 있지만 이사할 예정이다.
➡ 현재까지 계속

5 have known
우리는 10년 동안 서로 알고 지내고 있다.
➡ 현재까지 계속

6 has moved
나의 가족은 여러 번 이사를 해 왔다. 나는 친한 친구가 거의 없다.
➡ 현재까지의 경험, 반복되는 일

7 has gone
Tony는 여기 없다. 그는 브라질에 갔다.
➡ 결과적인 현재의 상태

8 has had
Sophia는 2년 동안 고양이를 키우고 있다. 그녀는 그 고양이를 사랑한다.
➡ 현재까지 계속

B

1 have eaten
나는 여러 번 이탈리안 음식을 먹어 보았다. 나는 그것을 아주 좋아한다.
➡ 현재까지의 경험, 반복되는 일. 현재완료

2 broke
엘리베이터가 어젯밤에 고장 났다.
➡ 현재와 연관성 없는 단순 과거의 일. 과거

3 lived
그는 서울에 5년 동안 살았지만 인천으로 이사했다.
➡ 과거에 끝난 상태. 과거

4 have studied

우리는 초등학교 때부터 영어를 공부해 왔지만 잘하지 못한다.

➡ 현재까지 공부하고 있음. 현재완료

5 have had

나는 이 자전거를 5년 동안 가지고 있었어. 그것은 너무 낡았어.

➡ 현재까지 가지고 있음. 현재완료

6 have never seen

그들은 필리핀에서 왔다. 그들은 눈을 본 적이 없다.

➡ 현재까지 본 적이 없음. 현재완료

7 have not cleaned

바닥이 더러워 보인다. 아직 청소하지 않았구나.

➡ 결과적인 현재의 상태. 현재완료

8 Have you ever seen

호랑이를 본 적 있니? – 아니, 본 적 없어.

➡ 현재까지의 경험. 현재완료

9 has he been

그는 어디에 있었니? – 그는 집에 있었어.

➡ 현재까지 계속. 현재완료

10 were you

내가 전화했을 때 너는 어디에 있었니? – 나는 체육관에 있었어.

➡ 과거에 끝난 상태. 과거

C

1 All the guests left before nine o'clock.

모든 손님들은 아홉 시 전에 떠났다.

➡ 현재완료는 과거의 특정 시점과 함께 쓰지 않음

2 John has been here since last Wednesday.

John은 지난 수요일 이래로 여기에 있다.

➡ 과거부터 현재까지 계속이므로 현재완료

3 When did you stop drinking coffee?

너는 언제 커피 마시는 것을 그만뒀니?

➡ 여기에서의 when은 특정 과거 시점

4 This bakery has sold cakes since 1970.

이 빵집은 1970년 이래로 케이크를 팔고 있다.

➡ 과거부터 현재까지 계속이므로 현재완료

5 I first met Janet five years ago.

나는 5년 전에 Janet을 처음 만났다.

➡ 현재완료는 과거의 특정 시점과 함께 쓰지 않음

6 He has lived in Seoul for five years. He has no plans to move.

그는 5년 동안 서울에 살고 있다. 그는 이사할 계획이 없다.

➡ 과거부터 현재까지 계속이므로 현재완료

7 I have had this computer for five years, and it still works well.

나는 이 컴퓨터를 5년 동안 가지고 있고 그것은 여전히 잘 작동한다.

➡ 과거부터 현재까지 계속이므로 현재완료

8 I bought a nice sports car, but I sold it two years ago.

나는 멋진 스포츠카를 샀지만 2년 전에 팔았다.

➡ 현재와 연관성 없는 단순 과거의 일이므로 과거

D

1 She has already finished the report.

2 He has worked for this company for 20 years.

3 It has been cold since yesterday.

4 My father's car has broken down.

5 Has she done the shopping?

6 How long have you studied English?

7 Have you ever traveled to China?

8 I have traveled to China many times.

REVIEW TEST

A

1 works / worked / has worked

2 are / were / have been

3 go / went / have gone

4 has / had / has had

5 have / had / have had

6 knows / knew / has known

7 studies / studied / has studied

8 goes / went / has gone

9 do / did / have done

10 breaks down / broke down / has broken down

B

1 has → is having

2 is loving → loves

3 is boiling → boils

4 have been ill → was ill

5 are often occurring → often occur

6 snowed → was snowing

7 have gone to → went to

8 has lost → lost

1 그녀는 지금 점심을 먹고 있다.

➡ 지금 이 순간(시간의 한 점)에 일어나고 있는 일이므로 진행형

2 내 어머니는 클래식 음악을 매우 좋아하신다.

➡ 현재의 상태는 단순 현재. 진행형 쓰지 않음

3 물은 섭씨 100도에서 끓는다.

➡ 일반적인 사실은 단순 현재. 진행형 쓰지 않음

4 나는 지난달에 일주일 동안 아팠어.

➡ 과거에 끝난 상태이므로 단순 과거

5 지진은 일본에서 종종 일어난다.

➡ 반복적인 일이므로 단순 현재

6 내가 학교를 향해 떠날 때 눈이 오고 있었다.

➡ 과거의 특정 시점(시간의 한 점)에 일어나는 일이므로 진행형

7 그들은 두어 시간 전에 부산으로 갔다.

➡ 과거 시점을 같이 쓰는 것은 과거의 행동에 초점을 두는 것임. 현재의 상태에 중심을 둔 현재완료와 같이 쓰지 않음

8 그녀는 열쇠를 잃어버렸으나, 교실에서 찾았다.

➡ 열쇠를 잃어버린 일이 현재에 영향을 미치지 못함. 단순 과거

C

1 He often skips breakfast.

2 They are playing computer games now.

3 The sun is rising. It is beautiful.

4 The flowers are dying.

5 He always does his homework late at night.

6 It will [is going to] rain tomorrow.

7 He won't [is not going to] accept our proposal.

8 My mother has been ill for a week.

9 Have you ever seen a lion?

10 You never knock before you open the door.

11 They were doing a crossword puzzle when I visited them.

CHAPTER 5
동사의 형태 2 (수동태, 조동사)

명쾌한 개념 태와 조동사 이해

A

1 am invited / was invited

2 are respected / were respected

3 is visited / was visited

4 is used / was used

5 are made / were made

6 are given / were given

7 is kept / was kept

B

1 그 영화는 1950년에 만들어졌다.

2 Our grandparents will like the movie.

좋아할 것이다

우리 조부모님은 그 영화를 좋아하실 것이다.

3 Drones are used for many purposes.

사용된다

드론은 여러 용도로 사용된다.

4 The company makes drones.

만든다

그 회사는 드론을 만든다.

5 The rumor is true.

이다

그 소문은 사실이다.

6 The rumor may be true.

일 수 있다

그 소문은 사실일 수도 있다.

7 I keep all your letters.

가지고 있다

나는 너의 모든 편지를 가지고 있다.

8 The letters are kept in my photo album.

보관되어 있다

그 편지들은 내 사진첩에 보관되어 있다.

9 The mountains are covered with snow.

덮여 있다

그 산들은 눈으로 덮여 있다.

10 Many people will visit the mountain resort.

방문할 것이다

많은 사람들이 그 산악 휴양지를 방문할 것이다.

11 My car was stopped by a police officer.

세워졌다

내 차는 한 경찰관에 의해 세워졌다.

12 Drivers must stop for red lights.

멈춰야 한다

운전자들은 빨간 신호등에 멈춰야 한다.

13 I found a credit card on the street.

발견했다

나는 길에서 신용카드를 발견했다.

14 Some people use their credit cards for everything.

사용한다

일부 사람들은 모든 것에 신용카드를 사용한다.

15 Viruses were found on your computer.

발견되었다

바이러스가 너의 컴퓨터에서 발견되었다.

16 You should clean your computer regularly.

청소해야 한다

너는 정기적으로 너의 컴퓨터를 청소해야 한다.

17 Women give gifts to men on Valentine's Day.

준다

밸런타인데이에 여자들이 남자들에게 선물을 준다.

18 I was given a lot of chocolate last Valentine's Day.
주어졌다, 받았다
나는 지난 밸런타인데이에 많은 초콜릿을 받았다.

C

1 The movie is loved by children.

2 They were invited to his wedding.

3 She was respected as a great scientist.

4 Plastic is made from oil.

5 His money is kept in a safe.

6 I am given 20,000 won a week as an allowance.

7 The company will make electric cars.

8 This book may be difficult for you.

UNIT **20** 수동태 기초

EXERCISE

A

1 was built
이 건물은 50년 전에 지어졌다.

2 clean
우리는 매주 교실을 청소한다.

3 stole
누군가가 도서관에서 내 노트북을 훔쳐갔다.

4 were destroyed
집 세 채가 화재에 의해 파괴되었다.

5 covered
Mark는 손으로 그의 얼굴을 가렸다.

6 are covered
그의 침실 벽들은 포스터로 덮여 있다.

7 was given
그 소년은 멋진 선물을 받았다(주어졌다).

8 gave
나의 아버지는 내게 그의 오래된 일기장을 주셨다.

9 is served
저녁 식사는 정확히 6시에 제공된다.

10 serves
우리 학교는 12시에 점심을 제공한다.

11 were made
그녀의 옷들은 그녀의 할머니에 의해 만들어졌다.

12 made
과거에 사람들은 동물 가죽으로 옷을 만들었다.

B

① heat ② cook ③ wash ④ were heated
⑤ was cooked ⑥ were washed ⑦ were done

전기는 우리의 가정에서 매우 중요하다. 우리는 그것으로 집을 데운다. 우리는 그것으로 음식을 요리한다. 우리는 전기세탁기에 옷을 빤다. 거의 모든 것이 전기에 의존한다. 그러나 1세기 전에는 전기가 없었다. 집은 나무로 데워졌다. 음식은 장작 난로(부뚜막)에서 요리되었다. 옷은 손으로 빨아졌다. 대부분의 것들이 인간의 힘에 의해 행해졌다.

C

1 Laura was invited by him.
Laura는 그에 의해 초대되었다.
➡ 대명사가 주격에서 목적격으로 바뀌는 것에 주의할 것
(He → him)

2 The singer is loved by young people.
그 가수는 젊은 사람들에 의해 사랑받는다.

3 Our teacher is respected by all the students.
우리 선생님은 모든 학생들에 의해 존경받는다.

4 Many towns were destroyed by the typhoon.
많은 도시들이 태풍에 의해 파괴되었다.

5 Robots are used for many purposes (by us).
로봇은 많은 용도로 사용된다 (우리에 의해).
➡ We → us

6 My shoes were stolen (by someone) yesterday.
내 신발이 어제 (누군가에 의해) 도난당했다.

7 A large pizza was ordered by them.
큰 사이즈 피자가 그들에 의해 주문되었다.
➡ They → them

D

1 was not written
그 소설은 Ann에 의해 쓰이지 않았다.
(Ann은 그 소설을 쓰지 않았다.)

2 That decision was not made
그 결정은 우리에 의해 만들어지지 않았다.
(우리는 그 결정을 내리지 않았다.)

3 Is this book written
A: 이 책은 쉬운 영어로 쓰여 있나요?
B: 네, 그래요. 읽기 쉽다고 느끼실 거예요.

4 Were the trees cut down
A: 그 나무들은 Daniel에 의해 베어졌니?
B: 아니. Mark에 의해 베어졌어.

5 Were your clothes made
A: 너의 옷은 유명한 디자이너에 의해 만들어졌니?
B: 응. Gloria Kim에 의해 만들어졌어.

6 are they made
A: Mercedes-Benz 차는 미국에서 만들어지지 않아.
B: 그것들은 어디에서 만들어지니?
A: 그것들은 독일에서 만들어져.

UNIT 21 4, 5형식 문장의 수동태

EXERCISE

A

1 was given a flower / was given to my mother
아버지는 어머니에게 꽃 한 송이를 주셨다.
→ 어머니는 / 주어졌다(받으셨다) / 꽃 한 송이를 / 아버지에 의해.
→ 꽃 한 송이가 / 주어졌다 / 어머니에게 / 아버지에 의해.
(be given something / be given to)

2 was paid two dollars / was paid to the bus driver
그 소년은 버스 운전기사에게 2달러를 지불했다.
→ 버스 운전기사는 / 지불받았다 / 2달러를 / 그 소년에 의해.
→ 2달러가 / 지불되었다 / 버스 운전기사에게 / 그 소년에 의해.
(be paid something / be paid to)

3 was told to me / was told a story
그 노인은 내게 이야기를 하나 해 주셨다.
→ 이야기가 / 들려졌다 / 내게 / 그 노인에 의해.
→ 나는 / 들려졌다(들었다) / 이야기를 / 그 노인에 의해.
(be told to / be told something)

4 was shown to him / was shown a new smartphone
판매 직원은 그에게 새 스마트폰을 보여 주었다.
→ 새로운 스마트폰이 / 보여졌다 / 그에게 / 판매 직원에 의해.
→ 그는 / 보여졌다(보았다) / 새로운 스마트폰을 / 판매 직원에 의해.
(be shown to / be shown something)

5 are made for us
우리 할머니께서는 우리에게 스웨터를 만들어 주신다.
→ 스웨터가 / 만들어진다 / 우리를 위해 / 우리 할머니에 의해.
(be made for)

6 was bought for me
Tom은 내게 도넛을 한 개 사 주었다.
→ 도넛이 / 사졌다 / 나를 위해 / Tom에 의해.
(be bought for)

7 A soda was ordered for the girl
소년은 소녀에게 탄산음료를 주문해 주었다.
→ 탄산음료가 / 주문되었다 / 소녀를 위해 / 소년에 의해.
(be ordered for)

8 were made confused
그 지시는 그들을 혼란스럽게 만들었다.
→ 그들이 / 만들어졌다 / 혼란스러운 / 그 지시에 의해.

9 were kept safe
그 남자는 아이들을 안전하게 보호했다.
→ 아이들이 / 지켜졌다 / 안전한 / 그 남자에 의해.

10 She is considered a hero
그녀의 반 친구들은 그녀를 영웅이라고 여긴다.
→ 그녀는 / 여겨진다 / 영웅으로 / 그녀의 반 친구들에 의해.

11 She was elected president of the class
그녀의 반 친구들은 그녀를 반 대표로 선출했다.
→ 그녀는 / 선출되었다 / 반 대표로 / 그녀의 반 친구들에게 의해.

12 Our national flag is called Taegeukgi
우리는 우리의 국기를 태극기라고 부른다.
→ 우리의 국기는 / 불린다 / 태극기로.

B

1 I was given a book by my friend.
2 A letter was sent to Charles by Angela.
3 I was told many good things about you.
4 A lot of money is paid to the model.
5 A birthday card was made for Jacob by me.
6 Jacob was made happy by the birthday card.
7 Thirteen is considered an unlucky number in the U.S.

UNIT 22 조동사 기초

EXERCISE

A

1 곧 올 것이다   **2** 배고플지 몰라   **3** 끝내야 한다
4 배고플 것이다   **5** 여기에 주차할 수 있다[주차해도 좋다]
6 기다려야 한다   **7** 비밀을 지켜야 한다

B

1 should
너는 너의 신발을 닦아야 한다. 그것들은 지저분하다.

2 can
치타는 매우 빠르다. 그것들은 한 시간에 70마일을 달릴 수 있다.

3 must
학교 근처에서는 천천히 운전해야 한다.

4 has to
내 아버지는 항상 바쁘시다. 그는 주말마다 일하셔야 한다.

5 must
너는 CD를 많이 가지고 있구나. 네가 음악을 아주 좋아하는 게 틀림없다.

6 have to
너는 80킬로그램이 넘는다. 체중을 좀 줄여야 한다.

7 may
확실하지는 않지만 나는 다음 달에 새 차를 살지도 모른다.

8 must
이것은 틀린 비밀번호가 틀림없다. 문이 열리지 않는다.

9 will

우리는 어두워지기 전에 집에 도착할 것이다. 아직 이르다.

10 should

내일이 네 어머니의 생신이다. 너는 어머니께 카드를 만들어 드려야 한다.

C

1 can uses → can use

그녀는 내 전화를 써도 된다.

➡ 조동사 뒤에는 항상 동사원형

2 must is → must be

그는 멋진 차를 가지고 있다. 그는 부자임에 틀림없다.

➡ 조동사 뒤에는 항상 동사원형

3 will has to → will have to

그는 고등학교에서 아주 열심히 공부해야 할 것이다.

➡ 조동사 뒤에는 항상 동사원형

4 have to → has to

비밀번호는 세 문자를 가지고 있어야 한다.

➡ have to는 일반동사와 같이 주어나 시제에 따라 변함. 3인칭 단수 현재형은 has to

5 have to → had to

나는 바빴기 때문에 점심을 걸러야 했다.

➡ have to는 일반동사와 같이 주어나 시제에 따라 변함. 과거를 말할 때는 had to

D

1 will do it

A: Michael, 너 숙제 많지 않니?

B: 네, 그런데 저녁 먹고 할 것을 약속해요.

➡ 의지, 의도 will

2 has to [must] see a doctor

A: Casey는 열이 나고 기침이 심해.

B: 그녀는 병원에 가야 해.

➡ 해야 함, 의무

3 must be happy

A: 나는 드디어 운전면허 시험에 합격했어!

B: 잘했어. 행복하겠구나.

➡ 거의 확실한 추측 must

4 may be sick

A: Sarah는 오늘 결석했어. 무슨 일이 있는지 너는 아니?

B: 확실히는 모르겠지만 그녀가 오늘 아픈 것 같아요.

➡ 불확실한 추측, 짐작 may

E

1 My grandmother can ride a bike.

2 You can use my phone.

3 You may be wrong.

4 You must keep your promise.

5 He has to cook his own meals.

6 You should help your friends in need.

7 Your friends will do their best to help you.

UNIT **23** 조동사의 부정문과 의문문

EXERCISE

A

1 He cannot[can't] ride ... / Can he ride ...?

2 They will not[won't] come ... / Will they come ...?

3 It will not[won't] be ... / Will it be ...?

4 I should not[shouldn't] do ... / Should I do ...?

5 She must not[mustn't] go ... / Must she go ...?

6 I cannot[can't] park ... / Can I park ...?

7 I don't have to wait ... / Do I have to wait ...?

➡ have to는 일반동사처럼 부정문, 의문문을 만들 때 do의 도움 필요

8 She doesn't have to wait ... / Does she have to wait ...?

9 We didn't have to wait ... / Did we have to wait ...?

10 When will they come ...?

11 What should I do ...?

12 How long does she have to wait ...?

B

1 must not

너는 도서관에서 음식을 먹어서는 안 된다.

2 don't have to

나는 행복하다. 내일은 일찍 일어날 필요가 없다.

3 must not

너는 화를 내서는 안 된다. 너의 심장에 나쁘다.

4 don't have to

바쁘면 내 파티에 올 필요 없다.

5 didn't have to

점심 식사는 공짜였다. 우리는 돈을 낼 필요가 없었다.

6 doesn't have to

그는 휴가 중이다. 그는 일하러 갈 필요가 없다.

C

1 cannot[can't] go

나는 스키를 타러 갈 수 없다. 다리가 부러졌다.

2 must not[mustn't] eat

너는 그 음식을 먹으면 안 된다. 그것은 상했다.

3 Can[May] I use

A: 제가 당신 컴퓨터를 사용해도 될까요?

B: 미안해요, 제가 보고서를 쓰고 있거든요.

4 will you finish

A: 언제 그 보고서를 끝낼 거니?

B: 정오까지 끝낼 거예요.

5 Should they work

A: 그들은 주말 동안 일해야 하나요?

B: 네, 그래요. 그들은 예정보다 뒤처졌어요.

6 can I tell

A: 나는 Emma를 사랑하지만 정말 부끄러워. 내가 어떻게 그녀에게 내 감정을 말할 수 있을까?

B: 그녀에게 러브레터를 쓰는 게 어때?

D

1 You should not waste your time.

2 The rumor may not be true.

3 Can I use your phone?

4 When can you finish this?

5 Do I have to get up early tomorrow?

6 Why do I have to get up early tomorrow?

7 Should we wait for him?

8 How long should we wait for him?

UNIT 24 조동사+수동태

EXERCISE

A

1 될 수 있다   **2** 사용될 수 없다   **3** 끝마쳐질 것이다   **4** 잊혀지지 않을 것이다   **5** 만들어져야 한다   **6** 낭비되어서는 안 된다   **7** 쓰여야 한다   **8** 청소될 필요가 없다   **9** 그것이 잊혀질까?   **10** 그것이 쓰여야 하나?   **11** 왜 그것이 쓰여야 하나?   **12** 얼마나 빨리(언제) 그것이 될 수 있나?

B

1 Our classroom has to be cleaned once a week.

2 This experience will not[won't] be forgotten.

3 This information cannot[can't] be used for commercial purposes.

4 Paper should not[shouldn't] be wasted.

5 The secret cannot[can't] be kept forever.

6 Emails should be written as simply as possible.

7 How soon can the work be done?

8 It can be done in a day.

A

1 am given / was given

2 is invited / was invited

3 is kept / was kept

4 are shown / were shown

5 are made / were made

6 is used / was used

7 is enjoyed / was enjoyed

8 are sold / were sold

9 is written / was written

10 are done / were done

B

1 will finish it   **2** may be sick   **3** should do your best **4** can[may] use my computer   **5** must be rich   **6** must not[mustn't] be late   **7** don't have to clean   **8** will be made   **9** should be done   **10** have to be kept

C

1 loved → are[were] loved

3 cleaned → is[was] cleaned

5 were ordered → ordered

7 considered → is[was] considered

1 Mary의 새 노래는 십대들에 의해 사랑을 받는다[받았다].

➡ 노래가 사랑을 받는 것이므로 수동

2 나는 그 남자아이에게 멋진 선물을 주었다.

➡ 맞음. 내가 준 것이므로 능동

3 우리 교실은 매주 청소된다[청소되었다].

➡ 교실이 청소되는 것이므로 수동

4 그의 옷들은 손빨래된다. (손에 의해 세탁된다.)

➡ 맞음. 세탁되는 것이므로 수동

5 그들은 큰 피자 한 판을 주문했다.

➡ 그들이 주문한 것이므로 능동

6 그 소음이 그들을 밤새 못 자게 했다.

➡ 맞음. 소음이 어떤 상태를 유지하게 한 것이므로 능동

7 그의 프로젝트는 실패로 여겨진다[여겨졌다].

➡ 프로젝트가 실패로 여겨지는 것이므로 수동

D

1 The windows are cleaned once a week.

2 Lunch is served at noon.

3 This book was written by Mike.

4 I was given two concert tickets by my brother.

5 The door was left open.

6 Many things will be done by robots.

7 You are considered a hero by many people.

8 The lunch is free. <u>We don't have to pay.</u>

9 Is English spoken in India?

10 When can the report be finished?

CHAPTER 6
to-v (to부정사)

명쾌한 개념 to-v의 역할과 의미

A

1 나는 좋아한다 / 나의 친구들과 농구하는 것을.

2 He hopes <u>to travel around the world.</u>
　　　　　　　　명사 (hopes의 목적어)
그는 바란다 / 세계 일주를 하길.

3 Would you like <u>something to drink?</u>
　　　　　　　　　　형용사 (something 수식)
마실 것 좀 드릴까요?

4 I will study harder <u>to get better grades.</u>
　　　　　　　　　　부사 (…하기 위해)
나는 더 열심히 공부할 것이다 / 더 좋은 성적을 얻기 위해.

5 <u>To become an elementary school teacher</u> is my goal.
　　　　　　명사 (주어 자리)
초등학교 선생님이 되는 것이 / 내 목표이다.

6 You should understand children <u>to be a teacher.</u>
　　　　　　　　　　　　　　부사 (…되기 위해)
너는 아이들을 이해해야 한다 / 선생님이 되기 위해.

7 <u>To be healthy</u> is the most important thing.
명사 (주어 자리)
건강한 것이 / 가장 중요한 것이다.

8 I walk for an hour every day <u>to keep healthy.</u>
　　　　　　　　　　　　　부사 (…하기 위해)
나는 매일 한 시간씩 걷는다 / 건강을 유지하기 위해.

9 My school plans <u>to build a new gym.</u>
　　　　　　　　명사 (plans의 목적어)
나의 학교는 계획하고 있다 / 새 체육관을 지을 것을.

10 My school is raising funds <u>to build a new gym.</u>
　　　　　　　　　　　　부사 (…하기 위해)
나의 학교는 모금을 하고 있다 / 새 체육관을 짓기 위해.

B

1 그녀는 그녀의 개를 산책시키는 것을 매우 좋아한다.

2 I <u>want</u> something <u>to eat.</u>
　　　v　　　　　　　v'
나는 먹을 것을 원한다.

3 She <u>wants</u> <u>to live</u> in a house with a garden.
　　　　v　　　v'
그녀는 정원이 있는 집에서 살길 원한다.

4 <u>To remember</u> phone numbers <u>is</u> not easy.
　　　v'　　　　　　　　　　　　v
전화번호를 기억하는 것은 쉽지 않다.

5 She <u>turned on</u> the TV <u>to watch</u> the news.
　　　　　v　　　　　　　v'
그녀는 뉴스를 보기 위해 TV를 켰다.

6 I <u>woke up</u> early <u>to watch</u> the sunrise.
　　　v　　　　　　v'
나는 일출을 보기 위해 일찍 일어났다.

7 Barry <u>has</u> a large family <u>to support.</u>
　　　　v　　　　　　　　v'
Barry는 부양할 대가족이 있다.

C

1 I have enough money <u>to buy</u> a car.
나는 차를 살 충분한 돈을 가지고 있다.
➡ 동사는 하나. 다른 동사는 준동사로 바뀌어야 함. 주어 뒤가 동사 자리라는 것을 생각하고 다른 자리의 동사를 to-v로 바꾸어야 함
➡ v: have (가지고 있다) / v': to buy (살)

2 We plan <u>to study</u> English together.
우리는 영어를 함께 공부할 계획이다.
➡ v: plan (계획한다) / v': to study (공부하는 것을)

3 Ian sometimes calls me <u>to talk</u> at night.
Ian은 가끔 대화하기 위해 내게 밤에 전화한다.
➡ v: calls (전화한다) / v': to talk (대화하기 위해)

4 <u>To master</u> English grammar is my goal.
영문법을 완전히 익히는 것이 나의 목표이다.
➡ v: is (이다) / v': To master (완전히 익히는 것)

5 She went back to the mall <u>to exchange</u> her shoes.
그녀는 신발을 교환하기 위해 쇼핑센터로 되돌아갔다.
➡ v: went (갔다) / v': to exchange (교환하기 위해)

D

1 to be[become] an English teacher

2 to buy a bike

3 to be honest

4 <u>to read a book</u> a month

5 to teach her English grammar

6 to be[become] a fashion designer

7 to eat [have] for lunch

8 to keep our society safe

EXERCISE

A

1 (그것은) 위험하다 / 이 강에서 수영하는 것이.

2 It makes me happy to make other people happy.
  (다른 사람들을 행복하게 만드는 것)
  (그것은) 나를 행복하게 만든다 / 다른 사람들을 행복하게 만드는 것이.
  ➡ It=to make other people happy

3 It is good for your health not to eat too much sugar.
  (설탕을 너무 많이 먹지 않는 것)
  (그것은) 너의 건강에 좋다 / 설탕을 너무 많이 먹지 않는 것이.
  ➡ It=not to eat too much sugar

4 It is stressful to work with him.
  (그와 일하는 것)
  (그것은) 스트레스가 많다 / 그와 일하는 것이.
  ➡ It=to work with him

5 It took three years to build the building.
  (그 건물을 짓는 것)
  (그것은) 3년이 걸렸다 / 그 건물을 짓는 것이.
  ➡ It=to build the building

6 His goal in life is to become a race car driver.
  (경주용 자동차 운전자가 되는 것)
  그의 인생 목표는 / 이다 / 경주용 자동차 운전자가 되는 것.
  ➡ 'to become …'은 be의 보어 (이다 / …가 되는 것)

7 His plan is to start his own company next year.
  (내년에 그의 회사를 시작하는 것)
  그의 계획은 / 이다 / 내년에 그의 회사를 시작하는 것.
  ➡ 'to start …'는 be의 보어 (이다 / …를 시작하는 것)

8 It is hard not to fall asleep on the subway.
  (지하철에서 잠들지 않는 것)
  (그것은) 어렵다 / 지하철에서 잠들지 않는 것이.
  ➡ It=not to fall asleep on the subway

9 It is my principle not to be late for appointments.
  (약속에 늦지 않는 것)
  (그것은) 내 원칙이다 / 약속에 늦지 않는 것이.
  ➡ It=not to be late for appointments

10 Is it necessary to take medicine for a cold?
  (감기에 약을 먹는 것)
  (그것이) 필요한가 / 감기에 약을 먹는 것이?
  ➡ it=to take medicine for a cold

B

1 to be[become] a writer

2 to talk with him

3 to build the bridge

4 to catch fish in this river

5 to meet old friends

6 to eat[have] too much fast food

7 to start a website

8 not to forget your password

C

1 It is fun to catch fish in this river.

2 It makes me happy to meet old friends.

3 It is bad for your health to eat too much fast food.

4 It is very interesting to talk with him.

5 Our plan is to start a website.

6 Her goal in life is to be[become] a writer.

7 It is very important not to forget your password.

8 It took five years to build the bridge.

EXERCISE

A

1 너는 약속했다 / 그 일을 정오까지 하기를.

2 나의 아버지는 원하신다 / 내가 일기를 쓰기를.

3 곧 새 차를 사기를
  Grey 씨는 기대한다 / 곧 새 차를 사기를.

4 새 학교에서 좋은 친구들을 사귀기를
  Cindy는 바란다 / 새 학교에서 좋은 친구들을 사귀기를.

5 그녀가 크게 말하기를
  그 노인은 부탁했다 / 그녀가 크게 말할 것을.

6 더 운동하고 덜 먹기를
  그는 노력했다 / 더 운동하고 덜 먹는 것을.

7 그들의 아이들이 늦도록 밖에 있는 것을
  대부분의 부모들은 허락하지 않는다 / 그들의 아이들이 늦도록 밖에 있는 것을.

8 Tom에게 다시 늦지 말 것을
  선생님은 말했다 / Tom에게 다시 늦지 말 것을.

B

1 He plans to go to Europe this summer.
  그는 이번 여름에 유럽에 갈 계획이다.

2 She decided to start her own business.
  그녀는 자신의 사업을 시작하기로 결심했다.

3 Teenagers need to get enough sleep.
  십대들은 충분한 수면을 취할 필요가 있다.

4 You promised not to watch too much TV.
  너는 TV를 너무 많이 보지 않기로 약속했다.

5 The doctor advised me to exercise.
의사는 내게 운동하라고 조언했다.

6 He asked his father to buy him a laptop.
그는 그의 아버지가 그에게 노트북 컴퓨터를 사 줄 것을 부탁했다.

7 Parents expect their children to be honest with them.
부모들은 그들의 자녀들이 그들에게 솔직하기를 기대한다.

8 Mary wants Bill to fix her broken phone.
Mary는 Bill이 그녀의 고장 난 전화기를 고쳐 주기를 원한다.

9 Some schools allow their students to wear casual clothes.
일부 학교는 학생들이 평상복을 입도록 허락한다.

10 Mom told us not to watch TV late at night.
엄마는 우리에게 밤늦게 TV를 보지 말라고 말씀하셨다.

C

1 to be[become] a fashion designer
2 to buy her a watch
3 to be kind to others   **4** to exercise regularly
5 to keep a diary in English
6 to lose some weight   **7** not to go to bed too late

D

1 Julia wants to be[become] a fashion designer.
2 Becky expects me to buy her a watch.
3 I want you to exercise regularly.
4 I will try to keep a diary in English.
5 The doctor advised him to lose some weight.
6 Our teacher always tells us to be kind to others.
7 My mother told me not to go to bed too late.

UNIT 27 원형부정사 (to가 없는 부정사)

EXERCISE

A

1 to open → open **5** to carry → carry **6** to go → go

1 그녀는 누군가가 현관문을 여는 것을 들었다.
2 그는 무언가가 어둠 속에서 움직이는 것을 느꼈다.
3 엄마는 햇빛 때문에 내게 모자를 쓰게 하셨다.
4 나는 Eric이 그의 차에 타서 차를 몰고 떠나는 것을 보았다.
5 나는 벨보이에게 너의 가방을 옮기도록 시킬 것이다.
6 나의 의사선생님은 아직 내가 집에 가는 것을 허락하지 않을 것이다.
7 그 경찰관은 노인이 길을 건너는 것을 도왔다.

B

1 see him cross the street
2 let him ride my bike

3 make them wear life jackets
4 watch the sun rise
5 have him come to the office early
6 hear someone close the door

C

1 I heard someone close the door.
2 We watched the sun rise over the mountain.
3 I'll have Jenny come to the office early.
4 I saw them cross the street.
5 The teacher made the students wear life jackets.
6 Blake didn't let me ride his bike.

UNIT 28 to-v: 형용사, 부사 역할

EXERCISE

A

1 to waste (낭비할)
우리는 시간이 없다 / 낭비할.

2 to see the game better
(경기를 더 잘 보기 위해서)
그들은 일어섰다 / 경기를 더 잘 보기 위해서.

3 to wear at the party (파티에서 입을)
그녀는 새 드레스를 샀다 / 파티에서 입을.

4 to lose her pet cat
(그녀의 애완 고양이를 잃어버려서)
그녀는 매우 슬펐다 / 애완 고양이를 잃어버려서.

5 to follow in this class (이 학급에서 따를)
몇 가지 규칙들이 있다 / 이 학급에서 따를.

6 to travel alone (혼자 여행하기에)
너는 너무 어리다 / 혼자 여행하기에.

7 to know the truth (진실을 알기에)
그는 충분히 나이 들었다 / 진실을 알기에.

8 to do (할) / to help me (나를 도와줄)
나는 일이 많다 / 할 / 그러나 나는 아무도 없다 / 나를 도와줄.

B

1 I went to the mountain to take some pictures.
나는 사진을 찍기 위해 산에 갔다.

2 Some mushrooms are dangerous to eat.
일부 버섯들은 먹기에 위험하다.

3 Caroline borrowed some books to read for fun.
Caroline은 재미 삼아 읽을 책을 몇 권 빌렸다.

4 The bird found a good place to build its nest.
그 새는 둥지를 틀기에 좋은 장소를 찾았다.

5 The water is too cold to take a bath.
그 물은 목욕하기에 너무 차갑다.

6 There are <u>too many rules to follow</u>.
따르기에 너무 많은 규칙들이 있다.

7 You are <u>old enough to understand</u> your parents.
너는 너의 부모님을 이해하기에 충분히 나이가 들었다.

8 Peter has saved <u>enough money to buy a car</u>.
Peter는 차를 사기에 충분한 돈을 저축했다.

C

1 He has many things to do this weekend.

2 We had nothing to eat or drink.

3 She was very happy to get a new pet.

4 I was too sick to go to school.

5 You are old enough to know better.

6 He came to me to borrow some money.

7 I didn't have enough money to lend him.

8 She is too young to drive a car.

REVIEW TEST

A

1 그는 건강하기 위해 규칙적으로 운동한다.

2 He showed her the way <u>to make paper planes</u>.
(종이비행기를 만드는 (방법))
그는 그녀에게 종이비행기를 만드는 방법을 보여 주었다.

3 It took ten years <u>to build the bridge</u>.
(그 다리를 짓는 것)
그 다리를 짓는 데 10년이 걸렸다.

4 He decided <u>not to give up easily on anything</u>.
(어떤 일에도 쉽게 포기하지 않는 것)
그는 어떤 일에도 쉽게 포기하지 않겠다고 결심했다.

5 Teenagers need <u>to sleep eight hours a day</u>.
(하루에 8시간 자는 것)
십대는 하루에 8시간 자는 것이 필요하다.

6 She told her husband <u>to do more exercise</u>.
((그녀의 남편이) 운동을 더 하는 것)
그녀는 남편에게 운동을 더 하라고 말했다.

7 We want you <u>to make new friends at school</u>.
((네가) 학교에서 새 친구들을 사귀는 것)
우리는 네가 학교에서 새 친구들을 사귀기를 바란다.

8 I stopped <u>to take a break</u>.
(쉬기 위해)
나는 쉬기 위해 멈추어 섰다.

9 Josh was very glad <u>to buy a laptop</u>.
(노트북 컴퓨터를 사서)
Josh는 노트북 컴퓨터를 사서 매우 기뻤다.

10 I asked him <u>to lend me some money</u>.
((그가) 나에게 돈을 좀 빌려 주는 것)
나는 그에게 돈을 좀 빌려 달라고 부탁했다.

B

1 play → to play
2 show → to show
3 eat → to eat
4 answer → to answer
5 to move → move
6 to use → use
7 got → to get

1 우리는 시험 때문에 놀 시간이 거의 없다.
➡ 동사는 하나. 다른 동사는 준동사로 바뀌어야 함. 주어 뒤가 동사 자리라는 것을 생각하고 다른 자리의 동사를 to-v로 바꿀 것
➡ have (가지고 있다) / to play: 놀 (시간)

2 나는 나의 사랑을 보여 주기 위해 그녀에게 꽃을 보냈다.
➡ sent: 보냈다 / to show: 보여 주기 위해

3 고기를 너무 많이 먹는 것은 건강에 나쁘다.
➡ is: 이다 / to eat: 먹는 것

4 선생님은 우리에게 더 분명하게 답을 하라고 요구하셨다.
➡ asked: 요구했다 / to answer: 답하는 것

5 그는 무언가가 그의 등에서 움직이는 것을 느꼈다.
➡ feel + 목적어 + 동사원형
➡ felt: 느꼈다 / move: 움직이는 것

6 Josh는 그의 친구들이 그의 노트북 컴퓨터를 사용하지 못하게 한다.
➡ let + 목적어 + 동사원형
➡ doesn't let: 허락하지 않는다 / use: 사용하는 것

7 나는 신선한 공기를 마시기 위해 산으로 갔다.
➡ went: 갔다 / to get: 얻기(마시기) 위해

C

1 He wanted something to eat.

2 It <u>is easy to learn English grammar</u>.

3 My dream is <u>to be[become] a pilot</u>.

4 I bought some food to eat on the train.

5 You should <u>love children to be[become] a good teacher</u>.

6 She turned on the TV to watch the drama.

7 It <u>makes me happy to make new friends</u>.

8 The doctor advised him to get more sleep.

9 Her parents don't allow her to stay out late. /
Her parents don't let her stay out late.

10 The teacher made him clean the blackboard.

11 You are too young to understand love.

12 It is necessary to exercise regularly.

v-ing, v-ed

명쾌한 개념 v-ing, v-ed의 역할과 의미

A

1 끓는
끓는 물은 증기로 변한다.

2 보내는 것 / 시간을 / 너와
너와 시간을 보내는 것은 항상 즐겁다.

3 기르는 / 자신의 채소를
자신의 채소를 기르는 사람들이 많이 있다.

4 쓰인 / 내 할머니에 의해
나는 내 할머니에 의해 쓰인 편지를 가지고 있다.

5 발견하는 것 / 동전을 / 길에서
길에서 동전을 발견하는 것은 행운이다.

6 지어진 / 그 새에 의해
그 새에 의해 지어진 둥지에는 세 개의 알이 있다.

7 잡는 것 / 나비를 / 그물망으로
그물망으로 나비를 잡는 것은 재미있다.

B

1 building
나무에 둥지를 짓고 있는 저 새를 봐!
새 / 짓고 있는 / 둥지를

2 writing
내게는 소설을 쓰는 친구가 한 명 있다.
친구 / 쓰는 / 소설을

3 spent
배움에 쓰이는 시간은 투자이다.
시간 / 쓰이는 / 배움에

4 stolen
그는 도난당한 신용카드를 사용했다.
도난당한 신용카드

5 boiling
물을 끓이고 있는 여자아이는 라면을 만들 것이다.
여자아이 / 끓이고 있는 / 물을

6 found
학교 운동장에서 발견된 지갑은 나의 선생님의 것이다.
지갑 / 발견된 / 학교 운동장에서

7 enjoying
공원에서 여가 시간을 즐기고 있는 많은 사람들이 있었다.
많은 사람들 / 즐기고 있는 / 여가 시간을

C

1 가게들은 현금을 사용하는 손님들을 좋아한다.

2 Who are the laughing children?
　　　　 v　　　 v′
웃고 있는 저 아이들은 누구니?

3 The butterfly caught in the net has blue wings.
　　　　　　　　 v′　　　　　 v
그물망에 잡힌 나비는 파란색 날개를 가지고 있다.
➡ v: has (가지고 있다) / v′: caught (잡힌)

4 I really love spending time with my family.
　　　　　 v　　 v′
나는 나의 가족과 시간을 보내는 것을 정말 좋아한다.
➡ v: love (좋아한다) / v′: spending (보내는 것)

5 Cheap goods made in China flood the market.
　　　　　　 v′　　　　 v
중국에서 만들어진 저렴한 제품들이 시장에 넘쳐 난다.
➡ v: flood (넘쳐 난다) / v′: made (만들어진)

6 Look at this picture taken at the Christmas party.
　 v　　　　　　　 v′
크리스마스 파티에 찍힌 이 사진을 봐라.
➡ v: Look (봐라. 명령문) / v′: taken (찍힌)

7 Potatoes are one of the vegetables eaten worldwide.
　　　　 v　　　　　　　　　　　 v′
감자는 전 세계적으로 (사람들이) 먹는 채소들 중 하나이다.
➡ v: are (…이다) / v′: eaten (먹히는. 사람들이 먹는)

D

1 He hates spending money.

2 I like cakes made by my mother.

3 Growing flowers makes me happy.

4 Boiled water is safe to drink.

5 The coins found in the building were over 100 years old.

6 There are many students eating fast food for lunch.

UNIT 29 v-ing: 명사 역할 (동명사)

EXERCISE

A

1 reading English magazines (영어 잡지를 읽는 것)
나는 즐긴다 / 영어 잡지를 읽는 것을.

2 sleeping (자는 것)
내 고양이가 가장 좋아하는 활동은 / 이다 / 자는 것.

3 Going out with friends (친구들과 외출하는 것)
친구들과 외출하는 것은 / 재미있다.

4 helping me (나를 도와주는 것)
너에게 고마워 / 나를 도와준 것에 대해.

5 Getting a good job (좋은 직장을 구하는 것)
좋은 직장을 구하는 것은 / 쉽지 않다.

6 cooking for the family (가족을 위해 요리하는 것)
내 아버지는 좋아하신다 / 가족을 위해 요리하는 것을.

7 drinking so much coffee (커피를 너무 많이 마시는 것)
너는 그만두어야 한다 / 커피를 너무 많이 마시는 것을.

8 being young (젊어지는 것)
그 노인은 꿈꿨다 / 젊어지는 것을.

9 driving at night (밤에 운전하는 것)
내 할아버지는 피하신다 / 밤에 운전하는 것을.

10 playing computer games (컴퓨터 게임을 하는 것)
그의 취미는 / 이다 / 컴퓨터 게임을 하는 것.

11 cooking Korean food (한국 음식을 요리하는 것)
Madison은 능숙하다 / 한국 음식을 요리하는 것에.

12 Riding a motorcycle without a helmet
(헬멧을 쓰지 않고 오토바이를 타는 것)
헬멧을 쓰지 않고 오토바이를 타는 것은 / 위험하다.

B

1 chatting with friends

2 visiting Korea

3 watching Korean dramas

4 drinking enough water

5 having true friends

6 riding a motorcycle at night

7 cooking Italian food

8 sending angry emails at night

C

1 Chatting with friends is fun.

2 Jennifer enjoys watching Korean dramas.

3 Riding a motorcycle at night is dangerous.

4 They remember visiting Korea for the first time.

5 Drinking enough water is good for your health.

6 We should think twice before sending angry emails at night.

7 Her favorite activity is cooking Italian food for her friends.

8 Having true friends makes your life better.

UNIT 30 v-ing: 형용사 역할 1 (현재분사)

EXERCISE

A

1 날고 있는
보이니 / 날고 있는 새들이?

2 어릴 때 연을 날린 것
나는 기억한다 / 어릴 때 연을 날린 것을.

3 축구를 하는
소년들은 / 축구를 하는 / 매우 즐거운 시간을 보내고 있다.

4 컴퓨터 게임을 하는 것
내 남동생은 멈추었다 / 컴퓨터 게임을 하는 것을.

5 옷 쇼핑을 하는 것
내 어머니는 좋아하신다 / 옷 쇼핑을 하는 것을.

6 온라인으로 쇼핑하는
사람들의 수가 / 온라인으로 쇼핑하는 / 늘고 있다.

7 일을 너무 많이 하는 것
일을 너무 많이 하는 것은 / 나를 슬프고 스트레스 받게 만들었다.

8 일하는
일하는 엄마들은 / 자녀들에 대해 걱정한다.

9 인터넷으로 물건을 사는
사람들은 / 인터넷으로 물건을 사는 / 종종 실망한다.

10 손자손녀를 위한 선물을 사는 것
조부모님들은 즐기신다 / 손자손녀를 위한 선물을 사는 것을.

B

1 I saw flying squirrels at the zoo.

2 The dog barking at night woke me up.

3 The boys playing in the park look very joyful.

4 Look at the stars shining in the night sky.

5 There were many people dancing to music.

6 Children running into the street can cause accidents.

7 The number of people buying food online is increasing.

UNIT 31 v-ing: 형용사 역할 2 (현재분사)

EXERCISE

A

1 우리는 새들이 나무에서 지저귀는 것을 들었다.

2 Amy left George waiting outside in the rain.
(George가) 밖에서 빗속에서 기다리는
Amy는 George가 밖에서 빗속에서 기다리게 두었다.

3 She stood looking into the shop window.
(그녀가) 상점 창문을 들여다보는
그녀는 상점 창문을 들여다보며 서 있었다.

4 I felt something crawling up my back.
(무언가가) 내 등을 기어 올라가는
나는 무언가가 내 등을 기어 올라가는 것을 느꼈다.

5 Jacob watched the fish swimming in the river.
(물고기가) 강에서 헤엄치는
Jacob은 물고기가 강에서 헤엄치는 것을 보았다.

6 They sat waiting for the train to arrive.
　　　　(그들이) 열차가 도착하기를 기다리는
그들은 열차가 도착하기를 기다리며 앉아 있었다.

7 He saw smoke rising from the oven.
　　　　(연기가) 오븐에서 올라오는
그는 오븐에서 연기가 올라오는 것을 보았다.

B

1 The man remained standing in the rain.
그 남자는 빗속에서 계속 서 있었다.

2 She watched her son playing with toys.
그녀는 아들이 장난감을 가지고 놀고 있는 것을 보았다.

3 I'm very sorry I kept you waiting so long.
너를 너무 오래 기다리게 해서 너무 미안해.

4 Barry lay wearing sunglasses on the beach.
Barry는 해변에서 선글라스를 쓴 채 누워 있었다.

5 He heard someone laughing in the kitchen.
그는 누군가가 부엌에서 웃고 있는 것을 들었다.

6 She found everyone sleeping when she got home.
그녀가 집에 도착했을 때 모두가 자고 있다는 것을 알았다(자고 있었다).
　　➡ find: (목적어가) …하다는 것을 알게 되다

7 She felt tears running down her cheeks.
그녀는 눈물이 뺨을 타고 흘러내리는 것을 느꼈다.

C

1 I walked listening to music.

2 I saw a boy running across the street.

3 They heard raindrops falling on the roof.

4 Amy sat watching a movie on her smartphone.

5 He felt a hand touching his shoulder.

6 She leaves her kids playing computer games.

7 I watched bears catching fish in the river.

UNIT **32** v-ed (과거분사)

EXERCISE

A

1 중고 책은 덜 비싸다.

2 이탈리아에서 만들어진 신발은 비싸다.

3 The steak cooked by Bill is the best.
　　　　　Bill에 의해 요리된
스테이크는 / Bill에 의해 요리된 / 최고다.

4 The food given to her was cold.
　　　　　그녀에게 주어진
요리는 / 그녀에게 주어진 / 차가웠다.

5 The money left on the table is mine.
　　　　　탁자 위에 남겨진
돈은 / 탁자 위에 남겨진 / 내 것이다.

6 The email sent by him contains important information.
　　　　　그에 의해 보내진
이메일은 / 그에 의해 보내진 / 중요한 정보를 담고 있다.

7 Malaria is a disease carried by mosquitoes.
　　　　　　모기에 의해 옮겨지는
말라리아는 / 질병이다 / 모기에 의해 옮겨지는.

8 The man drove a stolen car.
　　　　　훔쳐진
그 남자는 / 운전했다 / 도난당한 차를.

9 They heard the child praised by her teacher.
　　　　(그 아이가) 그녀의 선생님에 의해 칭찬받는
그들은 들었다 / 그 아이가 / 선생님에 의해 칭찬받는 것을.

10 Jacob felt the house shaken by the earthquake.
　　　　　(집이) 지진에 의해 흔들리는
Jacob은 느꼈다 / 집이 / 지진에 의해 흔들리는 것을.

B

1 동, Ryan은 스파게티를 요리하기 위해 냄비를 사용했다.

2 형, Nick에 의해 남겨진 메모가 탁자 위에 있다.

3 동, 갑자기 차가 앞으로 움직였다.

4 동, 그는 너를 위해 약간의 돈을 남겼다.

5 형, 어떤 사람들은 과거에 묻힌 채 산다.

6 형, 학교에 의해 사용되는 책은 교과서라고 불린다.

7 동, 그 개는 뼈를 땅에 묻었다.

8 형, 그들은 강한 바람에 의해 차가 움직여지는 것을 느꼈다.

C

1 Antarctica is a huge island covered with ice.
남극 대륙은 얼음으로 덮인 거대한 섬이다.

2 The woman kept her arms crossed.
그 여자는 팔짱을 낀 채 있었다.

3 The pond stayed frozen all winter.
그 연못은 겨울 내내 얼어 있었다.

4 She read a poem written by her friend.
그녀는 그녀의 친구에 의해 쓰인 시를 읽었다.

5 I heard the singer cheered by the crowd.
나는 그 가수가 군중에 의해 환호 받는 것을 들었다.

D

1 Boiled vegetables are soft.

2 He bought a shirt made in China.

3 I opened the box left on the table.

4 Jimmy walked buried in thought.

5 He found his computer broken.

6 You must keep your books closed during the test.

A

1 playing **2** caught **3** shop **4** called **5** waiting
6 touched **7** broke **8** doing **9** stealing **10** found

1 축구를 하는 남자아이들은 재미있게 놀고 있다.
➡ 남자아이들이 축구를 play하고 있는 것이므로 v-ing

2 그물에 잡힌 그 물고기는 파란색 꼬리를 가지고 있다.
➡ 물고기가 catch된 것이므로 v-ed

3 많은 사람들이 시간을 절약하기 위해 온라인으로 쇼핑한다.
➡ 동사. 사람들이 shop한다.

4 나는 내 이름이 불리는 것을(누군가가 부르는 것을) 들었다.
➡ 내 이름이 누군가에 의해 call되는 것이므로 v-ed

5 너를 너무 오래 기다리게 해서 미안해.
➡ 네가 wait하는 것이므로 v-ing

6 나는 내 어깨가 누군가에 의해 만져지는 것을(누군가가 만지는 것을) 느꼈다.
➡ 내 어깨가 누군가에 의해 touch되는 것이므로 v-ed

7 그의 차가 고장 나서 그는 택시를 타고 출근했다.
➡ 동사의 과거형. 그의 차가 고장 났다.

8 운동을 거의 하지 않는 아이들은 쉽게 과체중이 된다.
➡ 아이들이 do하는 것이므로 v-ing

9 나는 누군가가 나의 자전거를 훔치는 것을 보았다.
➡ 누군가가 steal하고 있는 것이므로 v-ing

10 교실 바닥에서 발견된 만 원짜리 지폐는 내 거야.
➡ 만 원짜리 지폐가 find된 것이므로 v-ed

B

1 reads → reading   **2** making → made
3 spend → spent   **4** Laugh → Laughing
5 flew → flying   **6** uses → using
7 close → closed

1 그는 패션 잡지 읽는 것을 즐긴다.
➡ 동사가 두 개. 하나는 준동사로 바뀌어야 함.
enjoys: 즐긴다 / reading: 읽는 것

2 그 제과점에서 만들어진 쿠키가 최고다.
➡ 쿠키는 만들어진 것이므로 v-ed

3 게임에 쓰인 시간은 낭비다.
➡ 동사가 두 개. 하나는 준동사로 바뀌어야 함.
is: 이다 / spent: 쓰인(spend된)

4 크게 웃는 것은 스트레스를 없앤다.
➡ 동사가 두 개. 하나는 준동사로 바뀌어야 함.
takes away: 없앤다 / laughing: 웃는 것

5 우리는 독수리가 하늘에서 높이 나는 것을 보았다.
➡ 동사가 두 개. 하나는 준동사로 바뀌어야 함.
saw: 보았다 / flying: 날고 있는

6 내 컴퓨터를 사용하고 있는 저 사람은 누구니?
➡ 동사가 두 개. 하나는 준동사로 바뀌어야 함.
is: 이다 / using: 사용하고 있는

7 그는 항상 그의 자동차 창문들을 닫아 둔다.
➡ 동사가 두 개. 하나는 준동사로 바뀌어야 함. 창문들이 닫힌 것이므로 v-ed

C

1 She remembers visiting India for the first time.
2 My brother stopped playing computer games.
3 There are many people living alone.
4 Liz is good at cooking noodles.
5 Cell phones made in China are cheap.
6 Working too much made me tired.
7 He saw dark smoke rising from the building.
8 She learned English by reading English magazines.

CHAPTER 8
접속사 · 비교

명쾌한 개념 주어, 동사 + 접속사 + 주어, 동사

A

1 Ava는 Anthony가 그녀를 찾아갔을 때 집에 없었다.

2 I want to travel around the world / **before** I die.
　　S V 　　　　　　　　　　　　　　　　　S V
나는 죽기 전에 세계일주 여행을 하고 싶다.

3 Anthony loves Ava, / **but** she doesn't like him.
　　　S 　　V 　　　　　　　　S 　　　V
Anthony는 Ava를 사랑하지만 그녀는 그를 좋아하지 않는다.

4 We laughed / **when** we heard his jokes.
　　S 　V 　　　　　　S 　V
우리는 그의 농담을 들었을 때 웃었다.

5 We didn't go swimming / **because** it was cold.
　　S 　V 　　　　　　　　　　　S 　V
우리는 추웠기 때문에 수영하러 가지 않았다.

6 Mom prepared dinner / **while** we were doing our
　　S 　　V 　　　　　　　　　S 　　V
homework.
엄마는 우리가 숙제를 하는 동안 저녁 식사를 준비하셨다.

7 Everyone thinks / **that** John told a lie.
　　　S 　　V 　　　　　S 　V
모든 사람이 John이 거짓말했다고 생각한다.

8 Most people know / **that** they have some bad habits.
　　　S 　　V 　　　　　S 　V
대부분의 사람들이 자신이 나쁜 습관을 가지고 있음을 안다.

9 He told us / **that** we should try to break our bad habits.
  S V   S   V

그는 우리가 나쁜 습관을 깨려고 노력해야 한다고 말했다.

10 I don't remember / **when** we first met.
   S   V   S   V

나는 우리가 언제 처음 만났는지 기억하지 못한다.

11 She doesn't understand / **why** everyone dislikes her.
    S   V   S   V

그녀는 왜 모든 사람들이 자신을 싫어하는지 이해하지 못한다.

12 I got hungry at night / **and** went out to buy something
   S V   V

to eat, / **but** I found all the stores closed.
           S   V

나는 밤에 배가 고파져서 먹을 것을 사러 밖에 나갔지만 모든 가게들이 문을 닫은 것을 발견했다.

UNIT 33 and, but, or

EXERCISE

A

1 나는 과일과 채소를 아주 좋아한다.

2 The movie was very funny **but** too long.
그 영화는 아주 재미있었지만 너무 길었다.

3 My mom **or** dad will pick us up.
나의 엄마나 아빠가 우리를 데리러 오실 것이다.

4 My brother loves meat, **but** he hates vegetables.
내 남동생은 고기를 아주 좋아하지만 채소는 싫어한다.

5 Did you cook this food **or** buy it?
너는 이 음식을 요리했니, 아니면 샀니?

6 Tara picked up the book **and** put it on the desk.
Tara는 그 책을 집어 들고 책상에 올려 두었다.

7 Should I do it now **or** wait until tomorrow?
제가 그것을 지금 해야 하나요, 아니면 내일까지 기다려야 하나요?

8 I lost my notebook, **but** my friend found it.
내가 공책을 잃어버렸지만 내 친구가 그것을 찾아주었다.

9 The boys wore blue, **and** the girls wore green.
남자아이들은 파란색을 입었고 여자아이들은 녹색을 입었다.

10 You can walk up the mountain **or** take the cable car.
너는 산을 걸어 올라가거나 케이블카를 탈 수 있다.

B

1 Eggs are healthy and delicious.

2 You or I have to do it.

3 Mary is tall, but her sister is short.

4 I read a book for an hour and went to bed.

5 My father loves [likes] coffee, but my mother doesn't.

6 Did you buy the camera or borrow it?

UNIT 34 부사절을 이끄는 접속사

EXERCISE

A

1 before
커피가 차가워지기 전에 마셔라.

2 that
네가 직장을 구했다니(구해서) 기쁘다.

3 after
내가 숙제를 끝마친 후에 너에게 전화할게.

4 when
내가 공원에 갔을 때 주변에 아무도 없었다.

5 until
너는 내가 돌아올 때까지 여기 있어야 한다.

6 Although
나의 아버지는 아프셨지만 출근하셨다.

7 If
늦게 일어나면 너는 학교에 늦을 것이다.

B

1 as
그는 자주 거짓말을 해서 나는 그를 좋아하지 않는다.

2 while
그는 책을 읽는 동안 잠이 들었다.

3 as
로마에서는 로마인들이 하는 대로 해라.

4 Since
눈이 많이 왔기 때문에 Patrick은 지하철을 타고 출근했다.

5 as
그 개는 길을 건널 때 차에 치였다.

6 while
Mary는 파란색을 입고 있는 반면에 Eric은 갈색 옷을 입고 있었다.

7 since
그 부부가 결혼한 이래로 10년이 되었다.

C

1 You should be quiet until I return.
너는 조용히 해야 한다 / 내가 돌아올 때까지.

2 While I was sleeping, I had a strange dream.
잠을 자는 동안 / 나는 이상한 꿈을 꾸었다.

3 I am sorry that your mother is sick.
유감이구나 / 너의 어머니께서 편찮으시다니.

4 If you want to get home by six, you should leave now.

만약 네가 6시까지 집에 도착하기를 원한다면 / 너는 지금 떠나야 한다.

5 As it was cold outside, we stayed home all day.

밖의 날씨가 추웠으므로 / 우리는 하루 종일 집에 머물렀다.

6 Although it was true, she didn't believe it.

그것이 사실이었지만 / 그녀는 그것을 믿지 않았다.

7 I often get up late, since I can't hear the alarm clock.

나는 종종 늦게 일어난다 / 알람시계를 듣지 못해서.

D

1 I'm glad that[because] you passed the test.

2 I didn't pass the test although I studied hard.

3 Don't use your phone while you are eating.

4 We will not[won't] buy a house until the prices fall.

5 I did as my teacher told me to (do).

6 If you need money, I'll lend you some.

7 Some books are interesting, while others are boring.

UNIT 35 명사절을 이끄는 접속사 1

EXERCISE

A

1 의사들은 우리가 물을 많이 마셔야 한다고 말한다.

2 I know who her boyfriend is.

누가 그녀의 남자친구인지

나는 누가 그녀의 남자친구인지 안다.

3 I wonder whether you can help me.

네가 나를 도울 수 있는지 어떤지

나는 네가 나를 도울 수 있는지 어떤지 궁금하다.

4 Can you guess what I bought for your birthday?

내가 너의 생일 선물로 무엇을 샀는지

내가 너의 생일 선물로 무엇을 샀는지 추측할 수 있니?

5 I don't remember where I put my glasses.

어디에 내 안경을 두었는지

나는 어디에 내 안경을 두었는지 기억하지 못한다.

6 They told me that my mom was very angry.

엄마가 매우 화가 나셨다고

그들은 내게 엄마가 매우 화가 나셨다고 말했다.

7 He will show you how this machine works.

이 기계가 어떻게 작동하는지

그는 네게 이 기계가 어떻게 작동하는지 보여 줄 것이다.

8 Do you know if we have to work on Christmas Eve?

우리가 크리스마스이브에 일해야 하는지 어떤지

너는 우리가 크리스마스이브에 일해야 하는지 어떤지 아니?

B

1 I can't remember what he said to me.

나는 그가 내게 무엇을 말했는지 기억하지 못한다.

2 This map shows where Central Park is.

이 지도는 센트럴파크가 어디인지 보여 준다.

3 We don't know if he will accept our invitation.

우리는 그가 우리의 초대를 받아들일지 어떨지 모른다.

4 Can you tell me when he left for China?

너는 내게 그가 언제 중국으로 떠났는지 말해 줄 수 있니?

5 Please tell me how long I have to wait for you.

제가 당신을 얼마나 오래 기다려야 할지 말씀해 주세요.

6 The teacher asked me why I wanted to be a musician.

선생님은 내게 왜 내가 음악가가 되고 싶어 하는지 물으셨다.

7 The police officer told him that the roads were very slippery.

그 경찰관은 그에게 도로가 무척 미끄럽다고 말했다.

8 The police officer asked him whether he had a driver's license.

그 경찰관은 그에게 운전면허증을 가지고 있는지 물었다.

C

1 I think that you are wrong.

2 She knows when my birthday is.

3 I asked him how he opened the door.

4 No one knows how deep the lake is.

5 The teacher told me that I learned English grammar quickly.

6 I don't understand why I have to study chemistry.

7 I think that we study too many subjects in school.

UNIT 36 명사절을 이끄는 접속사 2

EXERCISE

A

1 아무도 그 모임에 오지 않은 것은 이상하다.

2 How it happened is a mystery to everyone.

그것이 어떻게 일어났는지

그것이 어떻게 일어났는지는 모두에게 미스터리이다.

3 Whether she understood it is not clear.

그녀가 그것을 이해했는지

그녀가 그것을 이해했는지는 분명하지 않다.

4 The problem is that we don't have enough money.

우리에게 돈이 충분히 없다는 것

문제는 우리에게 돈이 충분히 없다는 것이다.

5 What happened to the man is not known.
그 남자에게 무슨 일이 일어났는지
그 남자에게 무슨 일이 일어났는지는 알려지지 않고 있다.

6 Where you learned English doesn't matter.
네가 어디에서 영어를 배웠는지
네가 어디에서 영어를 배웠는지는 중요하지 않다.

7 The question is whether we should order dessert.
우리가 디저트를 주문해야 하는지
문제는 우리가 디저트를 주문해야 하는지 어떤지이다.

B

1 how the thief got into my house

2 what happened to his family

3 why he has to support his family

4 whether we win or lose the game

5 that he wasted all his money on gambling

C

1 It is not clear why he has to support his family. / Why he has to support his family is not clear.

2 It is not known what happened to his family. / What happened to his family is not known.

3 It shocked people that he wasted all his money on gambling.

4 It doesn't matter whether we win or lose the game. / Whether we win or lose the game doesn't matter.

5 It is a mystery how the thief got into my house. / How the thief got into my house is a mystery.

UNIT 37 비교

EXERCISE

A

1 Steve is as tall as Mark.

2 Richard comes to school as early as you.

3 My car is as expensive as hers [her car].

4 Greg makes as much money as Mick.

5 Andy plays basketball as well as you.

6 Today is not as hot as yesterday.

7 Victor is not as lazy as you think.

8 The test was not as difficult as we thought.

B

1 나는 오늘이 더 피곤하다 / 어제보다.

2 Your bed is more comfortable than mine[my bed].
너의 침대는 더 편안하다 / 내 것보다.

3 Brian got a better grade than Bob on the test.
Brian은 시험에서 더 좋은 성적을 받았다 / Bob보다.

Bob got a worse grade than Brian on the test.
Bob은 시험에서 더 나쁜 성적을 받았다 / Brian보다.

4 Doctors say chicken is healthier than beef.
의사들은 말한다 / 닭고기가 더 건강에 좋다고 / 소고기보다.

5 The pizza was more delicious than I expected.
그 피자는 더 맛있었다 / 내가 기대했던 것보다.

6 You are doing less work than the other team members.
너는 더 적은 일을 하고 있다 / 다른 팀 구성원들보다.
The other team members are doing more work than you.
다른 팀 구성원들은 더 많은 일을 하고 있다 / 너보다.

C

1 나일강은 가장 긴 강이다 / 세계에서.

2 Who is the most famous Korean person in history?
누가 가장 유명한 한국 사람인가 / 역사상?

3 He is the most popular guy that I know. Everyone likes him.
그는 가장 인기 있는 사람이다 / 내가 알고 있는. 누구나 그를 좋아한다.

4 What is the tallest building in the world? — It's Burj Khalifa in Dubai.
무엇이 가장 높은 건물인가 / 세계에서? – 두바이에 있는 부르즈 할리파야.

5 This TV show is the most interesting program that I've seen this year. I love it!
이 TV 쇼는 가장 재미있는 프로그램이다 / 내가 올해 본 것 중. 나는 그것을 아주 좋아한다!

D

1 My cell phone is smaller than yours.
내 휴대폰은 너의 것보다 더 작다.

2 This question is more difficult than the others.
이 질문은 다른 것들보다 더 어렵다.

3 Jake works harder than Harry.
Jake는 Harry보다 더 열심히 일한다.

4 Halla Mountain is the tallest mountain in South Korea.
한라산은 대한민국에서 가장 높은 산이다.

5 My father makes less money than my mother.
내 아버지는 어머니보다 더 적은 돈을 버신다.

6 She always dresses in the latest fashions.
그녀는 항상 최신 유행의 옷을 입는다.

7 My teacher always comes to school earlier than the students.
선생님은 항상 학생들보다 더 일찍 학교에 오신다.

8 Jinny isn't a good student. Her marks are worse than mine.
Jinny는 공부를 잘하는 학생이 아니다. 그녀의 성적은 내 것보다 못하다.

A

1 나는 열심히 공부한다 / 나는 그 시험에 합격하기를 원하기 때문에.

2 You can't watch TV / **until** you finish your homework.
너는 TV를 볼 수 없다 / 네가 너의 숙제를 끝낼 때까지.

3 Korea has developed a lot / **since** I last came here.
한국은 많이 발전해 왔다 / 내가 여기에 마지막 온 이래로.

4 I asked him to stay / **although** it was getting late.
나는 그에게 있어 달라고 요청했다 / 시간이 늦어지고 있었지만.

5 She cried / **as** she heard the sad news.
그녀는 울었다 / 그녀가 그 슬픈 소식을 들었을 때.

6 This book is more interesting / **than** I thought.
이 책은 더 재미있다 / 내가 생각했던 것보다.

7 It isn't clear / **how** he knew my email address and phone number.
(그것은) 분명하지 않다 / 어떻게 그가 나의 이메일 주소와 전화번호를 알았는지.

8 The boy asked his mother / **what** she was making for dinner.
그 남자아이는 어머니에게 물었다 / 저녁으로 무엇을 만들고 있는지.

9 **Although** my grandmother is nearly 80, she still enjoys sports.
내 할머니는 거의 80세이시지만 여전히 스포츠를 즐기신다.

10 This is the most interesting book / **that** I have ever read.
이것은 가장 재미있는 책이다 / 내가 지금까지 읽은.

B

1 Although **2** since **3** While **4** as **5** If **6** when
7 how much **8** that **9** why **10** if

1 노력했지만 / 나는 그 문제를 풀 수 없었다.
2 너는 많이 변했다 / 네가 중학교를 졸업한 이래로.
3 그녀는 아시아에서는 유명한 반면 / 그녀는 유럽에서는 알려져 있지 않다.
4 일부 아이들은 절대 하지 않는다 / 그들이 말을 듣는 대로(시키는 대로).
5 피곤하면 / 좀 자라.
6 너는 아니 / 마지막 기차가 언제 떠나는지?
7 Lucy는 나에게 말했다 / 그녀가 얼마나 많이 Andrew를 사랑하는지.
8 Polly는 말한다 / 그녀가 몸이 별로 좋지 않다고.
9 그녀는 이해하지 못한다 / 왜 Andrew가 그녀에게 화가 났는지.
10 Mary는 Bill에게 물었다 / 그가 함께 공부하기를 원하는지.

C

1 I'm glad that[because] you like this house.

2 Don't touch anything until the police arrive.

3 If we don't hurry, we won't get there in time.

4 She asked me whether[if] I liked her.

5 Tell me who sent you this letter[this letter to you].

6 Please show me what you have in the box.

7 You don't know how popular I am at my school.

8 My sister is as tall as my mother.

9 My mother looks younger than her age.

10 Polly respects our teacher more than I do.
➡ do는 앞의 respect를 대신하는 동사. 비교 표현에서 동사가 반복될 때, 일반동사는 do[does, did]로 대신함

11 This is the most beautiful picture that I have ever seen.

CHAPTER 9
전치사

명쾌한개념 '전치사+명사' 덩어리

A

1 The cafeteria serves lunch from noon to 1:30.
(정오부터, 1시 30분까지)
카페테리아는 정오부터 1시 30분까지 점심을 제공한다.

2 We had lunch in the park by the river.
(공원에서, 강가에 있는)
우리는 강가에 있는 공원에서 점심을 먹었다.

3 Baseball season starts in April and lasts until October. (4월에, 10월까지)
야구 시즌은 4월에 시작해서 10월까지 계속된다.

4 He can hold his breath under water for five minutes.
(물속에서, 5분 동안)
그는 물속에서 5분 동안 숨을 참을 수 있다.

5 They moved to Jeju Island after their marriage.
(제주도로, 그들의 결혼 후에)
그들은 결혼 후에 제주도로 이사했다.

6 It's too cold in winter to play outside. (겨울에는)
겨울에는 밖에서 놀기에 너무 춥다.
➡ 동사와 함께 쓰인 to는 to부정사의 to. to play의 to는 전치사 아님

7 Many people came to the theater to see the movie star. (극장으로)
많은 사람들이 그 영화배우를 보기 위해 극장으로 왔다.
➡ to see의 to는 to부정사의 to

8 The show on television tonight is about wild tigers.
(텔레비전에 (방송되는), 야생 호랑이에 관한)

오늘 밤 텔레비전에 방송되는 그 프로그램은 야생 호랑이에 관한 것이다.

9 The plant in the corner gets little sunlight.
(구석에 있는)
구석에 있는 그 식물은 햇빛을 거의 받지 못한다.

10 She bought a dress with a flower pattern for the party. (꽃무늬를 가진, 파티를 위해)
그녀는 파티를 위해 꽃무늬 드레스를 샀다.

B

2 wait for three hours

3 study [work] until two (o'clock) in the morning

4 introduce Anna to my parents

5 borrow money from Dylan

6 the table by the window

7 the way to the library

8 the rainbow over the mountain

UNIT 38 기본 전치사의 의미 이해

EXERCISE

A

1 by **2** for **3** at **4** in **5** of **6** for **7** from **8** on

1 나는 열차를 타고 여행하는 것을 좋아한다.

2 채소는 너의 건강을 위해 좋다.

3 그녀는 정말 스포츠에 능하다.

4 그들은 큰 어려움에 처해 있다.

5 교육에서 교사의 역할은 무엇인가?

6 너는 저녁 식사 후 한 시간 동안 TV를 볼 수 있다.

7 어제 나는 할머니로부터 선물을 받았다.

8 너는 저 얼음 위에서 걸을 수 있니?

B

1 at **2** in **3** on **4** on **5** for **6** with **7** from **8** by **9** with **10** from

1 그는 오래된 집을 좋은 가격에 팔았다.

2 유니폼을 입은 그는 아주 잘생겨 보였다.
➡ 복장을 나타낼 때는 in (···를 입고)

3 Joel은 업무로 중국에 갔다.

4 천장에 많은 파리들이 있다.
➡ 위에 붙어 있든, 옆에 붙어 있든, 거꾸로 붙어 있든 붙어 있는 것은 모두 on

5 나는 내 여자친구의 생일을 축하하기 위해 그녀에게 장미 몇 송이를 사 주었다.

6 나는 항상 이 옷에는 이 신발을 신는다.

7 Tim은 그의 잘생긴 외모를 그의 어머니에게서 받았다.

8 우리는 이번 달 말까지 이사 나가야 한다.

9 내 고양이는 자신의 새끼 고양이들을 혀로 닦아 준다.

10 내 부모님은 마침내 부채에서 벗어나셨다.

C

1 to the right **2** in good[bad] health **3** from the sky **4** the keys to happiness **5** in the vase **6** on the floor of the living room **7** with black spots **8** finish it by tomorrow

D

1 He is not in good health.

2 Money doesn't fall from the sky.

3 Can you finish it by tomorrow?

4 Turn the key to the right.

5 The flowers in the vase are tulips.

6 Pick up the books on the floor of the living room.

7 The white dog with black spots is mine.

8 One of the keys to happiness is good health.

UNIT 39 그 외 자주 쓰이는 전치사

EXERCISE

A

1 The students sat around the teacher.
　　　　　　　　　　　선생님 주위에
학생들은 선생님 주위에 둘러앉았다.

2 The boys swam across the river.
　　　　　　　　　　강을 가로질러
그 소년들은 강을 가로질러 헤엄쳤다.

3 They kept silent during the meal.
　　　　　　　　　　　식사 중에
그들은 식사 중에 침묵했다.

4 He came home about midnight.
　　　　　　　　　　자정 무렵에
그는 자정 무렵에 집에 왔다.

5 The old couple walked along the river.
　　　　　　　　　　　강을 따라
그 노부부는 강을 따라 걸었다.

6 Bears sleep through the winter.
　　　　　　　　　　겨울 내내
곰들은 겨울 내내 잔다.

7 Jennifer left home without her keys.
　　　　　　　　　　그녀의 열쇠 없이
Jennifer는 열쇠 없이 집을 나섰다.

8 He sat down between Grace and me.
　　　　　　　　　　Grace와 나 사이에
그는 Grace와 나 사이에 앉았다.

9 I always keep my phone <u>within arm's reach.</u>
　　　　　　　　　　　　　　　　팔이 닿는 곳에
　나는 항상 내 전화기를 팔이 닿는 곳에 둔다.

10 Are you <u>for the proposal</u> or <u>against it</u>?
　　　　　　그 제안에 찬성하는　　그것에 반대하는
　너는 그 제안에 찬성하니, 반대하니?

11 He talks <u>about the economy</u> <u>like an expert.</u>
　　　　　　　경제에 관해　　　　전문가처럼
　그는 전문가처럼 경제에 관해 말한다.

B

1 through a hole
　개들은 울타리에 난 구멍을 통해 뒷마당으로 들어왔다.

2 like the love
　자녀를 향한 엄마의 사랑만 한 것은 없다.

3 between two big men
　나는 버스에서 덩치가 큰 두 남자의 사이에 끼었다.

4 against the law
　운전 중에 휴대폰 통화를 하지 마라. 그것은 법에 위반된다.

5 without electricity
　그들은 전기가 없었다. 그들은 난방과 요리를 하기 위해 나무를 사용했다.

B

1 at doing
　너는 많은 일을 하는 것에 능하다.

2 before leaving
　방을 나오기 전에 전등을 꺼 주세요.

3 for telling
　당신께 거짓말을 한 것에 대해 용서해 주세요.

4 without stopping
　나는 멈추지 않고 5시간 동안 운전했다. 매우 피곤했다.

5 by watching
　너는 영어 TV 프로그램을 봄으로써 영어 실력을 향상시킬 수 있다.

REVIEW TEST

A

1 study until midnight　　**2** at the bus stop

3 on the wall　　　　　　**4** in an empty room

5 come home by 10　　　**6** on business

7 write an email[emails] in English

8 for three hours

9 have[eat] dinner with friends

10 go by bus　　　　　　**11** for your health

12 from my parents　　　**13** at a good price

14 about computers　　 **15** against the plan

16 as a writer　　　　　 **17** across the street

18 without food and water

B

1 with boat → by boat　**2** take → taking

3 in → on　　　　　　　**4** build → building

5 on → for　　　　　　　**6** across → around

7 go → going

- -

1 우리는 지난 주말에 배로 제주도에 갔다.
　➡ 교통, 통신 수단은 by

2 아스피린을 복용함으로써 두통을 치료할 수 있다.
　➡ 전치사 뒤에 동사의 의미를 표현할 때는 v-ing

3 그 점원은 등에 상자 하나를 (지고) 나르고 있었다.
　➡ 접촉이나 의존에는 on

4 나는 이 강에 댐을 건설하는 것에 반대야.
　➡ 전치사 뒤에 동사의 의미를 표현할 때는 v-ing

5 이 칼은 빵을 자르는 용도야.
　➡ 용도, 목적은 for

6 달은 지구 주위를 돈다.
　➡ '… 주위에'는 around

7 나는 추운 날씨에 밖에 나간 후에 병이 났다.
　➡ 전치사 뒤에 동사의 의미를 표현할 때는 v-ing

UNIT **40** 전치사+v-ing

EXERCISE

A

2 The policeman gave me a ticket <u>for speeding.</u>
　　　　　　　　　　　　　　　　　과속한 것에 대해
　경찰관은 내게 속도위반 딱지를 뗐다.

3 The angry woman left <u>without saying a word.</u>
　　　　　　　　　　　　　　한 마디 말도 하지 않고
　그 화난 여자는 한 마디 말도 없이 떠났다.

4 Ellen has a good idea <u>about recycling paper.</u>
　　　　　　　　　　　　　종이를 재활용하는 것에 대한
　Ellen은 종이를 재활용하는 것에 대한 좋은 생각이 있다.

5 The poor man went <u>to jail</u> <u>for stealing some bread.</u>
　　　　　　　　　　　　감옥으로　　빵을 훔친 것 때문에
　그 가난한 남자는 빵을 훔쳐서 감옥에 갔다.

6 Everyone was <u>against closing the factory.</u>
　　　　　　　　　　공장을 폐쇄하는 것에 반대하는
　모두가 공장을 폐쇄하는 것에 반대했다.

7 I earn my pocket money <u>by washing my father's car.</u>
　　　　　　　　　　　　　　내 아버지의 차를 닦음으로써
　나는 아버지의 차를 닦음으로써 용돈을 번다.

C

1 We ate [had] lunch in the park by the lake.
2 He is really good at cooking.
3 You can watch TV for an hour after finishing your homework.
4 He sold his house at a low price.
5 Daniel went to Hong Kong on vacation.
6 You can reserve the tickets by phone.
7 Mark knows everything about this city.
8 She is famous as a singer.
9 The boys swam across the river.
10 Are you for the plan or against it?
11 Everyone was for closing the factory.
12 They watched TV without saying a word.

CHAPTER 10
관계대명사

명쾌한 개념 구체적인 설명의 신호

EXERCISE 1

A

2 Is there anyone who has a question?
　　　　　누군가 – 질문이 있는
3 We stayed at a hotel which was near the beach.
　　　　　호텔 – 해변 근처에 있던
4 You should not keep money that you find on the street.
　　　　　돈 – 네가 길에서 발견하는
5 A vegetarian is a person who doesn't eat meat.
　　　　　사람 – 고기를 먹지 않는
6 This is a picture that I drew at age ten.
　　　　　그림 – 내가 10살 때 그린
7 Everyone that knows him likes him.
　　　모든 사람 – 그를 아는
8 There are many good movies that we can see
　　　　많은 좋은 영화들 – 우리가 방학 동안 볼 수 있는
during the vacation.

B

1 a girl who likes me　　2 a girl that I like
3 people who know me　　4 people that I know
5 the wallet which is empty
6 the wallet that he lost
7 teachers who ask many questions
8 the movie that they saw [watched]

EXERCISE 2

A

1 나는 한 여자를 안다 / 거의 매일 쇼핑하러 가는.
2 We stayed at a hotel / which was near the beach.
우리는 호텔에 머물렀다 / 해변 근처에 있는.
3 He is the boy / that I like most.
그는 소년이다 / 내가 가장 좋아하는.
4 You should not keep money / that you find on the street.
너는 돈을 가져서는 안 된다 / 길에서 발견한.
5 This is a picture / that I drew at age ten.
이것은 그림이다 / 내가 10살 때 그린.
6 He invited only those children / that he knew well.
그는 저 아이들만 초대했다 / 그가 잘 아는.
7 Everyone / that knows him / likes him.
모든 사람들이 / 그를 아는 / 그를 좋아한다.
8 There are many good movies / that we can see during the vacation.
많은 좋은 영화들이 있다 / 우리가 방학 동안 볼 수 있는.

B

1 I know a woman who goes shopping almost every day.
2 We stayed at a hotel which was near the beach.
3 He is the boy that I like most.
4 You should not keep money that you find on the street.
5 This is a picture that I drew at age ten.
6 He invited only those children that he knew well.
7 Everyone that knows him likes him.
8 There are many good movies that we can see during the vacation.

UNIT 41 주어 역할을 하는 관계대명사

EXERCISE

A

1 나는 사람들을 모른다 / 옆집에 사는.
2 그 차는 / 밖에 주차되어 있는 / 내 것이다.
3 The waitress / who served us / was very kind.
여종업원은 / 우리에게 서비스를 제공했던 / 매우 친절했다.

4 I want to marry a man / **who** will cook for me.

나는 남자와 결혼하길 원한다 / 나를 위해 요리해 줄.

5 Dan has a motorbike / **that** can go over 200 km an hour.

Dan은 오토바이를 가지고 있다 / 한 시간에 200킬로미터 이상을 갈 수 있는.

6 The dog / **that** always barks at night / belongs to Mike.

그 개는 / 항상 밤에 짖어대는 / Mike의 개이다.

7 It's a book / **which** will interest you.

그것은 책이다 / 너의 흥미를 끌.

8 A car / **that** drives itself / will be on the market soon.

차가 / 스스로 운전하는 / 곧 시장에 나올 것이다.

B

2 The waitress **who** served us was very kind.

➡ She(=the waitress) served us.

3 I want to marry a man **who** will cook for me.

➡ He(=the man) will cook for me.

4 The dog **that** always barks at night belongs to Mike.

➡ It(=the dog) always barks at night.

5 A car **that** drives itself will be on the market soon.

➡ It(=the car) drives itself.

C

1 I like the boy **that**[**who**] always smiles.

나는 그 소년을 좋아한다 / 항상 웃는.

2 I hate people **that**[**who**] don't keep their promises.

나는 사람들을 싫어한다 / 약속을 지키지 않는.

3 The houses **that**[**which**] are near the lake are expensive.

집들은 / 호숫가에 있는 / 비싸다.

4 The friends **that**[**who**] help you when you are in trouble are true friends.

친구들은 / 네가 어려움에 처할 때 너를 도와주는 / 진정한 친구들이다.

D

1 the bus **that**[**which**] goes to Dream World

2 the countries **that**[**which**] lack water

3 a bookstore **that**[**which**] sells used books

4 many books **that**[**which**] interest me

5 the man **that**[**who**] stole my bike

6 people **that**[**who**] exercise regularly

E

1 Is this the bus **that**[**which**] goes to Dream World?

2 Korea is one of the countries **that**[**which**] lack water.

3 I found a bookstore **that**[**which**] sells used books.

4 The library had many books **that**[**which**] interested me.

5 The man that[who] stole my bike ran away.

6 People that[who] exercise regularly live longer.

UNIT **42** 목적어 역할을 하는 관계대명사

EXERCISE

A

1 These are the flowers / **that** Maria bought for me.

이것들은 꽃들이다 / Maria가 내게 사 준.

2 The pizza / **which** I ate for lunch / was great.

피자는 / 내가 점심으로 먹은 / 맛있었다.

3 The campsite / **that** we found / was very dirty.

캠프장은 / 우리가 발견한 / 매우 더러웠다.

4 There's something / **that** you should know.

무언가가 있다 / 네가 알아야 할.

5 She married a man / **that** she met at work.

그녀는 남자와 결혼했다 / 직장에서 만난.

6 The man / **who** my sister loves / is from Spain.

남자는 / 내 언니가 사랑하는 / 스페인 사람이다.

7 Do you remember the people / **who** we met in Thailand?

너는 사람들을 기억하니 / 우리가 태국에서 만났던?

8 This is the coldest winter / **that** we have had in this century.

이번이 가장 추운 겨울이다 / 우리가 금세기에 겪은.

B

1 These are the flowers that Maria bought * for me.

➡ Maria bought them(=the flowers) for me.

2 The pizza which I ate * for lunch was great.

➡ I ate it(=the pizza) for lunch.

3 The campsite that we found * was very dirty.

➡ We found it(=the campsite).

4 She married a man that she met * at work.

➡ She met him(=the man) at work.

5 The man who my sister loves * is from Spain.

➡ My sister loves him(=the man).

C

1 This is a cake **that**[**which**] Laura baked.

이것은 케이크이다 / Laura가 구운.

2 The bike **that**[**which**] I loved was stolen.

자전거는 / 내가 아주 좋아했던 / 도난당했다.

3 This is a film **that**[**which**] young women will enjoy.

이것은 영화이다 / 젊은 여성들이 즐길 만한.

4 The jokes **that**[**which**] he makes are old.
농담은 / 그가 하는 / 구식이다.

5 I remember the photos **that**[**which**] you sent to me last year.
나는 사진들을 기억한다 / 네가 작년에 내게 보내 주었던.

D

1 the house **that**[**which**] my grandfather built

2 the only person **that** I love
➡ 특정한 것을 지정하는 말(the only, the best, the last 등)과 같이 쓰일 때는 주로 that을 사용함

3 the photos **that**[**which**] you gave me

4 the glasses **that**[**which**] she is wearing

5 the boy **that**[**who(m)**] I introduced to her

6 the food **that**[**which**] we eat[have]

E

1 This is the house that[which] my grandfather built.

2 You are the only person that I love.

3 I still have the photos that[which] you gave me.

4 The glasses that[which] she is wearing are cute.

5 Laura is dating a boy that[who(m)] I introduced to her.

6 The food that[which] we eat[have] gives us energy.

UNIT 43 관계대명사의 생략

EXERCISE

A

1 We waved to the actor / we loved.
우리는 그 배우에게 손을 흔들었다 / 우리가 사랑하는.

2 She wants a pet / she can keep in her apartment.
그녀는 애완동물을 원한다 / 그녀의 아파트에서 기를 수 있는.

3 She will buy the hamster / I saw in the pet store.
그녀는 햄스터를 살 것이다 / 내가 애완동물 가게에서 봤던.

4 There's something / I should tell you.
무언가가 있다 / 내가 네게 말해야 할.

5 A person / I know / won the lottery last week.
한 사람은 / 내가 아는 / 지난주에 복권에 당첨됐다.

6 The eggs / I bought yesterday / went bad.
계란들은 / 내가 어제 산 / 상했다.

7 The bike / Dad bought me for my birthday / is excellent.
자전거는 / 아빠가 내 생일에 사 주신 / 아주 훌륭하다.

8 When can you return the book / you borrowed from me?
언제 책을 돌려줄 수 있니 / 네가 내게 빌려 간?

B

1 We waved to the actor / we loved *.
➡ We loved him(=the actor).

2 She wants a pet / she can keep * in her apartment.
➡ She can keep it(=the pet) in her apartment.

3 The eggs / that I bought * yesterday / went bad.
➡ I bought them(=the eggs) yesterday.

4 The bike / Dad bought me * for my birthday / is excellent.
➡ Dad bought me the bike for my birthday.
➡ Dad bought it(=the bike) for me for my birthday.

C

1 This is the best restaurant / I know.
이곳은 가장 좋은 식당이다 / 내가 아는.

2 I love the doll / you bought for me.
나는 인형을 아주 좋아한다 / 네가 나를 위해 사 준.

3 The coffee / I drank / was too sweet.
그 커피는 / 내가 마신 / 너무 달았다.

4 The flowers / Max gave to me / are beautiful.
꽃들은 / Max가 내게 준 / 아름답다.

5 Did you read the emails / the teacher sent to our parents?
너는 이메일들을 읽었니 / 선생님이 우리 부모님에게 보낸?

D

1 most foreigners I know

2 the shoes John bought on sale

3 the books James wrote

4 the book Eric gave her

5 the book she bought Eric

E

1 Most foreigners I know like Korean food.

2 John showed me the shoes he bought on sale.

3 The books James wrote are very interesting.

4 Jane lost the book Eric gave her.

5 The book she bought Eric looks interesting.

A

1 everyone that[who] knows him
2 everyone that[who(m)] he knows
3 a picture that[which] she drew
4 the people that[who] live upstairs
5 a man that[who] is good at cooking
6 a dog that[which] barks less
7 the bike that[which] the child is riding
8 a car that[which] drives itself
9 the houses that[which] are by the river
10 people that[who] never exercise
11 the teachers that[who(m)] she respects
12 the flowers that[which] Mary bought for me
13 a film that[which] children love
14 a film that[which] is popular all over the world
15 the man that[who] introduced you to Amy
16 the man that[who(m)] I introduced to Amy
17 the pictures that[which] he took in China
18 the book that[which] you are reading
19 the email that[which] you sent (to) me
20 the coffee that[which] I drank after lunch

B

1 This is a film that[which] is popular all over the world.
2 This is a film (that[which]) children love.
3 I know the man that[who] introduced you to Amy.
4 He loves everyone (that[who(m)]) he knows.
5 I want to marry a man that[who] is good at cooking.
6 I want a dog that[which] barks less.
7 Everyone that[who] knows him likes him.
8 The bike (that[which]) the child is riding is too big.
9 The houses that[which] are by the river have great views.
10 My father will buy a car that[which] drives itself.
11 I read the email (that[which]) you sent (to) me.
12 She showed me a picture (that[which]) she drew at age ten.
13 He showed me the pictures (that[which]) he took in China.
14 There are many people that[who] never exercise.
15 The people that[who] live upstairs are noisy.
16 Anna is one of the teachers (that[who(m)]) she respects.
17 The flowers (that[which]) Mary bought (for) me were really beautiful.

18 The coffee (that[which]) I drank after lunch was great.
19 The man (that[who(m)]) I introduced to Amy was very gentle.
20 The book (that[which]) you are reading looks interesting.

B′

B에서 ( ) 표시가 되어 있는 관계대명사는 생략 가능한 관계대명사.
의미상 동사의 목적어가 된다는 것, 형태상 뒤에 주어, 동사가 이어진
다는 것을 확인할 것

추가 ① Spelling Rules

1. A(n)
EXERCISE

A

1 an **2** a **3** a **4** an **5** a **6** an **7** a **8** an **9** a **10** a
11 an **12** a **13** an **14** a **15** an **16** an

2. '-es'
EXERCISE

A

1 glasses **2** insects **3** dishes **4** foxes **5** musicians
6 teachers **7** potatoes **8** photos **9** watches
10 watch **11** wish **12** wishes **13** mixes **14** mix
15 finish **16** finishes **17** does **18** do

B

1 heros → heroes
2 class → classes
3 bench → benches
4 pianoes → pianos
5 do → does
6 catches → catch
7 go → goes
8 fixs → fixes
9 teaches → teach
10 wash → washes / dishs → dishes

1 그들은 국가(국민)적 영웅들이다.
2 우리는 수업이 너무 많다.
3 나무 아래에는 벤치가 두 개 있다.
4 Christina는 두 대의 피아노를 가지고 있다.
5 그는 항상 밤늦게 숙제를 한다.
6 곰은 강에서 물고기를 잡는다.
7 이 길은 해변으로 가는 길이다.
8 내 어머니는 집에서 고장 난 것들을 고치신다.
9 Betty와 Ellen은 초급자들에게 영어를 가르친다.
10 Bradley 씨는 저녁 식사 후에 설거지를 한다.

3. '-ies, -ied, -ier'
EXERCISE

A

1 countries **2** days **3** stories **4** companies **5** ways
6 universities **7** parties **8** boys **9** cries **10** cry
11 carry **12** carries **13** try **14** tries **15** study
16 studies **17** flies **18** fly

B

1 company → companies
2 toy → toys
3 enemys → enemies
4 factory → factories
5 cry → cried
6 carryed → carried
7 enjoied → enjoyed
8 dryest → driest
9 stayes → stays
10 tries → try
11 worrys → worries
12 happyer → happier

1 대도시에는 많은 회사들이 있다.
2 그의 방은 장난감들로 가득하다.
3 Romeo와 Juliet의 가족은 원수였다.
4 그 회사는 15개 국가에 공장들을 가지고 있다.
5 그 아기는 배가 고파서 울었다.
6 그녀는 팔에 아기를 안고 있었다.
7 나는 지난밤 파티를 진짜로 즐겼다.
8 사하라 사막은 가장 건조한 지역 중 하나이다.
9 Nathan은 종종 게임을 하느라고 밤늦게까지 깨어 있다.
10 그들은 살을 빼려고 노력한다.
   ➡ 복수이므로 '3단현 -s'에 해당되지 않음
11 Tyler는 자신의 체중에 대해 걱정한다.
12 너는 나보다 훨씬 더 행복하다.

4. Others
EXERCISE

A

1 Leaves **2** lives **3** knives **4** hotter **5** saddest
6 dripping, roofs **7** planned **8** occurred **9** visiting
10 lying **11** dying **12** beginning

1 나뭇잎들은 가을에 떨어진다.
2 소방관들은 매년 많은 (사람의) 목숨을 구한다.
3 조심해! 칼들이 날카로워!
4 이번 여름은 여느 때(여름)보다 더 덥다.
5 이것은 내가 본 것 중 가장 슬픈 영화이다.
6 빗물이 건물들의 지붕에서 뚝뚝 떨어지고 있었다.
7 나는 새 컴퓨터를 살 계획이었으나 사지 못했다.
8 그때 나에게 좋은 생각이 떠올랐다.
9 우리는 그때 남미를 방문하고 있었다.
   ➡ 2음절이지만 강세가 앞에 있어서 자음 추가에 해당되지 않음
10 네가 거짓말을 하고 있는 것 같은데.
11 그 아이는 컴퓨터 게임을 하고 싶어서 죽어 가고 있었다. (매우 하고 싶어 했다)
12 시작이 전체의 반이다. (시작이 반)

EXERCISE

A

1	A moon → The moon	2	the dinner → dinner
3	door → the door	4	The tennis → Tennis
5	piano → the piano	6	by a phone → by phone
7	success of → the success of		

1 달이 밝게 빛나고 있다.
2 나는 저녁 식사 후에 설거지를 한다.
3 여기는 춥네. 문 좀 닫아 줄래?
   ➡ 어떤 문인지 서로 아는 상황임
4 테니스는 전 세계적으로 행해지고 있다.
5 Suzy는 피아노를 매우 잘 친다.
6 전화로 방을 예약하실 수 있습니다.
7 나는 네 계획의 성공을 확신한다.
   ➡ success는 셀 수 없는 명사지만, 뒤에 꾸미는 말이 있음. 특정한 것

추가 ③ 주의할 대명사 형태

EXERCISE

A

1 mine → my 2 he → him 3 we → us 4 our → ours
5 My → Mine 6 you → yours 7 두 번째 him → his
8 her → hers 9 she → her 10 it → its / it → its
11 they → them 12 their → theirs / them → it

1 나는 나의 옛날 교과서들을 팔았다.
2 그녀는 그에게 매일 아침 전화를 한다.
3 그는 우리에게 영어를 가르친다.
4 그 차는 우리 것이다.
5 Linda의 자전거는 빨간색이야. 내 것은 파란색이야.
6 내 전화기를 잃어버렸어. 네 것을 써도 될까?
7 나는 그에게 그 가방을 주었어. 그 가방은 (이제) 그의 것이야.
8 그건 내 컴퓨터가 아니야. 그것은 그녀 것이야.
9 그는 그녀의 연설 동안에 그녀(의 말)를 주의 깊게 들었다.
10 고양이는 그것의 얼굴을 닦기 위해 그것의 발을 사용한다.
11 나에게는 형제가 둘이 있다. 나는 그들을 매우 사랑한다.
12 이 집은 그들 것이야. 그들은 그것을 3년 전에 샀어.

추가 ④ 재귀대명사

EXERCISE

A

1 it 2 itself 3 him 4 himself 5 themselves 6 them
7 yourself 8 you 9 us 10 ourselves

문장의 주어와 목적어를 비교할 것. 주어와 목적어가 같은 경우 재귀대명사를 씀

1 이 차는 너무 오래됐어. 나는 그것(이 차)을 절대 몰지 않아.
2 이 차는 자동으로 자기 자신을 운전한다. (자율 운전 차)
   This car=it
3 Jane은 그를 반에 소개했다.
4 새로 오신 영어 선생님은 자신을 이 선생이라고 소개하셨다.
5 그 남자들은 더러웠다. 그들은 강에서 그들 자신들을 씻었다.
6 그들의 손은 더러웠다. 그들은 그들의 손을 강에서 씻었다.
7 네가 너 자신을 건강하게 유지하려면 운동을 해야 한다.
8 적게 자주 먹는 것이 너를 건강하게 유지시킨다.
9 우리가 늙으면 누가 우리를 돌봐 줄까?
10 우리는 우리 자신을 돌봐야 한다.

추가 ⑤ it의 여러 쓰임

EXERCISE

A

1 That bicycle belongs to Jennifer. She rides **it** to school.
2 **It** is dangerous to play with fire.
3 **It** is helpful to study with classmates.
4 **It** is good that you exercise every day.
5 **It** is uncertain whether the game will be canceled.
6 He considers **it** rude to speak loudly on the bus.
7 Hannah finds **it** funny that I fell on the ice.

1 저 자전거는 Jennifer 거야. 그녀는 그것을 타고 학교에 다녀.
2 (그것은) 위험하다 / 불을 가지고 노는 것은.
3 (그것은) 도움이 된다 / 반 친구들과 같이 공부하는 것은.
4 (그것은) 좋다 / 네가 날마다 운동하는 것은.
5 (그것은) 불분명하다 / 그 경기가 취소될지는.
6 그는 (그것을) 무례하게 여긴다 / 버스에서 큰 소리로 말하는 것을.
7 Hannah는 (그것을) 재미있다고 생각한다 / 내가 얼음판에서 넘어진 것을.

B

1 It is raining.

2 It was Sunday yesterday.

3 How far is it to the nearest bus stop?

4 How is it going with you?

EXERCISE

A

1 any **2** some **3** any **4** some **5** any **6** any **7** some
8 some **9** any **10** any **11** some **12** any

1 나는 외국인은 조금도(전혀) 몰라.

2 Ashley는 쿠키를 좀 구웠다.

3 네게 문제가 있으면 내게 전화해.

4 부엌에 밥이 좀 있다.

5 수업에 대해 질문이 있나요?

6 냉장고에 우유가 조금도 없다.

7 제가 커피를 좀 더 마셔도 될까요?

8 나는 딸기 몇 개를 먹고 나중을 위해 몇 개는 남겨 두었다.

9 돈이 있으면 좀 빌려 주세요.

10 Emily는 사탕을 가져왔지만, 나에게는 조금도 주지 않았다.

11 내가 볶음밥을 했는데, 좀 드시겠어요?

12 그의 형제자매 중 누구라도 만난 적이 있나요?

추가 **7** one, it, another, others, the other, the others

EXERCISE

A

1 one **2** it **3** it **4** one **5** it **6** one

1 몇 개의 사과 중 하나 (an apple)

2 바로 그 사과 (the apple)

3 John의 컴퓨터가 고장 났다. 그는 그것을 내일 고칠 것이다.
바로 그 컴퓨터 (the computer)

4 John의 컴퓨터가 고장 났다. 그는 내일 새 것을 하나 살 것이다.
막연한 어떤 컴퓨터 하나 (a computer)

5 가지고 있던 그 우산 (the umbrella)

6 막연한 어떤 우산 하나 (an umbrella)

B

1 the other **2** others **3** another **4** another **5** the other
6 the others **7** others **8** the other **9** the others

1 둘 중 남은 하나 (정해짐)

2 일부 학생들은 …, 다른 학생들은 ~ (수가 정해지지 않음)

3 또 다른 하나 (어떤 것으로 정해진 것 아님)

4 또 다른 하나 (어떤 것으로 정해진 것 아님)

---

5 둘 중 나머지 하나 (정해짐)

6 하나 주고 나머지 다 (남은 것이 없으므로 정해짐)

7 일부를 …, 다른 것들을 ~ (남은 것이 몇 마리인지 알 수 없으므로 수가 정해지지 않았음)

8 둘 중 나머지 하나 (정해짐)

9 빨간색 차를 빼고 나머지 다 (차의 색이 빨간 것, 파란 것 두 가지이므로 나머지가 정해짐)

추가 **8** -thing [body, one] +형용사

EXERCISE

A

1 nothing interesting **2** Somebody famous

3 Everyone present **4** ordered something sweet

5 bought him something special

6 There is nobody young **7** Is there anyone tall

추가 **9** 같은 동사, 다른 패턴

EXERCISE

A

1 Snow <u>melts</u> when it gets warm.
    ×
날씨가 따뜻해지면 눈이 녹는다.

2 They <u>melted</u> <u>snow</u> and drank it.
    O
그들은 눈을 녹여서 그것을 마셨다.

3 My father <u>froze</u> <u>the steaks</u> for later.
    O
내 아버지는 나중에 쓰려고 스테이크를 얼렸다.

4 The lake <u>freezes</u> every winter.
    ×
그 호수는 매년 겨울 언다.

5 I <u>tasted</u> <u>one of the cupcakes</u>.
    O
나는 컵케이크 중 하나를 맛보았다.

6 Food <u>tastes</u> <u>better</u> when you're hungry.
    C
배고플 때 음식이 더 맛있다.

7 She <u>felt</u> <u>a hand</u> on her shoulder.
    O
그녀는 어깨에 손이 닿는 것을 느꼈다.

8 My new sweater <u>feels</u> <u>soft</u>.
    C
내 새 스웨터는 (감촉이) 부드럽다.

9 The smell <u>made</u> the children <u>hungry</u>.
　　　　　　　　O 　　　　　　 C

그 냄새가 아이들을 배고프게 했다.

10 When I was a baby, everyone <u>called</u> <u>me</u> <u>Johnny</u>.
　　　　　　　　　　　　　　　　 O 　　 C

내가 아기였을 때 모두가 나를 Johnny라고 불렀다.

11 His face <u>turned</u> <u>pale</u> at the news.
　　　　　　　　　　　 C

그 소식을 듣고 그의 얼굴이 창백해졌다.

12 The cold <u>turned</u> <u>the boy's nose</u> <u>red</u>.
　　　　　　　　　　　　　O 　　　　 C

추위가 그 소년의 코를 빨갛게 변하게 했다.

13 He <u>found</u> <u>us</u> a hotel to stay at.
　　　　　　　 O 　　　 O

그는 우리에게 묵을 호텔을 찾아 주었다.

14 I <u>found</u> the store <u>closed</u>.
　　　　　　　 O 　　　 C

나는 그 가게가 닫혔다는 것을 알았다.

15 She <u>left</u> <u>me</u> a message on my phone.
　　　　　　 O 　　 O

그녀는 나에게 전화로 메시지를 남겼다.

16 The kids <u>left</u> the living room <u>a mess</u>.
　　　　　　　　　　 O 　　　 C

그 아이들은 거실을 엉망으로 만들어 두었다.

추가 ⑩ 자동사, 타동사의 혼동

EXERCISE

A

1 reach the hotel, arrive at the hotel
2 look like her mother, resemble her mother
3 answer the question, reply to the question
4 marry her boyfriend
5 discuss your future, talk about your future
6 listen to your teacher
7 attend school, go to school
8 enter university
9 ask for help
10 wait for the last train
11 join me
12 graduate from middle school

추가 ⑪ 주의할 부정 표현

EXERCISE

A

1 The child <u>has few friends</u>.
2 It <u>rarely rains</u> in the desert.
3 There <u>was little food</u> in the refrigerator.
4 She could <u>hardly hear</u> the teacher.
5 <u>Not all your classmates</u> agree with you.
6 He is not always quiet.
7 <u>Not every bank</u> closes on Saturdays.

추가 ⑫ Yes, No 대답의 혼동

EXERCISE

A

1 Yes, I am　　　　　**2** Yes, it is
3 No, it isn't　　　　**4** No, she wasn't
5 Yes, he was　　　　**6** Yes, I do
7 No, I don't　　　　**8** No, they don't
9 Yes, he does　　　**10** Yes, I did

---

1 A: 피곤하지 않아?
　　 B: 피곤해. 아주 긴(힘든) 하루였어.

2 A: 이 호박 수프 맛있지 않아?
　　 B: 맛있어. 내가 먹어 본 것 중 최고야.

3 A: 네 TV가 신형 모델 아니야?
　　 B: 아니야. 아주 오래된 거야.

4 A: 네 어머니가 너에게 화나지 않으셨어?
　　 B: 아니야. 어머니는 쉽게 화내지 않으셔.

5 A: King 선생님이 작년에 너의 수학 선생님 아니셨어?
　　 B: 맞아. 나는 그의 수업이 진짜 좋았어.

6 A: 너는 TV를 많이 보지 않아?
　　 B: 많이 봐. 나는 매일 TV를 봐.

7 A: 너는 축구를 좋아하지 않아?
　　 B: 좋아하지 않아. 나는 스포츠에 관심이 없어.

8 A: 그들은 이 건물에 살지 않아?
　　 B: 아니야. 그들은 길 건너에 살아.

9 A: Tom은 남동생이 있지 않아?
　　 B: 있어. 그는 겨우 7살이야.

10 A: 너는 숙제를 끝내지 않았어?
　　 B: 끝냈어. 나는 어제 끝냈어.

추가 ⑬ 부가의문문 (Tag Questions)

EXERCISE

A

1	isn't she	**2**	aren't you
3	do they	**4**	didn't you
5	was it	**6**	doesn't it
7	didn't you	**8**	did she
9	won't he	**10**	will he
11	won't you	**12**	can't you

1 너의 언니는 예뻐, 그렇지 않아?

2 너는 대기자 명단에 있어, 그렇지 않니?

3 꽃은 빛 없이 자라지 못해, 그렇지?

4 너는 파티 동안 즐거웠지, 그렇지 않니?

5 그 시험은 그렇게 어렵지 않았어, 그렇지?

6 그건 좋은 생각 같아, 그렇지 않니?

7 너는 최선을 다했어, 그렇지 않니?

8 Lucy는 어젯밤에 잘 자지 못했어, 그렇지?

9 그는 시험을 통과할 거야, 그렇지 않니?

10 Brian은 우리 동아리에 가입하지 않을 거야, 그렇지?

11 너는 오늘 오후에 방을 치울 거야, 그렇지 않니?

12 너는 내 숙제를 도와줄 수 있지, 그렇지 않니?

추가 ⑭ 감탄문

EXERCISE

A

1 How funny he is!

2 How lucky you are!

3 How handsome your boyfriend is!

4 What an idiot (you are)!

5 How great the concert was! /
What a great concert (it was)!

6 How energetic the players are! /
What energetic players (they are)!

7 How lovely the flowers are! /
What lovely flowers (they are)!

추가 ⑮ 현재완료 진행형

EXERCISE

A

1	have been singing	**2**	has been doing

3	has been waiting for	**4**	has been looking for
5	have been washing	**6**	has been talking
7	has been writing	**8**	has been making

1 그 새들은 아침 내내 지저귀고 있다.

2 그는 5시부터 계속 숙제를 하고 있다.

3 Angela는 화가 나 있다. 그녀는 Justin을 한 시간째 기다리고 있다.

4 내 형은 3달 동안 직장을 구하고 있다.

5 나는 한 시간째 세차를 하고 있다. 나는 온통 물에 젖었다.

6 Laura는 세 시간째 전화 통화를 하고 있다.

7 그녀는 두 시부터 계속 보고서를 쓰고 있다.

8 그 냉장고가 계속 이상한 소리를 내고 있다.

B

1 We have been waiting for the bus for an hour.

2 His car has broken down.
➡ 과거의 일로 인한 현재 상태. 완료된 일이므로 진행형 쓰지 않음

3 The baby has been crying all morning.

4 You have been watching TV since noon.

5 I have wanted to visit Canada for years.
➡ 상태를 말하므로 진행형으로 쓰지 않음

6 They have been arguing for hours.

7 It has snowed a lot, so the roads are slippery.
➡ 과거의 일로 인한 현재 상태. 완료된 일이므로 진행형 쓰지 않음

8 They have been traveling since last October.

추가 ⑯ 과거완료와 과거완료 진행형

EXERCISE

A

1 had turned off **2** had done **3** had (just) washed
4 had been **5** had changed **6** had written **7** had
(already) started **8** had (never) seen **9** had been waiting
10 had been talking

1 나는 사무실을 나가기 전에 모든 불을 다 껐다.
➡ turn off가 먼저

2 Mark는 운동을 한 후에 샤워를 했다. ➡ do가 먼저

3 그 차는 깨끗했다. 내가 (그때 전에) 막 세차를 했었다.

4 (어제 이전부터) 어제까지 날이 꽤 따뜻했었다.

5 지난해 Jinny를 보았을 때, 그녀는 많이 변해 있었다.
➡ 그 이전부터 그때까지에 걸쳐 변했음

6 그는 (그 이전에) 세 권의 책을 썼고, (그때) 또 다른 책을 쓰고 있었다.

7 그녀가 학교에 도착했을 때, 첫 수업은 이미 시작되었다.

8 Shirley는 그녀의 선생님이 그렇게 화나신 것을 전에 (그때까지) 본 적이 없었다.

9 Olive가 도착했을 때쯤에, 우리는 그녀를 (그 이전부터) 세 시간 동안 기다리고 있었다.

10 그들은 Tony가 도착하기 전에 그에 대해 이야기하고 있었다.

B

1 had given **2** had closed **3** didn't have **4** had gone
5 had broken **6** was **7** arrived **8** had been

1 선생님이 (이전에) 힌트를 주셨기 때문에 그 시험은 쉬웠다.
➡ 힌트를 준 것이 먼저

2 내가 거기에 도착했을 때, 가게는 (이미) 문을 닫았다.
➡ 닫은 것이 먼저

3 나는 (이전에) 지갑을 잃어버려서 돈이 하나도 없었다.
➡ 지갑을 잃어버린 것이 먼저. 돈이 없는 것은 그 결과인 과거의 상태

4 경찰은 도둑이 가고 난 후에 도착했다.
➡ 도둑이 간 것이 먼저

5 나는 다리가 부러져서 휴가 계획을 취소했다.
➡ 다리가 부러진 것이 먼저

6 그는 (이전에) 잠을 잘 못 자서 매우 피곤했다.
➡ 잠을 제대로 못 잔 것이 먼저. 피곤한 것은 그 결과인 과거의 상태

7 내가 역에 도착했을 때 기차는 막 떠났다.
➡ 기차가 떠난 것이 먼저. 내가 도착한 것은 그 후 과거

8 그가 졸업했을 때, 그는 런던에서 6년째 살고 있었다.
➡ 살고 있었던 것이 먼저

추가 ⑰ 수동태와 전치사

EXERCISE

A

1 The mountaintop is covered with snow.
2 Cheese is made from milk.
3 The novel is written in simple English.
4 When was the bridge built[made]?
5 We were caught in a trap.
6 The musician is not known to the public.

추가 ⑱ 감정동사의 쓰임

EXERCISE

A

1 We were surprised by his great idea.
His great idea surprised us.
2 Old cars interest my father.
My father is interested in old cars.

3 The idea of buying a new smartphone excited Joe.
Joe was excited about the idea of buying a new smartphone.
4 Joe was disappointed at[by] the quality of the smartphone.
The quality of the smartphone disappointed Joe.
5 My test score satisfies[pleases] me.
I am satisfied[pleased] with my test score.
6 People were shocked by the great fire in California.
The great fire in California shocked people.

추가 ⑲ 복잡한 수동태

EXERCISE

A

1 제출되었다 **2** 놀림을 받았다 **3** 비웃음을 받았다 **4** 연기되었다
5 처리될 것이다 **6** 꺼져 있어야 한다 **7** 물렸다 **8** 이미 받았다
9 팔렸다 **10** 논의되지 않았다

1 모든 보고서가 제시간에 제출되었다.
2 그 아이는 옷 때문에 놀림을 받았다.
3 Jonathan은 반 친구들의 비웃음을 받았다.
4 그 경기는 비 때문에 연기되었다.
5 그 문제는 곧 처리될 것이다.
6 휴대폰은 수업 시간에 꺼져 있어야 한다.
7 나는 모기한테 물렸다!
8 나는 어머니로부터 내 용돈을 이미 받았다.
9 수천 대의 차가 그 회사에 의해 팔렸다.
10 그 문제는 아직 논의되지 않았다.

B

1 The math test was put off.
2 I was made fun of by my brothers when I was young.
3 Her toys were put away by her father.
4 Safety tests are carried out on agricultural products.
5 My sunglasses have been stolen by someone!
6 Many houses have been built by them.
7 My room has been cleaned by my father.

추가 ⑳ could, would, used to

EXERCISE

A

1 Would[Could] you turn off the light?
2 Could I ask you personal questions?

3 My father would[used to] travel a lot.

4 You used to like snowy days.

➡ 상태를 말하므로 used to만 사용

5 We would[used to] spend our summers at the beach.

6 Joe used to be thin.

➡ 상태를 말하므로 used to만 사용

추가 **21** to부정사의 의미상 주어

EXERCISE

A

1 young children → for young children

2 you → for you   **3** lions → for lions

4 drivers → for drivers   **5** me → for me

6 you → of you   **7** her → of her

---

1 (그것은) 어렵다 / 어린아이들이 가만히 앉아 있는 것은.

➡ to sit하는 것은 young children

2 나는 네가 파티에 입고 갈 옷을 샀어.

➡ to wear하는 것은 you

3 (그것은) 흔치 않은 일이다 / 사자가 나무에 올라가는 것은.

➡ to climb하는 것은 lions

4 (그것은) 중요하다 / 운전자가 주의를 기울이는 것은.

➡ to pay하는 것은 drivers

5 내가 해야 할 일이 있나요?

➡ to do하는 것은 me

6 저를 도와주시다니 당신은 정말 친절하시군요.

➡ to help한 것은 you. kind는 성격을 나타내는 말

7 그녀가 Harry와 결혼한 것은 미친 일이었어.

➡ to marry한 것은 her. crazy는 성격을 나타내는 말

B

1 Mom left a snack for us to eat on the table.

2 It is wrong for students to cheat on tests.

3 It was a mistake for her to follow his advice.

4 There is little chance for our team to win.

5 George opened the door for Sally to enter the room.

6 It was foolish of him to repeat the same mistakes.

추가 **22** 의문사+to-v

EXERCISE

A

1 무엇을 입을지   **2** 도움을 받으려면 어디로 가야 하는지   **3** (내가) 언제 너의 집에 가야 하는지   **4** 어떻게 스파게티를 요리하는지

5 고장 난 스마트폰을 어떻게 고칠지   **6** 버스를 탈지 아니면 택시를 탈지   **7** 차를 살지 말지

1 Angela는 무엇을 입을지 결정하지 못한다.

2 나는 그에게 도움을 받으려면 어디로 가야 할지를 말해 주었다.

3 (내가) 언제 너의 집에 가야 하는지 나에게 말해 줘.

4 너는 스파게티를 어떻게 요리하는지 아니?

5 이 책은 고장 난 스마트폰을 어떻게 고쳐야 할지 설명해 준다.

6 우리는 버스를 타야 할지 아니면 택시를 타야 할지에 대해 이야기했다.

7 나는 차를 살지 말지에 대해 생각 중이다.

B

1 what to do next   **2** how to open the door

3 when to sleep   **4** how to get to the station

5 whether to laugh or cry

6 what to buy for her birthday

7 where to go during the vacation

8 whether to go or not

추가 **23** find it ... to-v

EXERCISE

A

1 일찍 일어나는 것 (to wake up early)

2 그를 이해하는 것 (to understand him)

3 저녁 7시 이후에 먹지 않는 것 (not to eat ... 7 p.m.)

4 그의 가족을 부양하는 것 (to support his family)

5 Amy가 아침 식사로 피자를 먹는 것 (for Amy to eat … breakfast)

---

1 그는 (그것을) 중요하다고 여긴다 / 일찍 일어나는 것을.

2 그들은 (그것을) 어렵다고 생각한다 / 그를 이해하는 것을.

3 그녀는 (그것을) 규칙(원칙)으로 삼는다 / 저녁 7시 이후에 먹지 않는 것을.

4 그는 (그것을) 그의 의무라고 여긴다 / 그의 가족을 부양하는 것을.

5 Jimmy는 (그것을) 이상하다고 생각한다 / Amy가 아침 식사로 피자를 먹는 것을.

B

1 Patrick considers it easy to make new friends.

2 I make it a rule not to borrow money.

3 The heavy rain made it difficult to get to work.

4 We consider it important not to waste water.

5 She finds it stressful to study with Nick.

6 This dictionary made it easy for me to understand the book.

기타 표현 (결과, 조건, be to-v)

EXERCISE

A

1 나는 집에 와서 개가 사라진 것을 알았다. (결과)

2 그들이 성공하려면 그들은 함께 일해야 한다. (의도)

3 승객들은 안전벨트를 착용해야 합니다. (의무)

4 그녀는 한 주 내내 공부했으나 시험에서 D를 받았다. (결과)

5 타이타닉 호는 대서양에서 침몰하도록 되어 있었다. (운명)

6 그 상점들은 크리스마스이브에는 일찍 문을 닫을 예정이다. (예정)

7 그녀가 말하는 것을 들으면, 너는 그녀를 원어민이라고 여길 것이다 (실제 원어민 아님). (조건)

동사의 목적어로 쓰인 부정사, 동명사 비교

EXERCISE

A

1 to meet **2** walking **3** eating **4** to end **5** to buy
6 to bring **7** to lock **8** visiting **9** skiing **10** laughing
11 putting **12** waiting

1 나는 그녀를 곧 다시 볼 계획이다.
➡ 앞으로의 일이므로 to-v

2 그녀는 아침에 공원에서 산책하는 것을 즐긴다.
➡ 평소에 하는 것이므로 v-ing

3 식사를 끝낸 후에 나가서 놀자.
➡ 현재 하던 것이므로 v-ing

4 대통령은 전쟁을 끝내기 위해 노력했다.
➡ try to-v: v하려고 노력하다

5 나는 집에 가던 길에 빵을 좀 사려고 잠시 멈췄다.
➡ stop to-v: v하기 위해 멈춰 서다

6 죄송해요, 제가 숙제를 가져오는 것을 잊었어요.
➡ 해야 할 것을 잊은 것이므로 to-v

7 현관문을 잠그는 것을 꼭 기억하세요.
➡ 앞으로 할 일을 기억하는 것이므로 to-v

8 지난여름에 목포를 방문한 것을 기억하니?
➡ 전에 한 일을 기억하는 것이므로 v-ing

9 나는 처음으로 스키를 탔던 것을 절대 잊지 못할 거야.
➡ 전에 한 일을 잊지 않는 것이므로 v-ing

10 그는 우리에게 재미있는 농담들을 했다. 우리는 웃음을 멈출 수 없었다.
➡ stop v-ing: v하는 것을 멈추다

11 A: 저 꽃이 죽어가고 있어.
B: 해가 잘 드는 곳에 두어 보는 게 어때?
➡ try v-ing: v해 보다

12 A: 잠시 기다리는 것이 싫은가요(잠시 기다려 주시겠어요)?
B: 아니요, 싫지 않아요(예, 괜찮습니다).
➡ mind v-ing: v하는 것을 꺼리다, 신경 쓰다

B

1 They finished cleaning the room.

2 I plan to visit India next year.

3 Do you enjoy eating hot food?

4 She tried to find the bus stop.

5 She tried wearing contact lenses.

6 He stopped to ask the way.

7 Do you remember fighting with me last year?

8 I forgot to call [phone] Sandra.

9 I'll never forget seeing the Nile.

10 Please remember to call me when you arrive.

목적격보어로 쓰인 준동사

EXERCISE

A

2 원한다 / 그의 차가 닦이다

3 시켰다 / Victoria가 내 머리카락을 자르다

4 시키다 / 내 머리카락이 잘리다

5 보았다 / 새가 날아가다

6 보았다 / 새가 날아가고 있다

7 만든다 / 네가 그를 사랑하다

8 만든다 / 그가 사랑받다

9 느꼈다 / 집이 (…에 의해) 흔들리다

10 느꼈다 / 바닥이 (스스로) 흔들리고 있다

1 아빠는 내가 그의 차를 닦기를 원하신다.

2 아빠는 그의 차가 닦이기를 원하신다.

3 나는 Victoria에게 내 머리카락을 자르도록 시켰다.

4 나는 머리카락을 자를(남에 의해 잘리게 할) 것이다.

5 그녀는 새 한 마리가 그녀의 머리 위로 날아가는 것을 보았다(다 날아 갔음).

6 그녀는 새 한 마리가 그녀의 머리 위로 날아가고 있는 것을 보았다(날아가고 있는).

7 무엇이 네가 그를 사랑하게 만드니(왜 사랑하니)?

8 무엇이 그가 모두에게 사랑받게 만드니(왜 사랑받니)?

9 우리는 집이 지진에 의해 흔들리는 것을 느꼈다.

10 우리는 바닥이 흔들리고 있는 것을 느꼈다.

B

1 I want the rain to stop.

2 He wants the project finished today.

3 You made your sister cry.

4 What makes the teacher respected by all?

5 You got this work done quickly.

6 I saw Bella studying in the library.

7 I saw your bag stolen by that man!

8 Emily felt her smartphone vibrating.

9 Jacob heard people laughing.

10 I keep the door locked during the day.

11 Everyone heard the woman cry.

12 He has his son wash his car every Sunday.

추가 **27** 감정동사의 v-ing, v-ed

EXERCISE

A

1 ① interesting ② interested

우리 학교의 (도보) 여행 동아리는 한라산을 등반할 예정입니다. 그것은 흥미로운 여행이 될 겁니다. 우리와 함께 한라산 등반하는 것에 관심 있는 학생들이 있다면 방과 후에 Roberts 선생님을 만나세요.
① 여행이 흥미[관심]를 갖게 하는 것이므로 v-ing
② 학생들이 흥미[관심]를 갖게 되는 것이므로 v-ed

2 ① disappointed ② bored ③ boring ④ disappointing ⑤ surprised

어제 나는 새 액션 영화를 보러 갔다. 내 모든 친구들이 "멋진 영화야. 너는 실망하지 않을 거야!"라고 말했다. 그러나 영화가 시작되자 바로 나는 지루해졌고, 거의 잠이 들었다. 이야기는 지루했고, 연기는 실망스러웠다. 나는 그렇게 많은 사람들이 이 영화를 권하는 데에 놀랐다.
① 네가 실망을 느끼지 않을 것이므로 v-ed
② 내가 지루함을 느낀 것이므로 v-ed
③ 이야기가 지루하게 만드는 것이므로 v-ing
④ 연기가 실망하게 만드는 것이므로 v-ing
⑤ 내가 놀란 것이므로 v-ed

추가 **28** 분사구문

EXERCISE

A

1 어젯밤 책을 읽다가(읽는 동안), 나는 잠이 들었다.

2 잠을 잘 수 없어서, 그녀는 산책을 했다.

3 그녀의 사랑스러운 미소를 보고(봤을 때), 그는 그녀에게 반했다.

4 점심 먹는 것을 잊어버려서, 우리는 곧 배가 고파졌다.

5 혼자 남겨지자(남겨졌을 때), 그 남자아이는 울기 시작했다.

6 그의 부모님에게 자주 칭찬을 받아서, 그는 자부심을 느낀다.

B

2 Driving to work, ...

3 Having lots of homework, ...

4 Living by the river, ...

5 Arriving at the station, ...

6 Built on a hill, ...

7 Baked at home, ...

8 Being quite short, ...

1 큰 소리를 듣자(들었을 때), 내 개는 짖기 시작했다.
➡ (능동. v-ing)

2 운전하며 출근하는 동안, 그녀는 아침으로 샌드위치를 먹었다.
➡ (능동. v-ing)

3 나는 숙제가 많아서(많이 가지고 있어서), 나가 놀 수 없었다.
➡ (능동. v-ing)

4 강가에 살기 때문에, 그는 종종 낚시를 간다.
➡ (능동. v-ing)

5 역에 도착했을 때, 나는 이미 기차가 떠났다는 것을 알았다.
➡ (능동. v-ing)

6 언덕 위에 지어져서, 그 호텔은 경관이 멋지다.
➡ (수동. v-ed)

7 쿠키는 집에서 구워질 때, 더 맛이 좋다.
➡ (수동. v-ed)

8 그녀는 키가 상당히 작아서, 연주회에서 무대를 볼 수 없었다.
➡ (be → being)

추가 **29** 자주 쓰이는 v-ing 구문

EXERCISE

A

1 We go skiing every winter.

2 How about taking a walk after dinner?

3 I feel like singing when I'm happy.

4 Every student is busy studying for the final exam.

5 He couldn't help crying at the sad movie.

6 The movie is worth seeing again.

7 I have trouble remembering my password.

8 It is no use complaining about the past.

9 You spend too much money buying clothes.

추가 **30** and, or, but 심화

EXERCISE

A

1 Both **2** and **3** or **4** or **5** but also **6** and **7** and
8 or **9** either **10** nor

1 Tony와 그의 아버지 둘 다 테니스를 즐긴다.

2 이 약을 먹어라, 그러면 나아질 거야.

3 꽃에 물을 줘라, 그렇지 않으면 꽃이 죽을 거야.

4 나는 학교에 걸어가거나 버스를 타고 간다.

5 Amy는 한국어뿐만 아니라 중국어도 한다.

6 그의 조언을 따르라, 그러면 그 경기에서 이길 거야.

7 그 배우는 아시아와 유럽에서 유명하다.

8 너는 휴가를 가야 해, 그렇지 않으면 병이 날 거야.

9 저녁으로 피자나 스파게티를 먹을 수 있다.

10 나는 그 일을 끝낼 시간도, 기력도 없다.

추가 ③ 의미와 형태가 혼동되는 접속사

EXERCISE

A

1 나는 너무 피곤해서 잠이 들었다.

2 네가 노력하지 않으면 결코 알지 못할 것이다.

3 그가 직장을 그만두어서 우리는 놀랐다.

4 Andrew는 배가 고팠다. 그래서 그가 직접 샌드위치를 만들었다.

5 사람들은 지구가 평평하다고 믿었었다.

6 내가 Andy의 말을 이해할 수 있도록 Andy는 천천히 말했다.

B

1 She was sad that he had to leave.

2 She was so sad that she cried all day.

3 It was too dark to go on, so we camped there.

4 Turn the light off so that we can sleep.

5 The star is difficult to see unless the sky is clear.

추가 ③ 부사나 명사로 착각하기 쉬운 접속사

EXERCISE

A

1 Never give up, no matter what happens.

2 The moment I met him, I knew he was special.

3 Once you learn the basic rules, this game is easy.

4 Ben wakes up at 7 a.m. no matter when he goes to bed.

5 I will be back by the time dinner is ready.

6 Every time he washes his car, it rains the next day.

7 Nick will eat the whole pizza no matter how big it is.

추가 ③ 가(짜)목적어, 진(짜)목적어

EXERCISE

A

1 He made it clear what the problem was.

2 I think it strange that this restaurant has no restroom.

3 I made it clear that I was against the plan.

4 People consider it a miracle that I survived the accident.

5 The teacher did not make it clear why the class was canceled.

6 I don't think it important whether you've got a college education or not.

- -

1 그는 (그것을) 분명히 했다 / 문제가 무엇인지를.

2 나는 (그것을) 이상하다고 생각한다 / 이 식당에 화장실이 없다는 것을.

3 나는 (그것을) 분명히 했다 / 내가 그 계획에 반대한다는 것을.

4 사람들은 (그것을) 기적으로 여긴다 / 내가 그 사고에서 살아남았다는 것을.

5 선생님은 (그것을) 분명히 하지 않으셨다 / 왜 수업이 취소되었는지를.

6 나는 (그것을) 중요하게 생각하지 않는다 / 네가 대학 교육을 받았는지 아닌지를.

추가 ④ 간접의문문

EXERCISE

A

1 Why are you so angry?
너는 왜 그렇게 화가 났니? (직접의문문)

2 Tell me why you were so angry.
왜 그렇게 화가 났었는지 나에게 말해 줘. (간접의문문)

3 How did the small child open the door?
그 작은 아이가 어떻게 문을 열었을까? (직접)

4 No one knows how he opened the door.
그가 어떻게 문을 열었는지 아무도 모른다. (간접)

5 I asked him where he saw my dog.
나는 그에게 어디에서 그가 나의 개를 보았는지 물었다. (간접)

6 When did Jane finish her homework?
Jane은 언제 숙제를 끝냈니? (직접)

7 Do you know when he met her?
너는 언제 그가 그녀를 만났는지 아니? (간접)

8 Do you know where she gets her hair done?
너는 그녀가 어디서 머리를 하는지 아니? (간접)

9 Can you tell me how far City Hall is from here?
시청이 여기서 얼마나 먼지 내게 말해 주겠니? (간접)

10 Tell me who won first prize.
누가 일등상을 탔는지 내게 말해 줘. (간접)
➡ 의문사가 주어인 경우, 항상 What[Who] V

B

1 did I hide → I hid　　**2** you ate → did you eat

3 did he leave → he left   **4** you like → do you like

5 does the hat cost → the hat costs

6 did she put → she put

7 the fire engine arrived → did the fire engine arrive

8 did happened → happened

1 내가 어디에 열쇠를 숨겼는지 너에게 말할 수 없다.

➡ 간접의문문이므로 '의문사+SV'. 조동사 do(did)도 쓰지 않음

2 너는 저녁으로 무엇을 먹었니?

➡ 직접의문문. 의문사+do(did) SV

3 그가 언제 한국을 떠났는지 말해 줄 수 있니?

➡ 간접의문문이므로 '의문사+SV'. 조동사 do(did)도 쓰지 않음

4 너는 누구를 가장 좋아하니?

➡ 직접의문문. 의문사+do SV

5 나는 그 모자가 얼마인지 몰라.

➡ 간접의문문이므로 '의문사+SV'. 조동사 do(does)도 쓰지 않음

6 그녀는 어디에 자신의 모자를 두었는지 기억이 안 난다.

➡ 간접의문문이므로 '의문사+SV'. 조동사 do(did)도 쓰지 않음

7 왜 소방차가 그렇게 늦게 도착했나요?

➡ 직접의문문. 의문사+do(did) SV

8 그날 밤에 무엇(어떤 일)이 일어났는지 아무도 모른다.

➡ 의문사가 주어인 경우, 항상 What[Who] V

추가 ㉟ **표현 비교**

EXERCISE

A

1 Jerry는 Katy만큼 바쁘지 않다.

① Jerry is less busy than Katy.

② Katy is busier than Jerry.

2 올겨울은 지난겨울만큼 춥지 않다.

① Last winter was colder than this winter.

② This winter is less cold than last winter.

3 지하철이 버스보다 더 혼잡하다.

① The bus is not as crowded as the subway.

② The bus is less crowded than the subway.

4 과학이 역사보다 더 흥미롭다.

① History is less interesting than science.

② History is not as interesting as science.

5 치타는 세계에서 가장 빠른 동물이다.

① No other animal in the world is as fast as the cheetah.

② No other animal in the world is faster than the cheetah.

③ The cheetah is faster than any other animal in the world.

6 나일강은 아프리카에서 가장 긴 강이다.

① The Nile is longer than any other river in Africa.

② No other river in Africa is longer than the Nile.

③ No other river in Africa is as long as the Nile.

7 치즈 케이크가 다른 어떤 디저트보다 더 맛있다.

① No other dessert is more delicious than cheesecake.

② No other dessert is as delicious as cheesecake.

③ Cheesecake is the most delicious dessert.

추가 ㊱ **응용 구문**

EXERCISE

A

1 An airplane is 10 times as fast as a car.

An airplane is 10 times faster than a car.

2 My brother eats three times more than I do.

My brother eats three times as much as I do.

3 The sun is about 400 times bigger than the moon.

The sun is about 400 times as big as the moon.

4 Your car is twice [two times] as expensive as mine.

5 The more you give, the more you get.

6 The smaller a cell phone is, the more expensive it is.

7 The higher you climb, the colder it gets.

8 The more money I earn, the more tax I have to pay.

추가 ㊲ **유사 전치사 비교**

EXERCISE

A

1 for   **2** during   **3** until   **4** by   **5** since   **6** from

7 among   **8** between   **9** in   **10** within

1 내 언니는 하루에 10시간을 잔다.

'얼마나 오랫동안' 자는지

2 내 언니는 낮에 잔다.

'언제' 자는지

3 그녀는 오늘 밤 10시까지 밖에 있었다.

'계속' 있었다

4 너는 밤 10시까지 집에 돌아와야 한다.

(늦어도) 10시에는 집에 와야 함

5 Grey 씨는 2009년부터 여기에서 일해 왔다.

2009년부터 계속

6 Grey 씨는 2009년부터 2015년까지 여기에서 일했다.

일을 시작한 시기

7 나는 군중들 사이에 서 있었다.

불특정한 무리 사이에

8 나는 부모님 사이에 서 있었다.

특정한 (주로) 둘 사이에

9 이 마을 안에는 한국 식당이 없다.

… 속에, … 안에

10 10킬로미터 이내에는 한국 식당이 없다.

…의 범위 안에

B

1 in **2** during **3** by **4** within **5** for **6** among

1 너의 전화가 부엌에 있다.

2 나는 주말 동안에 집에 있는 것이 싫다.

3 너는 10시까지는 잠자리에 들어야 한다.

4 내 전화가 손이 닿는 곳에 있지 않다.

5 그들은 뉴욕에서 8년 동안 살았다.

6 꽃들이 숲속의 나무들 사이에서 자라고 있었다.

추가 38 군전치사

EXERCISE

A

1 그는 그가 열심히 일한 덕분에 성공했다.

2 나는 나의 여동생 때문에 화가 난다.

3 네 명까지 이 호텔 방에서 묵을 수 있어요.

4 그들은 밖에 나가는 대신 집에 있기로 결정했다.

5 그녀의 노력에도 불구하고 Hannah는 그 문제를 풀 수 없었다.

6 일기 예보에 따르면 내일은 추울 것이다.

B

1 thanks to **2** instead of **3** because of **4** up to

5 According to **6** In spite of

1 그녀는 이 지도 덕분에 길을 찾았다.

2 나는 소고기 대신 닭고기를 주문할 거야.

3 그녀는 좋지 않은 날씨 때문에 집에 있었다.

4 나는 그 산의 정상까지 올라갔다.

5 이 책에 따르면 서울은 세계에서 가장 큰 도시 중 하나이다.

6 안 좋은 날씨에도 불구하고 우리는 멋진 휴가를 보냈다.

추가 39 관계대명사와 전치사

EXERCISE

A

1 ① the people with whom he works

② the people that[who(m)] he works with

③ the people he works with

2 ① the book about which we talked

② the book that[which] we talked about

③ the book we talked about

3 ① the village in which she grew up

② the village that[which] she grew up in

③ the village she grew up in

4 ① the friend on whom I rely

② the friend that[who(m)] I rely on

③ the friend I rely on

5 ① a subject with which you are familiar

② a subject that[which] you are familiar with

③ a subject you are familiar with

B

1 ① This is the book about which we talked.

② This is the book that[which] we talked about.

③ This is the book we talked about.

2 ① He likes the people with whom he works.

② He likes the people that[who(m)] he works with.

③ He likes the people he works with.

3 ① She visited the village in which she grew up.

② She visited the village that[which] she grew up in.

③ She visited the village she grew up in.

4 ① You can choose a subject with which you are familiar.

② You can choose a subject that[which] you are familiar with.

③ You can choose a subject you are familiar with.

5 ① The friend on whom I rely will move away.

② The friend that[who(m)] I rely on will move away.

③ The friend I rely on will move away.

추가 40 whose

EXERCISE

A

1 a girl whose hobby is water-skiing

2 someone whose age is under 20

3 a house whose yard is large

4 the woman whose daughter is a diplomat

5 a restaurant whose steak you like

6 the building whose windows you broke

B

1 We live in a house whose yard is large.

2 I met a girl whose hobby is water-skiing.

3 Where is the building whose windows you broke?

4 Would you recommend a restaurant whose steak you like?

5 You must not serve alcohol to anyone whose age is under 20.

6 The woman whose daughter is a diplomat travels abroad a lot.

추가 **41** what

EXERCISE

A

1 What she did surprised everyone.
그녀가 한 것은 모두를 놀라게 했다.

2 Peter will tell you what you have to do.
Peter가 네가 해야 할 것을 말해 줄 것이다.

3 What matters most is good health.
가장 문제가 되는(중요한) 것은 건강이다.

4 Sometimes we can't tell what is right from what is wrong.
때때로 우리는 옳은 것과 그른 것을 구별하지 못한다.

B

1 Thank you for what you did for me.

2 What he cooked for dinner was delicious.

3 What you say is different from what you do.

C

1 what **2** that **3** what **4** What **5** that

판단의 두 가지 기준
① 막연한 것인지, 구체적인 것인지 볼 것
② 앞에 선행사가 있는지 없는지 볼 것

1 나는 너에게 네가 원하는 것을 줄 수 없다.

2 그 아이들은 내가 요리한 음식을 매우 좋아한다.

3 나에게 네가 산 것을 보여 줘.

4 나에게 진짜 필요한 것은 약간의 음식이다.

5 내가 유일하게 두려워하는 것은 두려움 자체이다.
'…것'으로 해석되지만 앞에 선행사 The only thing이 있음

추가 **42** 관계부사

EXERCISE

A

1 This is the building where my father works.
건물 / (그곳에서) 내 아버지가 일하시는

2 The day when[that] I took this picture was beautiful.
그날 / (그때에) 내가 이 사진을 찍었던

3 I don't know the reason why[that] they left so early.
이유 / (그 이유로) 그들이 그렇게 일찍 떠난

4 This is the park where you proposed to me.
공원 / (그곳에서) 네가 나에게 청혼했던

5 Please tell me how[the way that] you make such good sandwiches.
어떻게 네가 그렇게 맛있는 샌드위치를 만드는지

6 Let's take our dog to a park where it can run free.
공원 / (그곳에서) 개가 마음껏 뛸 수 있는

7 He explained to me how[the way that] the system worked.
어떻게 그 시스템이 작동했는지

8 Mom sometimes talks about the time when[that] we were poor.
그때 / (그때에) 우리가 가난했던

9 Can anyone tell me the reason why[that] the sea looks blue?
이유 / (그 이유로) 바다가 파랗게 보이는

10 I'll never forget the vacation when[that] we traveled together.
휴가 / (그때에) 우리가 같이 여행했던

추가 **43** 가정법 1. 가정법 과거

EXERCISE

A

1 would come, weren't **2** had, would drive

3 understood, could read

4 studied, would[might] pass

5 went, wouldn't be **6** knew

7 could speak

1 그들은 바빠서 파티에 오지 않을 것이다.
그들이 바쁘지 않다면 파티에 올 텐데.

2 나는 자동차로 전국 일주를 하고 싶지만 차가 없다.
나에게 차가 있다면 전국 일주를 할 텐데.

3 너는 중국어를 이해하지 못해서 그 책을 읽을 수 없어.
네가 중국어를 이해한다면 그 책을 읽을 수 있을 텐데.

4 너는 열심히 공부하지 않아서 시험에 합격하지 않을 수도 있어.
네가 열심히 공부한다면 시험에 합격할 수 있을 텐데.

5 너는 늦게 자기 때문에 그렇게 피곤한 거야.
네가 더 일찍 잔다면 그렇게 피곤하지 않을 텐데.

6 나는 그녀에 대해 더 알고 싶지만, 그렇지 못하다.
내가 그녀에 대해 더 안다면 (좋을 텐데).

7 내가 영어를 매우 잘하지 못해서 유감이다.

내가 영어를 매우 잘한다면 (좋을 텐데).

B

1 were, would buy

2 gave, would go

3 lived, wouldn't be

4 didn't have, could read

5 had

6 were

추가 44 가정법 2. 가정법 과거완료

EXERCISE

A

1 would have come, had not been

2 had had, would have driven

3 had understood, could have read

4 had studied, would [might] have passed

5 had gone, wouldn't have been

6 had known

7 could have spoken

---

1 그들은 바빠서 파티에 오지 않았다.

그들이 바쁘지 않았다면 파티에 왔을 텐데.

2 나는 자동차로 전국 일주를 하고 싶었지만 차가 없었다.

나에게 차가 있었다면 전국 일주를 했을 텐데.

3 너는 중국어를 이해하지 못해서 그 책을 읽을 수 없었어.

네가 중국어를 이해했다면 그 책을 읽을 수 있었을 텐데.

4 너는 열심히 공부하지 않아서 시험에 합격하지 못했다.

네가 열심히 공부했다면 시험에 합격할 수 있었을 텐데.

5 너는 늦게 잤기 때문에 그렇게 피곤했던 거야.

네가 더 일찍 잤다면 그렇게 피곤하지 않았을 거야.

6 나는 그녀에 대해 더 알고 싶었지만, 그러지 못했다.

내가 그녀에 대해 더 알았더라면 (좋았을 텐데).

7 (그때) 내가 영어를 매우 잘하지 못했어서 유감이다.

(그때) 내가 영어를 매우 잘했다면 (좋았을 텐데).

B

1 had been, would have bought

2 had given, would have gone

3 had lived, wouldn't have been

4 had not had, could have read

5 had had

6 had been

EBS

MY GRAMMAR COACH
표준편

꿈을 키우는 인강

이상미 선생님

최경일 선생님

김정민 선생님
이정우 선생님

정승익 선생님

김청해 선생님

박하얀 선생님

정병욱 선생님

장동준 선생님

정유빈 선생님

김도윤 선생님
최주연 선생님

김지원 선생님

레이나 선생님

시험 대비와 실력향상을 동시에! 교과서별 맞춤 강의
EBS중학프리미엄